HR 메가트렌드

하이브리드 워크플레이스

| 일러두기 |
본 도서 〈HR 메가트렌드 – 하이브리드 워크플레이스〉는 2021년 1월 18일 출간된 〈HR 메가트렌드 – 패러다임의 전환〉 도서를 보완하여 다시 펴낸 도서입니다.

HR 메가트렌드

하이브리드 워크플레이스

천성헌 지음

가디언

인사 패러다임의 대전환
-하이브리드 워크플레이스

14세기 유럽의 흑사병은 인구의 4분의 1이나 목숨을 앗아갔다. 생산인구의 절반 가까이 사라졌다 하니 그 두려움은 고스란히 유럽 역사에 트라우마로 남아있다. 반면 농민의 삶은 영주에게 의존하던 데서 벗어나 임금도 오르게 되었다. 도시를 중심으로 상인들이 장인들과 함께 새로운 상업의 시대를 열어나갔다. 인류사에서 팬데믹은 개인의 삶뿐만 아니라 사회구조적 변화를 통해 패러다임의 전환으로 이어졌다.

21세기 전 세계 인류가 경험한 코로나19 팬데믹은 더 큰 변화의 파도를 몰고 왔다. 전 세계인은 코로나19로 인한 재난 상황을 겪으면서 기후변화의 심각성과 인구 고령화로 인한 사회보건체제의 붕괴 가능성, 비대면 경제 활동이 가능한 4차 산업 디지털 인프라의 확산을 목격했다. 뉴욕의 칼럼니스트 프리드먼Thomas Friedman이 "이제 세계 역사는 코로나 이전Before Corona과 코로나 이후After Corona로 나뉠 것이다"라고 언급할 정도로 팬데믹은 우리 삶을 바꾸고, 기업의 활동에 영향을 주고 있다. 그러나 변화의 내용을 들여다보면 자동차의 엑셀을 밟듯 이전의 4차 산업혁명, 인구 고령화 등 사회의 변화가 가속화되고 있다. 비대면 경제가 활성화되고, 탄소배출을 저감하기 위한 기술이 확산하는 등 기업의 변화는 결국 이전에 논의되던 기업의 변화가 급가속 페달을 밟고 속도를 내는 모양새이다.

팬데믹이 기업 HR에 미친 영향은 인력구조, 임금구조, 업무와 조직구조 등 구조적 변화라 할 수 있다. 임금 인플레이션은 소득 양극화와 함께 일자리와 고용구조를 바꿔나가고 있다. 사람을 구하기 어려운 산업은 AI와 로봇을 활용하지 않으면 안 되는 상황으로 변화했다. 재택근무에 익숙해지면서 출근보다 재택근무를 선호하는 직원들로 인해 직장의 풍경은 완전히 바뀌었다.

"이해관계자Stakeholders와 주주자본주의Shareholders" 해마다 연초가 되면 경제, 경영, 사회문제를 다루는 전 세계 뉴스의 눈은 스위스 다보스에 집중된다. 다보스포럼은 세계 주요 인사들의 토론 모임을 넘어, 이 시대가 직면한 문제를 직시하고, 그 해법을 논의하는 오피니언 리더의 위상을 갖게 되었다.

2020년 다보스포럼은 〈이해관계자 자본주의Stakeholders Capitalism〉를 당면한 주제뿐만 아니라 이후 세계가 실현해야 할 새로운 시대정신

Zeitgeist으로 선언했다. Davos Menifesto시계를 돌려보면 1973년 다보스포럼도 '이해관계자 자본주의'를 주제로 선언했었다. 50년의 시간을 지나 다시 제자리로 돌아온 데자뷔를 보는 느낌이다.

그 50여 년 동안 세계에는 무슨 일이 있었던 것일까? 기업들은 주주 자본주의Shareholders Capitalism를 지상과제로 하여 투자자들의 이익을 중심으로 한 기업경영 패러다임을 금과옥조로 여겨왔다. 그런데 이런 방향이 무슨 문제를 야기했기에 다보스에 모인 정치, 경제 지도자들이 다시금 주주 이외에 지역사회, 직원, 비즈니스 파트너 등 이해관계자를 중시하는 기업경영을 꺼내든 것인지.

기업인과 인사담당자들도 살펴봐야 한다. 기업이 자신의 경영활동과 주주 이익만을 추구하는 사이 기후환경 문제는 생태계와 경제를 위협하는 수준이 되었고, 이에 따라 지속 가능한 비즈니스 모델을 만들어 나가야 한다는 공감대가 형성되었다. 또한 4차 산업혁명의 기술을 통제하여 기업과 사회의 이익은 최대화하고 일자리 상실 등 위험은 최소화해야 한다. 그리고 인구 고령화와 새로운 기술을 교육하는 사회적 변혁을 지속해야 한다는 주장이 나왔다. 현재 세계가 겪고 있는 문제가 기업에서 비롯된 경우도 있고, 사회문제를 해결하는 데 기업도 적극적으로 동참해야 한다는 측면에서 지속 가능한 경영Corporate Sustainability Management을 이 시대 기업이 가야 할 최고의 화두로 선언한 것이다.

사람은 기술을 만들어내지만, 기술이 사람의 삶을 뒤바꾸기도 한다. 2023년 혜성처럼 등장한 챗GPT^{ChatGPT}라는 생성형 인공지능은 4차 산업혁명의 진수를 보여줬다. WWW 인터넷, 아이폰, 구글 검색에 이어 챗GPT라는 제품 이름이 인공지능 시대를 대변하는 보통명사가 되고 있다. AI 혁신은 사무직의 업무에도 혁신의 바람이 되었다. 콜센터 고객 응대, 각종 심사 업무뿐만 아니라 소프트웨어 코딩, 광고 대행 업무, 보고서 초안을 작성하는 등 도시 빌딩가 직장인들의 일자리를 대체해 나갈 기세이다. 기업들은 AI를 활용할 수 있도록 직원 재교육에 돈을 쓰겠다고 밝혔다. 정보기술^{IT}을 활용한 설비관리 업무도 배우고, 대학에 가지 않고도 몇 년에 걸쳐 소프트웨어 엔지니어 훈련을 받을 수 있다. '머신러닝(기계학습) 대학'을 설치해 고급 기술을 교육하기도 한다. 비대면 기술을 활용한 비즈니스 모델을 더욱 강화하고, 디지털 시대의 변화에 적응하며, 직원에 대한 재교육을 통해 지속적인 고용을 강조하겠다는 의지를 표현했다.

글로벌 시대에 한국과 우리 기업들도 태풍의 영향권에서 벗어날 수 없다. 이전의 인사원칙이 더 이상 통용되지 않는 인사 패러다임의 대혁명이 예견된다. 기업의 인사노무담당자들도 인사 관행의 세대교체라는 도도한 흐름을 재빨리 읽어내고 한발 앞서 대처해야 할 때가 되었다. 지속가능경영의 시대를 맞아 인사담당자^{Human Resources}도 사회문제의 변화에 관해 관심을 가지고 임직원의 인사관리와 조직관리에 반영하여 추진해야 할 것이다. 특히 코로나 이전부터 기업에 영향을 주고 앞으로도 지속적으로 변화를 가져올 HR 메가트렌드를 이해하고 인사 업무의 개선 방향과 기준으로 삼아야 한다.

모쪼록 'HR 메가트렌드'를 담은 이 책이 인사담당자들 생각과 세대교체를 앞당기고 기업 경영진에게 새로운 통찰력을 제시하는 데 도움이 되길 간절히 기대해본다.

팬데믹이 몰고 온 하이브리드 워크플레이스, 시대를 관통하는 흐름

하이브리드Hybrid가 기업 변화의 키워드가 되고 있다. ① 온라인-오프라인 워크플레이스, ② 주주Shareholder와 함께 이해관계자Stakeholder를 향한 지속가능 HR의 부상, ③ 고령세대와 MZ세대가 함께하는 직장생활, ④ 사람과 AI, 로봇이 함께 일하는 방식의 혁신, ⑤ 저성장기, 임직원의 Re-Skilling & Re-Invent, ⑥ Human & System 기반의 HR 경험HR Experience을 중시하는 디지털 인사관리가 결합하여 직장의 변화를 일으키고 있다.

팬데믹과 지경학적 환경변화로 인해 저성장 기조가 강화되고, 베이비부머와 MZ세대의 교체기가 이어지며, AI, 로봇과 사람이 온라인-오프라인 워크플레이스에서 함께 공존하는 하이브리드Hybrid 일하는 방식이 본격화되고 있다. 한편 전 세계적으로 지역 간 갈등이 고조되고, 보호무역주의 바람에 무역 장벽이 더욱 두꺼워지고 있다. 또한 기후변화에 대응하는 탄소 감축을 향한 기업의 변화를 대내외에서 요구

HR 메가트렌드–팬데믹, 워크플레이스 대전환

	메가트렌드	경영 및 HR 이슈	기업 HR 과제(예시)
On& Offline	**1 Hybrid 워크플레이스** ● On–Off Hybrid ● 직원경험(EX) 중시	● 직장 Engagement 변화 ● 채용, 이직, 이동, 교류 확산	● 일하는 방식 다양성, 유연화 ● 직원경험(EX), 멘토링 등 강화
Shareholders & Stakeholdes	**2 지속가능HR** ● 목적 중시 기업 ● ESG와 HR	● 지속가능경영, 전환리스크 관리 ● ESG성과, 인권경영 등 중시	● 지속가능경영 문화 확산 ● 인권, 노사 등 규제 대응 강화
Senior & Junior	**3 인구절벽과 세대교체** ● 베이비부머 은퇴 ● Z세대, 알파세대 등장	● 고령화, 승진 적체 ● 신세대 기업 선호 변화	● 직급 축소 및 정년연장 논란 ● EVP(일하고 싶은 기업 문화 구축)
AI/Robot & Human	**4 AI–로봇–스마트워크** ● AI 기반 직업 변화 ● 스타트업 컬처 혁신	● AI 스마트 직업역량 고도화 ● 스타트업 제휴·협업 확산 ● 일자리 변화와 인재 확보	● AI 기반 융합 역량 개발 ● 사내 스타트업 확산 ● 데이터 중심의 일하는 문화
ReSkilling & ReInvent	**5 저성장기 사람관리** ● 글로벌 경기침체 ● 보호무역주의 강화	● 상시 구조조정 압력 유지 ● 비관세 장벽, 무역 분쟁 확산	● 구조조정기 조직관리 중시 ● 무역/통상 전문가조직 강화
Human & System	**6 HR부서 디지털화** ● 인사업무 솔루션 확산	● 인사 시스템 고도화 ● 인사업무 비용 절감 니즈	● 인사 빅데이터 분석 활용 ● 인사업무 디지털·자동화

하고 있다. 글로벌 디지털 산업화로 국가 간 스타트업 육성 경쟁이 일어나고, 인공지능과 클린테크, 빅데이터 기술로 무장한 인재들을 데려가려는 기업 간 쟁탈전도 뜨거워졌다. 사회경제 변혁기를 맞이하고, 새로운 변화가 지속적으로 우리 기업 경영과 워크플레스에 영향을 미칠 것으로 예측된다.

앞으로 5년에서 10년 동안 경제적 변화 동인과 사회정치적 지형 변화를 고려해 국내 기업 HR에 영향을 미칠 메가트렌드를 제시해 보고자 한다. 과거 IMF 구제금융을 전후로 글로벌 스탠더드를 이식하고자 하는 사회경제적 변화가 우리 사회를 뒤덮었다. 당시 인사부문에서는 연봉제 도입으로 큰 변화가 일었다. 구조조정 바람이 기업 전반의 인력 고용조정으로 이어져, 실업자에 대한 제도적 지원이 긴급하게 마련되기도 했다.

이후 20여 년간 우리 기업 인사담당자들은 성과주의 인사제도를 묵묵히 고수해왔다. 그러나 해가 지면 밤이 오고, 겨울이 가면 봄이 오듯, 세계 경제 전반의 혁신 바람이 우리 기업의 경영환경에도 새롭게 불어왔다. 이에 더하여 '이해관계자 자본주의 선언'이 기업의 사회에 기여하는 역할을 강화함에 따라 지속가능경영을 향한 변화의 물결이 격랑처럼 밀려오고 있다.

키워드 1 ● Hybrid 워크플레이스
팬데믹 이후 레저/서비스 등 대면서비스가 필수적인 노동시장 회복이 지연되며 인력난에 임금 인플레이션을 경험하고 있다. 이는 비대면 업무 방식을 전면적으로 경험하는 과정에서 비대면 업무가 가능한 사무행정을 중심으로 온라인 근무 또는 온오프 Hybrid 근무 방식이 자리 잡았기 때문이다. 경영진과 관리자는 출근을 통해 조직문화를 만들어 나가고 응집력을 키워야 새로운 가치를 창출할 수 있다고 생각하지만, 온라인 근무에 익숙한 근로자들과 MZ세대를 중심으로 전일 출근에 대한 반대여론이 상당하다. 미국과 유럽 등 선진국을 중심으로 금융, 법무, 보건 등 전문직 서비스가 증가하는 추세와도 맞물려 Hybrid 근무 선호가 대세로 자리 잡았다.

미국 기업 근로자 대상으로 조사한 결과에도 현장근무는 팬데믹 이후 회복세가 지지부진한 반면 온오프 Hybrid 근무방식은 꾸준히 증가하여 절반 이상을 차지했다. 특히 금융분야는 80%를 웃돌고 정보/교육/전문서비스 직종은 60%를 상회한다. 원격근무는 유연한 일정관리와 출퇴근 시간 절약 등 절대적 지지를 얻는다. 경영진은 "적어도 일주일에 사흘은 사무실 근무를 해야 회사가 굴러간다"며 출근을 요구하지만, 직원들의 80% 이상이 생산성이 높아졌다고 느끼는 상황에서 마냥 강요하기는 어렵다. 최근 몇몇 기업들이 전일 출근을 요구하여, 직원들이 반발하거나 재택근무가 가능한 직장으로 이탈하는 현상이 이를 반증한다.

모든 직장이 재택근무로 바뀌기도 어렵고 논란이 여전하지만, 이 과정에서 직장생활에 관한 중요한 요인이 가려지고 있다. 직장인들은 채용, 입사, 교육과 육성, 일상생활, 퇴사 등 직장생활 전반의 '직장경험 Employee Experience'이 중요하다고 지적한다. 온라인근무냐 출근이냐보다 직장생활에서 '행복하고 의미 있는 직장이라는 몰입 Engagement'을 경험하는 것이 중요하다고 한다.

한국인의 직장 건강도에 대한 조사는 '직장경험' 측면에서 우려할 만하다. 상대적으로 몰입도가 낮아 아시아권 국가 중에서도 꼴지인 일본 바로 옆에 위치한 정도이다. 직장몰입을 강화하려면 일하는 방식을 다양화, 유연화하고, 긍정적인 직장경험을 가질 수 있도록 HR의 지속적인 개선 노력이 필요하다. 이를 통해 성과에 대한 자부심과 경력개발 목표관리, 리더의 피드백 등 중요한 요인들을 선제적으로 관리해 나가야 한다.

키워드 2 ● 지속가능 HR

최근 프랑스 명품 브랜드가 제품 생산 과정에서 노동착취, 강제노동 등의 위반 혐의로 명예를 실추한 스캔들이 관심사가 되었다. 밀라노 법원은 명품 제조사 하청업체의 노동실태에 대해 1년간 법정관리 명령을 내렸고, 인권침해 사건은 기업의 평판 실추와 함께, 해당 기업의 주가도 석 달 만에 20% 이상 추락했다. 평판이 높던 기업이 ESG(환경, 사회, 지배구조)정책의 실패로 기업가치가 하락하는 걸 보면, 환경뿐만 아니라 소셜 리스크, 특히 HR 관련 이슈가 중요한 ESG아젠다로 등장하고 있다. 이제 ESG경영에 있어 HR의 역할이 확대되고, 때로는 주도적인 대응을 해야 할 시점이 되었다.

글로벌 투자리서치 기관인 'S&P'의 조사에 따르면 2019년 이후 주주행동주의 캠페인이 증가했고, 이사회 운영 등 지배구조와 환경 이슈보다 소셜 리스크에 대한 캠페인이 2023년에만 254건에 이를 정도로 활발해졌다고 발표했다. 이제 안전, 보건 활동의 문제와 함께 노사관계, 직장 내 인권 등 실천이 미비한 기업에 대한 문제 제기가 직접 기업평판에 영향을 미치기 시작했다.

가트너의 조사에 따르면, 지속가능경영 문화가 조성되었다는 응답은 16%에 그친다. ESG를 문화로 만들어가려면, 리더와 직원이 지속가능성 목표와 프로그램을 함께 개발하고, 실행에 필요한 교육과 멘토링, 나아가 실천 프로젝트 기회를 가져야 한다.

소셜 리스크를 사전에 발굴하고 대응해야 한다. 기업의 생태계 경쟁력은 공급망에 협력하고 있는 파트너사들의 ESG 위험을 해결해야 높아질 수 있다. 기업과 파트너사에 ESG 평판 이미지 훼손이 발생할 경우 매출 감소, 자본 유치의 어려움, 채용 이미지 하락으로 이어진다. 해외법인 협력사가 아동노동을 취하여 중요한 거래가 무산되었다는 이야기는 더이상 새로운 뉴스가 아니다. 국제인권 표준을 모든 해외법인에 도입한다든가, 공급사들의 인사관리 수준에 대해 점검하는 일이 인사부서의 업무가 되었다. 해외법인 인근 원주민, 지역주민에 대한 인권영향 평가를 제3의 기관으로부터 인증받아야 사업관리가 가능한 시대에 인사담당자의 시야를 넓히지 않고는 일을 해내기 어렵게 되었다.

"인권은 통상이다." 한-EU FTA를 담당했던 통상전문가가 남긴 말이다. 자유무역을 하려면 유럽 수준의 인권기준을 지켜야 한다는 전제조건이 붙었다고 한다. 이제 지속가능 HR은 글로벌 비즈니스 기준이다. 우리 HR 담당자들이 앞서서 사업에 필요한 기준을 살펴보고 각종 리스크를 사전에 예방하는 채비를 해야 할 것이다.

키워드 3 ● 인구절벽과 세대교체

인구절벽의 도래와 베이비붐 세대의 은퇴로 기업 내 임직원의 인구구조가 획기적으로 변화하며, 세대교체가 이루어질 것이다. 직급 축소 또는 확대 논란과 정년 연장 논의가 촉발하고, 회사가 직원들에게 매력적으로 여겨질 수 있게끔 여러 가지 제도나 관행을 설계하고 실행하면서 신세대가 일하고 싶은 기업문화가 확산할 것이다.

우선 고령화된 인력구조를 개선하고 경영환경 변화에 발 빠르게 대응하기 위해 삼성, LG 등 대다수 기업이 직급체계 축소에 나섰다. 삼성은 7단계 직급을 4단계로 축소하고 호칭도 OO님, OO프로로 부르기로 했다. LG도 5개 직급을 선임과 책임이라는 2단계로 간소화하는 파격적인 변화를 선언했다. 또한 일본 정부가 고령자고용안정법을 개정해 공무원을 중심으로 65세로 정년 연장을 검토하기 시작했고, 우리 정부도 60세 정년에 이어 계속고용 지침을 마련하고자 나섰다.

취업준비생들이 기업 이미지와 기업문화를 중시하는 풍조가 완연해졌다. 취업포털 잡코리아의 조사에 따르면, 대학생들이 취업하고 싶은 기업을 고를 때 중요하게 여기는 요소로 기업 이미지를 가장 많이 꼽았다. 특히 여성이 남성보다 기업 이미지와 기업 문화를 더욱 중요시했다. 그 결과 취업준비생들이 선호하는 기업도 변화하고 있다.

키워드 4 ● AI-로봇-스마트워크

생성형AI의 등장으로 직장 내에 기술과 인재의 주도권 경쟁이 치열해졌다. 2030년까지 미국 내 일자리 200만 개 이상이 AI로 대체될 것으로 예상하는 보고가 파장을 일으키기도 했다. 경영관리자의 절반 정도는 AI를 도입하여 직원을 대체하거나 임금을 낮출 수 있는 기회로 봤다. AI기술 발전이 몰고 올 직장, 그리고 일하는 방식의 변화는 상상하기 어렵지만 예정된 미래가 되었다.

독일 정부의 산업 4.0 혁신 정책에서 촉발된 4차 산업혁명 붐이 일어났고, 정보 통신기술을 활용하여 기업 경영 방식이 변화하고 있다. 한편 기술의 발전으로 사내 스타트업이 활성화되며, 데이터 분석과 융합적 문제해결 역량을 갖춘 인재 개발이 확대될 것으로 전망된다. 또한 데이터를 중심으로 일하는 기업 문화가 개화하는 계기가 마련될 것이다.

스마트폰과 스마트뱅킹이 일상화되고, 자율주행이 가능한 스마트카에 대한 기대감이 일간지 경제면을 채우는 동안 스마트팩토리(제조업), 스마트빌딩(건축), 스마트그리드(에너지) 등 산업현장도 스마트라는 옷으로 갈아입고 있다. 이러한 혁신으로 전 세계 일자리 상당수가 소멸할 것이라고 예고되면서 인사·노무 분야에 태풍의 눈으로 등장했다.

글로벌 컨설팅사 커니Kearney는 경영진의 88%가 '현장 노동자의 가치 창출 방식이 변화'할 것으로 예상하고, 그중에서 55%는 '노동의 변화는 이미 시작되었다'고 응답했다. 나아가 '조직 내 관리자와 직원에게 요구되는 스킬의 큰 변화가 예상(88%)'되고, '완전히 새로운 내용의 스킬이 필요하다(39%)'라는 응답을 고려할 때, 기업의 교육, 인사, 현장노무관리 전반에 혁신의 바람이 불 것으로 전망했다. 세계경제포럼도 '현재 직원의 재교육 및 인재 개발 투자(65%)', '직무순환 및 모바일 근무 지원(39%)', '외부 전문기관과의 협업을 통한 육성(25%)'을 인사의 최우선 과제로 제안하고 있다.

정보통신기술에 의한 노동의 변화는 제조 현장의 육체노동을 대체하는 데에 그치지 않고, 사무와 서비스 분야의 정신노동까지 대체하는 단계로 진화할 것으로 예상한다. 대신증권이 로봇 어드바이저 '벤자민'을 개발해 투입한 데 이어, 신한은행, NH농협은행, 우리은행 등 금융기업들이 잇달아 챗봇Chatbot을 이용해 근무시간 외 금융상담을 대신하며 '소프트웨어 로봇 자동화SW Robotic Process Automation'의 막을 올렸다.

금융뿐만 아니라, 유통·프랜차이즈, 재무회계, 의료, 법률 등 다양한 분야에서 소프트웨어 로봇이 사람의 노동을 잠식하는 모습을 체감하게 될 것이다. 채용, 복리후생, 출퇴근 관리, 임금 정산, 평가보상업무 등 반복적인 업무 분야를 소프트웨어 로봇으로 대체하는 분위기가 널리 퍼지면서 이에 선제적으로 대응하기 위한 인사업무가 필요할 것이다.

최근 각 기업이 그간 뿌려놓은 스타트업의 씨앗이 싹트는 모양새다. 삼성전자가 2012년부터 도입했던 사내 벤처 C랩의 경우 여러 과제가 창업이라는 열매를 맺었다. 정보통신기업이 아닌 아모레퍼시픽도 '린 스타트업' 브랜드를 도입하고, 이노션도 사내 스타트업 육성을 위한 신사업 아이디어 제도 '펌프'를 도입하는 등 스타트업이 확산되고 있다. 신한금융그룹도 '스타트업형 조직문화 혁신'을 슬로건으로 내세워 호칭 파괴, 유연근무제 등 디지털 조직문화를 받아들이는 데에 앞장서고 있다.

독일 정부도 4차 산업혁명 붐으로 AI인공지능, 빅데이터 분석력을 갖춘 인재를 확보하기 위한 전쟁을 예고하고 있다. 최근 삼성전자는 인공지능 분야 권위자가 포진해 있는 몬트리올대학교에 'AI랩'을 설립하고 종합기술원 연구원을 파견해 인공지능 전문가 육성과 기술 확보에 나서고 있다. 인공지능 기업 '비브랩스'를 인수한 이후 자체 인력 확보에도 박차를 가하는 모양새다. SKT, KT, 네이버, 카카오 등 대다수 기업이 AI 조직을 확대하고 스타급 인재를 영입하는 한편, 선진 기술을 보유한 글로벌 연구소를 인수하는 등 인재 확보에 총력을 기울이고 있다. SK와 포스코는 각각 서울대학교, 포스텍포항공과대학교의 교수진과 협약을 맺고 인력 육성에 공을 들이고 있다. 바야흐로 4차 산업혁명 발 인재 전쟁 시대로 접어들었다.

키워드 5 ● 저성장기 사람관리

저성장과 지역주의^{보호무역주의}영향으로 구조조정이 자주 일어나면서 조직 결집력과 활력을 높이려는 기업문화 혁신 활동이 활발하게 전개될 것이다. 또한 무역 인력 등 새로운 글로벌 경영환경에 부합한 직무 위주로 인력을 재배치하기 위한 전략적 인력 계획과 인력 전환 배치 Job Rotation에 관한 고민이 많아질 것이다.

저성장으로 인한 인력 감축 현상은 여전하다. FN가이드의 조사에 따르면, 30대 그룹의 인력은 여전히 감소세이며, 일부 플랫폼 기업들과 석유화학 등 산업이 불황의 여파로 인력을 상당수 감축했다. 저성장기가 장기화함에 따라 실적과 성과를 기반으로 인사평가를 혁신해야 한다는 목소리가 커지고 있다.

대한상공회의소가 조사한 결과에 따르면, 직장인 4명 중 3명이 인사평가제도에 불신감을 드러냈다. 업무과정보다 결과와 실적에 치우쳐 평가한다는 인식이 70%에 이를 정도다. 2016년 GE가 절대평가와 수시평가 원칙 아래에 성과관리 혁신을 단행한 이후, LG전자는 5등급 상대평가를 3등급 절대평가로 전환했다. 다만 연공서열식 평가 관행과 의식이 획기적으로 바뀌기는 어려워 인사평가체계가 근본부터 혁신되기 쉽지 않다는 지적이다.

미국과 유럽을 중심으로 보호무역주의가 강화되면서 수출을 중시하는 우리 기업에 미치는 위험이 증가하고 있다. 우리 기업의 수출에 따른 규제 장벽은 급증했고, 증가세는 더욱 가파를 것으로 예상한다.

정부도 무역장벽에 대응해 재외공관과 무역관을 중심으로 '현지대응반' 활동을 강화하고, 철강과 석유화학 등 수입할 때 자주 규제당하는 업종에 대해서는 대응반을 상시 운영하며, 무역협회 산하 '수입규제대응센터'를 통해 정보를 공유하고 대응을 지원하고 있다. 대기업뿐만 아니라 중소기업도 기술규제 대응이 가능한 인력을 육성하기 위해 다양한 교육 프로그램을 추진하는 상황이다. 각 기업이 무역규제뿐만 아니라 기술규제 등 비관세 장벽에 대응할 수 있는 인력과 조직을 운영해 실효성 있는 대응이 필요하다.

키워드 6 ● HR부서 디지털화

인사업무의 디지털화로 인사 빅데이터 분석 결과 활용도가 높아질 것으로 예측한다. 또한 정보통신기술을 활용해 HR부서의 업무를 자동화하고 스마트하게 업무 생산성을 높이기 위한 노력이 지속될 것이다.

빅데이터 분석을 활용한 인사관리 시스템의 혁신도 새로운 대세로 자리 잡게 되었다. 삼성이 채용 빅데이터를 분석해 서류전형에 활용한 이후, 대기업을 중심으로 채용에 빅데이터 분석 기법을 접목하고 있다. IBM, 인텔, 유니레버 등 글로벌 기업은 서류전형을 넘어 온라인 영상면접을 통해 적합한 후보를 추천하는 수준까지 진화하고 있다. 한국IBM은 고객 상담에 활용하던 챗봇을 구직자 상담에 적용하고 있는데, 향후 사내 코칭과 교육에도 활용할 전망이다.

지금까지 논의한 내용을 종합해보면, 앞으로 수년간 인사담당자들은 ① 온오프 하이브리드 근무와 유연한 일하는 방식, 직원경험 Employee Experience을 강화하고, ② 지속가능경영 문화를 확산하며, 인권경영과 글로벌 노사관계 규제 대응에 유의해야 할 것이다. ③ 시니어와 MZ세대가 함께하는 직장 생활에 대응하고, 수평조직과 디지털 전환에 기반한 일자리 변화에 선제적으로 준비해야 한다. ⑤ 저성장과 지역주의 추세로 구조조정의 일상화, 직원의 Re-Skill & Re-Invent 프로그램, 무역/통상/정책 전문가의 활용이 필요하며, ⑥ 인사업무도 Human & System 기반의 HR 경험 HR Experience을 중시하는 디지털 인사관리가 필요하다. 모쪼록 새로운 경영과 인사 패러다임을 눈앞에 두고 우리 경영자와 인사담당자들이 기업 HR의 격변기를 슬기롭게 헤쳐나가길 기대해본다.

제3장 / **인구절벽과 세대교체** 고령세대와 MZ세대가 함께하는 직장생활

제4장 / **AI−로봇−스마트워크** 사람과 AI, 로봇이 함께 일하는 방식의 혁신

제5장 / 저성장기 사람관리 Up-Skilling & Re-Invent HR

제1장

Hybrid 워크플레이스

-

온라인-오프라인 워크플레이스

흑사병이 만들어낸
소득 패러독스

희극의 대부 찰리 채플린은 "코미디란 가까이 보면 희극이지만 멀리서 보면 비극"이라는 말을 남겼다. 역사상 질병의 대유행은 비극이었지만 역설적으로 새로운 시대를 앞당겨 오는 방아쇠가 되곤 했다. 유럽을 공포로 몰아넣었던 흑사병도 예외는 아니다. 1347년 유럽에 상륙한 것으로 알려진 흑사병은 최대 3천8백만 명으로 추산되던 유럽 인구의 4분의 1에서 많게는 절반의 목숨을 앗아간 것으로 기록된다. 1천7백만에서 2천8백만 명이 흑사병으로 사망했다 하니 인류 역사 최대의 비극이라 할 수 있다.

인구의 절반이 사라졌던 흑사병은 절대적인 생산 인구의 감소로 당시 유럽의 GDP(국내 총생산)의 감소로 이어졌지만, 놀랍게도 1인당 GDP는 50% 이상 증가했다. 흑사병 이전에 대다수 유럽인들은 10명 중 9명은 농민으로 땅을 일구고 살았다. 소수의 영주는 자신의 토지를 다수의 농민들에게 경작하게 하고 많은 세금을 거두는 것이 일상이었다.

흑사병으로 다수의 농민이 사라지자 영주는 소수의 농민에게라도 소득을 보장하고 경작하게 하는 것이 유리했다. 농업 노동력의 수요와 공급의 원리가 작동했다. 질병을 이겨낸 소수의 농민들은 이전보다 더 많은 보수를 받고, 좀 더 적은 세금을 내어도 경작할 수 있는 토지가 충분했다. 이렇게 100여 년을 견뎌낸 농민들은 오히려 소득 인플레이션을 경험할 수 있었다. 14세기 중반에 영주들은 수확물에 대해 단위 면적 당 더 많은 값을 치루었고, 쟁기질하는 전문 농사꾼에게는 점점 더 많은 임금을 지불해야 했다. 영주와 농민의 관계는 이전과 바뀌어

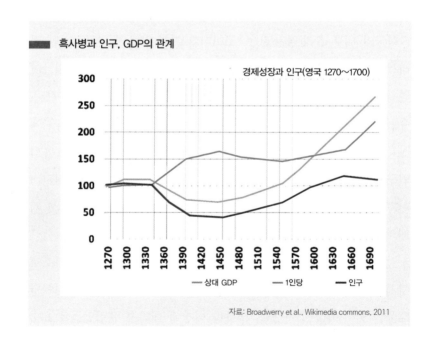

흑사병과 인구, GDP의 관계

경제성장과 인구(영국 1270~1700)

상대 GDP   1인당   인구

자료: Broadwerry et al., Wikimedia commons, 2011

더 많은 임금을 주지 않으면 농민을 구하지 못하고 경작지를 놀릴 수밖에 없었다. 질병은 임금과 소득을 올리는 역설을 가능하게 하여 비극을 희극으로 뒤바뀌게 한다.

21세기의 흑사병이라 불리는 코로나 팬데믹도 임금과 소득 상승이라는 패러독스를 낳았다. 미국의 경우 팬데믹 초기 고용 하락세는 2차 세계대전 이후 가장 골이 깊은 고용절벽을 만들었다. 2020년 이후 고용 회복세는 임금 소득 증가라는 추세를 보여줬다. 특히 하위 10% 소득자들의 임금은 2년도 되지 않아 6.4%의 증가세를 보였다. 반면 중위 50%는 0.7% 하락을 보였고, 상위 10%는 오히려 2.7%의 하락세를 보였다. 결과적으로 상위 소득자와 하위 소득자 간의 격차가 줄어드는 결과를 보였다. 미국 노동시장에서 하위 소득자였던 젊은 근로자, 고

■■■ 소득 백분위 실질 시급 추이(미국 인구조사)

2020년 1월 대비

90번째 백분위

50번째 백분위

10번째 백분위

자료: Researchers' calculations using data from the Current Population Survey
(미국 경제조사국 연구보고서, 2023)

졸 저학력 근로자, 그리고 서비스 및 호텔산업 등 저소득 산업 종사자
들의 임금 상승이 더 높은 추세를 보인 것이다.

중세 흑사병 이후 당시 사회 엘리트였던 영주와 농민들 간의 관계
가 뒤바뀐 것처럼, 현장의 서비스 근로자의 임금이 상승세를 보인 것이
다. 상황이 사회 엘리트 계층에게 불리하게 돌아가다 보니 노동력
을 통제하기 위한 법을 만들기에 이른다. 영국에서 귀족들은 1349년
에 '노동자 조례'를 만들어 임금을 동결하고 1년 이상 고정 계약을 맺
도록 강요했다.

농민들의 반발은 귀족들의 통제를 벗어나고 있었다. 일례로 1352년
법원 기록을 보면 "브래든스토크 수도원 직원이 허가 없이 성 니콜라
스 축일(12월 6일) 이전에 법령에 반하여 직장을 그만두었다……존 피
셔 외 다수의 가족과 노동자들이 수도원장과 계약한 임금으로 일하기
를 거부하고 법령에 반하여 더 높은 임금을 받기 위해 마을을 떠났다"
고 기록하고 있다.

사회적으로 질병으로 인해 다수의 사망자가 발생하면 근로자들은
기존 법의 규정을 넘어 더 높은 임금과 다른 직업으로 이동하고 싶어
한다. 그 결과 임금이 상승하고 직업적 관계의 변화가 이루어진다. 현
재의 코로나 팬데믹의 경우에도 이전의 직업과 직장으로 돌아가는 경
우도 있지만, 더 나은 직업과 직장으로 이동하는 현상이 발생하게 됐
다. 팬데믹이 끝나자 임금이 상승하면서 이전의 직장에 복귀하기보다
는 직업과 직장의 이동성이 증가하는 현상이 활발해졌다. 당장에 머물
더라도 미래 새로운 경력을 향해 성장하고자 하는 직장인들의 발걸음
은 한없이 가벼워지고 있다.

코로나가 바꾼 직업지도

팬데믹의 충격은 노동시장에서 가장 극명하게 나타났다. 코로나가 촉발한 기간에 미국 국내 이직률은 10%를 상회했다. 지역 간 이동을 봉쇄한 결과 미국 직장인 열 명 중 한 명은 직장을 떠나야 했다. 전체 고용률도 하락세를 보였다. 몇 개월 후 봉쇄가 풀리면서 이직률은 평상시와 같은 수준을 되찾았고, 고용률도 급격히 상승하면서 노동시장은 일손이 모자라는 상황으로 반전됐다.

팬데믹 전후의 일자리 수요와 고용률, 이직률 추이를 보면 이전과 달라진 면을 발견할 수 있다. 고용률과 이직률이 일상을 회복한 반면 일자리 수요가 여전히 상승세를 보이는 인력 부족 시장으로 전환됐다.

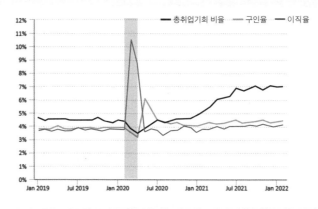

■■■■ 2019년~2022년 미국 비농업 채용 수요, 고용, 이직률 추이

자료: 미국 노동부 통계국, 2022. 4

2022년 3월의 노동시장 참여율을 분석해 보면, 남성은 88%로 2020년의 89%와 비교해 0.6% 감소하고, 여성의 노동시장 참여율은 0.4% 감소했다. 학교와 보육시설의 폐쇄가 여전한 상황에 직장으로 복귀하는데 어려움을 겪고 있는 것으로 분석됐다. 미세한 차이이지만, 일자리 수요가 급증한 상황에 직장 복귀와 취업률이 제자리 또는 감소했다는 점에서 수요 공급의 불일치가 발생한 이유를 설명할 수 있다.

팬데믹으로 인해 사람들의 행동에서 가장 큰 변화는 이동의 제약이다. 전 세계인의 활발한 지역 간 이동은 일시에 정지됐다. 세계화된 일상도 일시에 정지됐다. 엔데믹이 다가오면서 지역 간 이동은 재개되었고 팬데믹 이전으로 돌아간 비즈니스도 있지만, 회복이 지연된 산업도 있게 마련이다.

지역 간 이동의 제약으로 인해 산업별 취업자의 선호도도 바뀌었다. 세계경제포럼WEF이 미국 노동시장에서 팬데믹 전후의 산업별 고용에 대해 분석한 결과, 산업 간 인력수요의 변화가 나타났다. 레저/서비스 산업, 공공부문 등 서비스 산업은 노동시장의 회복이 가장 뒤처진 모습을 보였다. 서비스 산업의 경우 수요가 부진하다기보다 인력 공급이 미흡한 결과로 해석할 수 있다. 2022년 말 숙박 및 음식 서비스 산업에 130만 개 정도의 일자리가 채워지지 않아 인력난을 겪고 있었다. 정부 일자리도 96만 개 정도가 채워지지 않아 문제가 되기도 했다. 서비스 산업의 선호도가 떨어지고, 복귀하지 않는 인력을 붙잡기 위해 임금을 올려야 하는 상황이 됐다.

팬데믹 전후의 산업별 고용 비교

2020년 2월과 2022년 12월 미국 내 산업별 고용 비교

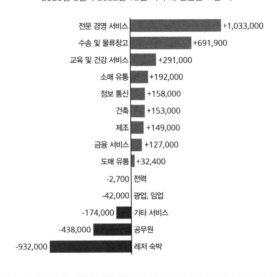

전문 경영 서비스	+1,033,000
수송 및 물류창고	+691,900
교육 및 건강 서비스	+291,000
소매 유통	+192,000
정보 통신	+158,000
건축	+153,000
제조	+149,000
금융 서비스	+127,000
도매 유통	+32,400
전력	-2,700
광업, 임업	-42,000
기타 서비스	-174,000
공무원	-438,000
레저 숙박	-932,000

자료: World Economic Forum, 2023. 1

산업 간 인력 수요와 공급의 과부족이 서로 달리 나타나는 차별화 현상이 심화되었다는 것은 다른 말로 하면 산업별로 팬데믹 전후에 큰 변화가 있었다는 의미이다. 예컨대 아마존 등 온라인 유통 시장이 폭발적으로 성장하면서 자연스럽게 물류창고 산업이 동반하여 성장했다. 식품, 요식업을 포함하여 배달서비스가 확산하면서 관련한 유통 플랫폼 사업도 성장세를 보였다. 레스토랑, 프랜차이즈 사업 역시 팬데믹 이후 소비가 증가한 대표적 사업 중 하나가 됐다. 반면 팬데믹 기

간 비대면 온라인 플랫폼을 활용한 회의, 교육 및 각종 커뮤니케이션
산업은 대면으로 복귀한 이후 구조조정기를 맞게 될 수밖에 없었다.
팬데믹 전후 산업별 성장과 쇠퇴 추이를 살펴보면 이후 노동 시장의
지형 변화를 이해할 수 있다.

팬데믹, 직업에 대한
선호를 뒤바꾸다

코로나로 인한 가장 큰 변화는 비대면 상황에서도 사업을 계속할 수 있는 방식을 전 인류가 학습하게 된 것이다. '줌회의'가 일상화되어 온라인 업무 시스템을 통해 재택근무가 가능해지고, 아마존을 비롯한 온라인 쇼핑몰을 통해 폭발적인 거래가 이루어졌다. 팬데믹 이후 오프라인 근무가 다시 이루어졌지만, 온라인으로 업무가 가능하다는 점이 확인되어 온오프라인 하이브리드 근무형태가 일상화되었다. 예컨대 해외출장을 가서 현장을 확인해야 하는 경우를 제외하고는 줌회의로 해외법인과 소통하는 경우가 더 많아진 것이다. 생산 현장의 경우도 AI와 산업로봇을 활용하여 자동화할 수 있는 공정은 가급적 대체해 나갈 수 있다는 점을 깨닫게 됐다. 농업 기계화를 통해 혁신을 하였던 사람들은 이제 제조 현장의 기계화에 더하여 AI 자동화로 제조 혁

팬데믹 시나리오에 따른 2030년 후반의 직업 분포 변화

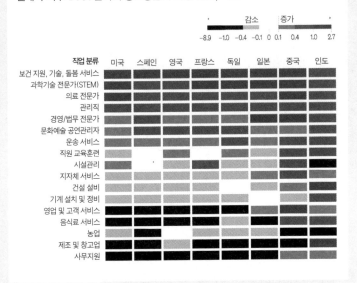

펜데믹 이후 2030년까지 총고용률의 예상 변동, 비율

자료: The future of work after COVID-19, 맥킨지글로벌연구소, 2021

명의 시대로 나아가고 있다.

　팬데믹 기간에 확인된 온라인 업무 방식과 제조현장의 자동화는 대세가 되고 직업을 선택하는 기준에 있어서도 변화를 가져왔다. 제조공장, 병원, 건설현장 등의 행정 업무가 선진국 업무의 3분의 1을 차지한다는 점에서 비대면 업무 방식이 적용 가능한 분야는 사무 혁명을 맞이하게 될 것이다. 공장의 생산과 정비 부서도 기존의 현장 작업 중 상당수가 단순한 컴퓨터 제어를 확대하고, AI를 적용하게 됨에 따라 작업자가 현장에서 직접 수행해야 하는 직무가 대폭 축소될 전망이다.

글로벌 컨설팅사 맥킨지는 팬데믹 이후 2030년까지의 직업분포를 연구하여 사무 업무와 제조 현장의 제어업무가 축소하고, 전문적인 비즈니스 업무로 이동하는 산업과 직무의 변화 패턴을 제시했다. 선진국의 경우 금융, 법무, 보건 등 전문직 서비스가 증가하는 데 비해 사무지원, 시설관리, 공장 작업 관리, 농업 분야 등에서 큰 폭의 직업 감소가 이루어질 것으로 전망했다.

사무분야의 일하는 방식과 제조 현장의 사업방식의 변화는 인력 수요의 변화로 이어지고, 더 많은 산업과 직업으로 인력의 이동이 이루어질 것으로 예상된다. 맥킨지컨설팅의 전망을 한 걸음 더 들어가 살펴보면, 직업의 변화가 미국의 경우 약 1천7백만 명의 직장인에게 영향을 미칠 것으로 예상된다. 코로나 이전 직장인의 10명 중 한 명 정도

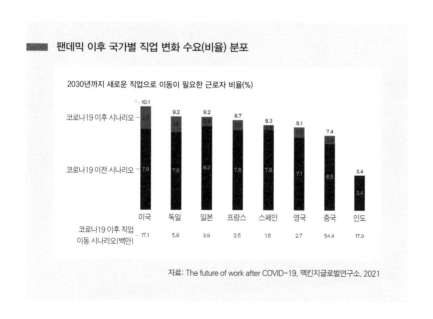

자료: The future of work after COVID-19, 맥킨지글로벌연구소, 2021

는 향후 다른 직업에 종사할 것이라는 예견은 사뭇 충격적이다.

　예컨대, 소프트웨어 개발자의 간단한 프로그램 개발 업무를 AI가 대신할 경우, 상당수의 개발자는 다른 직장으로 옮겨가다가 결국 다른 직무와 직업으로 전환해야 한다. 건설 현장에서 크레인 타워에 올라가 일하던 조종사들 역시 원격 크레인의 도입이 확산되면, 소규모 건설 현장으로 이직하다가 원격 크레인 조정도 맡아보다가 역시 다른 직업으로 전환해야 하는 상황에 처할 것이다. 마치 과거 소규모 농장을 경영하던 농민들이 트랙터 등을 사용하는 대규모 농장에 밀려 나던 변화가 데자뷰와 같이 다가온다.

　산업의 변화가 직장인의 이동과 함께 직업의 변화로 이어진다면, 가장 큰 변화 동인이 되는 기술의 변화에 대해 살펴보아야 한다. 온라인 비대면 업무시스템, ChatGPT와 같은 생성형 AI가 몰고올 일하는 방식의 혁신은 정보화 혁명의 극단을 보여주지 않을까 싶다.

재택근무는
계속될 것인가?

팬데믹이 바꾼 직장의 풍경은 바로 재택근무의 일상화였다. 미국 노동부 통계국의 자료를 보면 드라마틱하다. 2020년 3월 11일 세계보건 기구가 코로나19를 팬데믹으로 선언하면서 도심 사무실은 봉쇄됐다. 출근하고 싶어도 불가능한 상황이 되자, 이메일과 줌, MS 팀즈와 같은 온라인 회의 앱의 사용량은 폭증했고, 서버 증설하느라 여념이 없었다. 재택근무를 하지 않았던 건설회사, 유통회사의 임원과 사무실 직원들도 회사에 나가지 못하고 온라인 근무 방식을 활용했다. 불가능할 것 같았던 원격근무가 산업 표준이 됐다.

원격근무가 시작되자 줄어든 출퇴근 시간만큼 사람들은 생산성이 올라갔다고 인식했다. 최소 30분에서 많게는 1~2시간을 출퇴근하느라 낭비했으니, 재택근무가 다소 생산성이 떨어진다고 해도 생산성이

증가했다는 생각을 하게 마련이었다. 반면 리더들은 대면하여 20~30
분이면 충분했던 업무 지시를 이메일로 작성하고 전화를 통해 설명하
느라 오전 시간을 대부분 소비했다. 업무 지시 틈틈이 보고서를 리뷰
하면서 업무 역량을 코칭했던 데 비해 멘토링 기회가 부족하고 비공
식적인 소통기회가 사라졌다. 결국 리더들은 완전한 재택근무는 생산
성이 떨어진다고 생각한다. 업무 지시, 보고, 다른 부서와 협의 조정
등 조직과 업무를 관리하는 업무는 생산성이 매우 떨어졌기 때문이다.

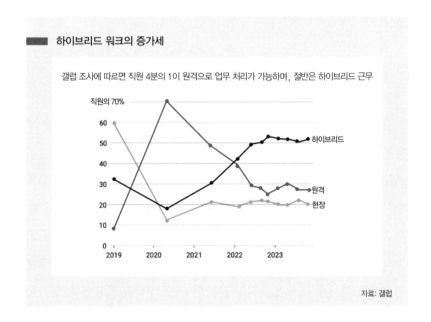

하이브리드 워크의 증가세

갤럽 조사에 따르면 직원 4분의 1이 원격으로 업무 처리가 가능하며, 절반은 하이브리드 근무

자료: 갤럽

재택근무의 비효율을 고심하던 리더들은 팬데믹 봉쇄가 해제되자,
사무실 출근을 선호했다. 사무실 복귀에 대한 논란이 시작됐다. 직원

들은 여전히 출퇴근 시간의 고통을 없애준 재택근무의 유연성을 선호했고, 개인 업무에 집중할 수 있는 몰입근무 시간에 대한 매력도 상당했다. 적당한 타협점이 설정됐고, 한 주에 하루, 이틀은 재택근무를 하는 소위 '하이브리드 근무' 방식이 인기를 얻게 된 배경이 됐다. 갤럽 조사에 따르면 직장인의 절반 이상이 풀타임 재택근무나 풀타임 출근보다 중간 정도인 하이브리드 근무를 선호했다. 재택근무로 인해 동료 팀원들과 협업이나 업무 조정이 어려운 점이 있었기 때문에 일부 출근의 필요성에 대해 직원들도 동의한 결과이다.

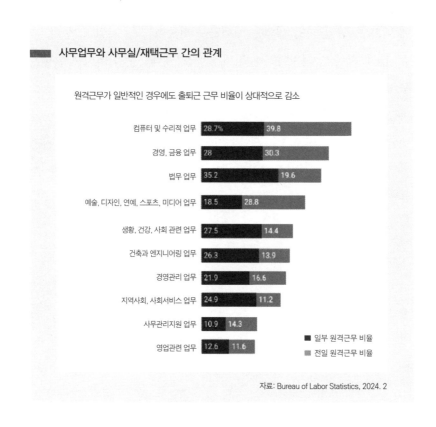

사무업무와 사무실/재택근무 간의 관계

원격근무가 일반적인 경우에도 출퇴근 근무 비율이 상대적으로 감소

업무	일부 원격근무 비율	전일 원격근무 비율
컴퓨터 및 수리적 업무	28.7%	39.8
경영, 금융 업무	28	30.3
법무 업무	35.2	19.6
예술, 디자인, 연예, 스포츠, 미디어 업무	18.5	28.8
생황, 건강, 사회 관련 업무	27.5	14.4
건축과 엔지니어링 업무	26.3	13.9
경영관리 업무	21.9	16.6
지역사회, 사회서비스 업무	24.9	11.2
사무관리지원 업무	10.9	14.3
영업관련 업무	12.6	11.6

■ 일부 원격근무 비율
■ 전일 원격근무 비율

자료: Bureau of Labor Statistics, 2024. 2

사무업무의 비중이 높을수록 재택근무 또는 부분 재택근무(하이브리드)를 선호하게 된다. 이는 선호가 아니라 제약조건이다. 현장근무가 불가피한 영업, 생산라인, 건설과 정비 등의 물리적 업무는 재택근무하기 어렵다. 일론 머스크가 "재택근무로 자동차를 만들 수 없지 않느냐?"고 반문한 이유이다. 사무업무의 가능성과 비중이 원격재택근무가 어느 정도 이루어지고 있는지를 결정한다. 컴퓨터 기반의 정보통신, 소프트웨어 개발, 재무, 법무, 미디어 커뮤니케이션, 설계, 사무지원 등 사무업무들은 재택근무의 비율이 어느 정도 자리잡게 됐다.

근무방식의 차이는 업종별로 더욱 뚜렷하다. 시티그룹 조사보고서에 따르면, 농업/어업/임업은 재택근무 비중이 가장 낮았고, 생산, 운송, 건설, 광공업, 엔지니어링/정비 업무도 재택근무가 어려운 현장근무 방식이 뚜렷하다. 금융이 재택근무 가능성이 80%를 웃돌고, 정보와 교육, 전문 서비스 직종은 60%를 상회했다. 업무와 업종에 따른 근무방식의 차이가 앞으로도 제약조건이 될 것으로 전망된다. 물론 기존업무와 업종의 정보화가 진전된다면 그만큼 재택근무의 가능성은 높아질 것이다.

재택근무의
밝은 면과 어두운 면

직원들은 80% 이상이 재택근무를 지지했고, 생산성이 하락했다고 생각하는 직장인은 다섯 명 중 한 명 수준에 그쳤다. 재택근무를 선호하는 이유는 '유연한 일정 관리'를 첫손에 꼽았다. '출퇴근 시간 절약', '비용 절감', '가족 돌봄'이 뒤를 이었다. 스트레스가 줄었다거나 건강이 좋아졌다는 응답도 장점으로 꼽고 있다. 팬데믹으로 인한 도시 봉쇄에도 불구하고 직장인들의 삶이 더 좋아졌다고 느끼는 데에는 바로 재택근무가 가져온 일상의 변화가 자리 잡고 있다.

직원들은 재택근무를 선호하겠지만, 경영진 입장에서는 눈앞에 보이지 않은 직원이 제대로 일하고 있을까 하는 의심을 하기 마련이다. 글로벌 컨설팅사 PwC의 조사에 따르면 임원 20명 중 19명 즉, 95%에 달하는 대다수 임원들은 회사가 강한 문화를 유지하려면 사무실에서

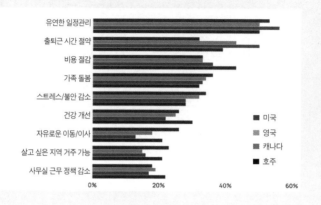

■■ 재택근무를 선호하는 이유

유연한 일정관리
출퇴근 시간 절약
비용 절감
가족 돌봄
스트레스/불안 감소
건강 개선
자유로운 이동/이사
살고 싶은 지역 거주 가능
사무실 근무 정책 감소

■ 미국
■ 영국
■ 캐나다
■ 호주

0%　　　　20%　　　　40%　　　　60%

자료: GitLab, 2023

일해야 한다고 답변했다. 적어도 일주일에 사흘 이상은 사무실에 나와야 회사가 굴러간다는 것이다. 주 3일은 근무해야 한다는 입장이 29%로 가장 많았고, 주 4일(18%), 주 5일(21%) 근무도 20%대 응답을 보였다.

직원들 입장에서도 재택근무가 꼭 좋기만 한 상황은 아니다. 원격근무의 단점들에 대해 조사한 결과를 살펴보면, 소위 끝없이 업무가 이어지는 '연장근무'를 애로사항으로 꼽았다. 사무실에서는 야근을 하더라도 퇴근은 해야 하기 때문에 하루의 마침표가 분명했다. 하지만 집에서 일하다 보면 저녁을 먹고 밤새우기 일쑤라는 것이다. 그렇다고 상사가 알아주는 연장근무도 아니다 보니, 자칫 일중독과 번아웃에 빠질 수도 있다. 혼자 일하다 보면 '고립감'을 느끼게 되고 사무실에서 동료와 잡담이라도 나누면서 일하는 데 비해 소소한 단체생활의 즐거움이란 끼어들 여지가 없다. 고독한 업무 방식은 동료와 소통, 협업의 기회를 마련하기 쉽지 않다.

재택근무에 대한 불신이 생기는 이유는 '일탈의 가능성'이다. 업무 시간에 개인적인 일을 보거나, 투잡, 쓰리잡을 할 가능성에 대해 회사와 직원 모두 신뢰하기 어렵다. 상황이 이렇다 보니 '동기부여'가 잘 되지 않고, '휴가 일정 선택'도 어렵다. 회사, 특히 경영진들과 상사들이 재택근무에 불만을 갖게 되는 이유가 바로 이런 재택근무의 함정 때문이다.

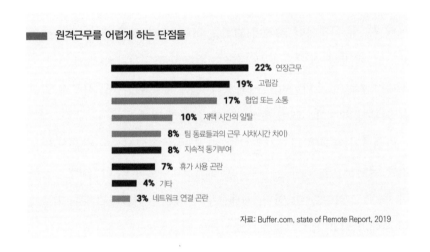

■■■ 원격근무를 어렵게 하는 단점들

- **22%** 연장근무
- **19%** 고립감
- **17%** 협업 또는 소통
- **10%** 재택 시간의 일탈
- **8%** 팀 동료들과의 근무 시차(시간 차이)
- **8%** 지속적 동기부여
- **7%** 휴가 사용 곤란
- **4%** 기타
- **3%** 네트워크 연결 곤란

자료: Buffer.com, state of Remote Report, 2019

재택근무의 밝은 면은 팬데믹으로 인해 원격근무를 활성화하는 동력이 되었다는 것이다. 그러나 재택근무의 어두운 면은 팬데믹이 종료되고, 도심 봉쇄가 풀리자 직원들을 직장으로 복귀하게 하는 이유가 되었다. 코로나19로 인해 어쩔 수 없이 원격근무를 하게 되자, 기업은 재택근무의 장점을 활용하는 편에 섰다. 직원들의 83%가 생산성이 높아졌다고 하고, 원격근무로 각종 사무 간접 비용이 줄어들어 비용절감에도 한몫했다. 임원들이나 상사들 중에도 27% 정도는 생산성이 높아진 경우도 있다고 응답한 것을 보면 장점이 실제로 작동한 것이다. 팬데믹 기간에는 기업 리더들의 절반 정도가 정규직도 재택근무를 허용했고, CEO들도 80% 정도는 원격근무를 하는 가운데 협업과 기업문화를 어떻게 강화할 것인지에 대해 전략적으로 고민해야 한다고 주장했다.

직장에 출근이 가능하게 되자 모두들 생각이 달라졌다. 구글의 전 최고경영자 에릭 슈미트가 구글이 AI 기술 경쟁에서 뒤처진 배경으로 재택근무를 지적하여 화제가 되기도 했다. 물론 며칠 뒤에 〈월스트리트저널〉에 보낸 메일을 통해 구글 직원들의 근무시간에 대해 잘못 말했다misspoke며 후회한다고 사과했다. 팬데믹 이후 주3일 사무실 출근을 의무화하는 가운데 노조의 반발을 의식한 결과다.

미래학자 제레미 리프킨은《엔트로피》라는 책에서 "한 번 흩어진 분자를 끌어모으는 데에는 흩트리는 데 드는 힘보다 더 큰 힘이 작용해야 한다"고 역설한 바 있다. 재택근무의 확산을 되돌리기에는 역부족인 시대가 되었다.

On-offline 블렌디드 러닝, Hybrid 교육이 대세

재택근무와 현장 출근의 복합화를 선호하는 미래 직장인에게 교육 훈련의 복합화^{Hybrid}도 선호하는 방식이다. 코로나로 인해 학생들의 교육현장에 비대면 교육 붐이 일었다. 팬데믹 기간인 2019년부터 2023년까지 5년간 e러닝 시장은 폭발적으로 성장했다. 5년간 구글의 e러닝 검색량은 무려 271%나 증가했다. 향후 e러닝 시장은 연평균 10% 이상 성장하여 2028년(446억 달러)에는 2021년 시장(225억 달러)의 두 배가 될 것으로 전망된다.

근로자의 온라인 교육 니즈는 리더십, 소통기술 등 전문교육(52%), 디지털기술(51%), 산업지식과 기술(38%)뿐 아니라 나아가 신입교육(29%), 산업안전, 직장 내 괴롭힘 예방 교육 등 법정교육(26%)까지 다양하다.

교육방식은 더욱 다양하다. 사조수 간 교육하는 OJT교육On the Job Training(43%), 집합교육(35%), 자기개발(27%)과 같은 오프라인 교육도 선호하지만 온라인 교육이 더욱 활발해졌다. 팬데믹 이후에는 블렌디드 러닝Blended Learning(38%), 온라인학습(33%) 등도 선호하는 교육으로 자리매김했다. 물론 온라인 교육은 러닝플랫폼 사용 시간의 부족(55%), 동기부족(26%), 컨텐츠 흥미 저하(19%) 등 문제도 있지만, 직원 근무일정관리, 경력개발에 대한 동기부여 등을 통해 지속적으로 개선해 나갈 필요도 있다.

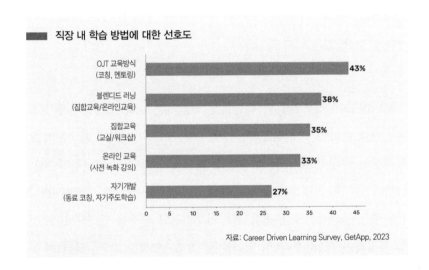

자료: Career Driven Learning Survey, GetApp, 2023

기업교육은 직원들이 스스로 자기 성장을 동기부여할 수 있기 때문에 직원 유지(93%), 기술 격차 해소(89%)에 도움이 되며, 나아가 직원을 중시하는 문화(83%)를 조성한다는 측면에서 경영진과 직원 모두에게 도움이 된다.

Hybrid 교육은 기업교육에 앞서 대학교육에서도 혁신을 가져왔다. 일례로 미네르바대학교는 100% 비대면 교육에 토론수업 중심으로 이루어진다. 4년간 세계 7개 도시에서 생활하면서 소규모 토론과 다학문 융합교육, 글로벌 경험을 할 수 있는 매력적인 대학이다. 2022~2023학년도 입학 경쟁에 2만여 명이 지원하여 100대 1이라는 경쟁률을 기록하기도 했다.

한국의 대표적인 Hybrid 교육기관으로 태재대학교가 있다. 미네르바대학교와 같이 서울, 도쿄, 뉴욕, 홍콩, 모스크바 등 글로벌 5개 지역 캠퍼스 경험을 하게 되며, 액티브러닝이라는 온라인 학습 플랫폼에서 전 세계 석학들의 수업과 지도를 받게 되며, 자기주도적인 학습과 토론을 통해 문제 해결의 기회를 갖게 된다. 초기에 13대 1의 경쟁률을 기록할 정도로 영향력을 미치고 있으며, 미래지향적 교육 방식의 대표 사례가 되고 있다.

Hybrid 교육이 확산하는 배경에는 기업의 인재 선발 방식과 자격 기준이 실무 능력 위주로 변화한 측면이 있다. 구글은 2021년부터 과거 학교, 학위, 시험성적 등 소위 스펙을 반영하는 데에서 벗어나 직무 역량 중심의 채용으로 변화를 선언했다. 우선 채용공고 단계부터 직무에 필요한 경력, 직무역량, 자격기준, 직무의 구체적인 내용을 상세하게 설명한다. 직무 기준에 부합한 지원자들을 대상으로 서류 심사와 심층 면접 과정에서 직무 요건과 지원자의 역량이 부합한지를 세밀하게 검증한다.

구글뿐만 아니라 아마존, 마이크로소프트 등 여러 선도기업들이 직무역량 중심의 채용으로 혁신하게 된 이유는 기존 입사자들의 업무

성과와 채용 시 요구 기준을 검토해본 결과 학교, 학위, 성적 등의 요소와 상관관계가 그리 높지 않다는 분석결과를 확인하게 되었기 때문이다. 오히려 고성과자들을 분석한 결과 인지능력, 리더십, 문화 적합성, 직무지식 등 업무 수행에 필요한 역량 요건들이 더욱 중요하다는 점을 인식하게 되었다. 이러한 경험에 따라 수차례에 걸친 심층 면접과 코딩 테스트를 통해 업무 적합성을 검증하는 방식으로 채용혁신을 하게 된 것이다.

기업의 인재 선발 기준이 바뀌게 되면서 직업전문학교, 대학 등 학교 교육의 방식도 자기주도적인 학습, 여러 학문 분야를 폭넓게 경험하고 융합적 문제해결 능력 개발을 중시하는 방향으로 변화하고 있다.

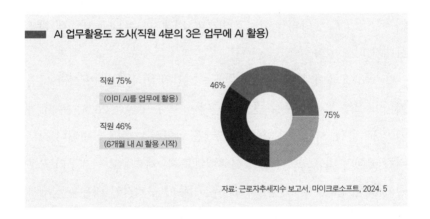

AI 업무활용도 조사(직원 4분의 3은 업무에 AI 활용)

직원 75%
(이미 AI를 업무에 활용)

직원 46%
(6개월 내 AI 활용 시작)

46%

75%

자료: 근로자추세지수 보고서, 마이크로소프트, 2024. 5

마이크로소프트사가 전 세계 직원 3만여 명을 대상으로 조사한 결과 업무에 AI를 활용한다는 직원이 75%에 달했다. AI 활용자 중 46%는 활용 기간이 6개월 미만일 정도로 AI 활용도는 직원들에게 폭발적으로 확산했다. 직원들 대부분은 AI를 활용하게 되면서 승진에 대한 기대가 높아지고(68%), 취업 기회가 넓어진 것(79%)으로 생각했다. AI 전문사용자들은 업무관리가 수월해지고, 창의성이 높아졌다고 응답했고(93%), 직장에서 동기부여가 되고 행복감을 느끼게 되었다고 응답했다(92%).

　AI 활용 역량의 중요성을 인식하게 되면서 일부 기업들은 직원들에게 AI 교육을 적극 도입하고 있다. JP Morgan, P&G, AT&T 등 전통적인 선진기업들은 AI 교육을 활성화하고 있고, 나아가 AI를 이러닝 방식으로 확산하기 위해 AI학습데이터를 재정비하는 기업들도 지속적으로 증가할 것이다.

긍정 경험이
만들어내는 매직

    기업에서 인사의 실패는 곧 이직이다. 인재가 이탈하게 되면 직간접 비용이 발생하기 때문이다. 새로 사람을 뽑아서 대체해야 하고, 대체하더라도 적응하여 성과를 낼 때까지 적어도 몇 개월의 시간이 필요하다. 특히 급변하는 환경에서 인재가 이직하면 바로 조직의 손실로 이어진다. 간접비도 만만치 않다. 채용 비용도 들여야 하지만, 남아있는 직원들이 웅성거리며 사기가 저하되면 업무에 집중하지 못하게 되고, 더 나아가 추가적인 이직이 발생할 수도 있다. 돈으로 셀 수 없는 무형의 비용이 막대하다.

    상황이 이렇다 보니 인재 이탈의 원인을 찾아보고 개선하는 노력에 앞서 인재 유지Retention를 위해 무엇을 해야 할지 분석하고 개선책을 마련하는 편이 더 낫다. 글로벌 리서치기관 뉴파서블은 이직하는 이유와 안 하는 이유를 포함하여 조사하고 있다. 최근 조사 결과를 보면 이직하는 조직의 부정적인 요인으로 건강하지 못한 조직문화(27%)가 1순위를 차지했다. 리더십의 미흡(23%), 급여 차별(16%), 인력 부족(10%), 워라밸의 불균형(9%)이 뒤를 이었다. 살짝 훑어보아도 금전적인 요인보다 비금전적 요인이 상당하다.

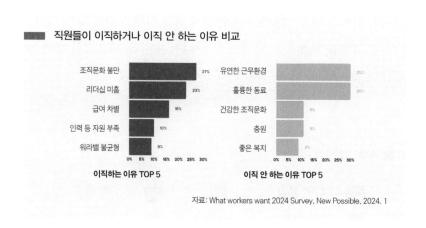

직원들이 이직하거나 이직 안 하는 이유 비교

이직하는 이유 TOP 5 / 이직 안 하는 이유 TOP 5

자료: What workers want 2024 Survey, New Possible, 2024. 1

인재를 유지하는 데에는 유연한 근무환경(30%)과 훌륭한 동료(30%)가 큰 격차로 우선순위를 차지했다. 건강한 조직문화(11%), 충원(11%), 좋은 복지(9%)가 뒤를 이었다. 비금전적인 근무환경이 오히려 인재의 눈길을 끌었다는 것인데, 금전적 보상만으로 사람을 관리할 수 없다는 평범한 진리를 되새기게 한다.

특히 유연한 근무 방식이 수위를 차지하고 있다는 점을 보면 경영진이 가장 부담스러워하는 재택근무나 유연근무 방식 같은 비금전적 요소가 인재를 붙잡을 수 있는 좋은 기회요인이라는 점이 새삼스럽다.

나아가 기업의 50%가 유연한 근무환경을 제공하고 있으며, 유연성이 떨어지는 직장에서 근무하는 직원들 중 50%가 1년 이내 이직 의사를 표한 점도 묘한 대비를 이룬다.

직장생활을 해나가는 데 있어 직원들이 긍정 또는 부정적인 경험을 하게 되는 기회는 다양하다. 우선 입사지원서를 내는 채용 단계에서부터 입사, 교육과 육성, 다양한 직장생활, 그리고 마지막에 퇴사까지 직원들이 회사가 나를 어떻게 대하는지 경험할 기회는 수도 없이 많다.

직원 경험을 분류하는 모델은 수도 없이 많지만, 대표적인 직원 경험은 대체로 5단계로 정리하곤 한다.

직원 경험의 5단계

1	2	3	4	5
채용	**온보딩**	**역량 및 경력개발**	**유지**	**퇴사**
직원 후보자의 모집과 선발	신입 직원에게 회사의 정책과 문화, 조직을 소개	(신입) 직원 스킬과 지식 개발/지원	사내 직원의 유지 수준 측정/관리	근무관계의 종료

자료: The Ultimate Guide to Improve Employee Experience, Invgate, 2023. 2

1. 채용: 해당 포지션의 역할에 적합한 잠재적 직원을 소싱하고 선택하는 과정이다. 회사도 직원이 회사의 가치에 부합하는지를 살펴보지만, 후보자들도 이 직장이 과연 나의 추구 가치와 어느 정도 적합한지 냉정하게 살펴보는 시간을 갖게 된다.

2. 온보딩: 적합한 직원을 모집하고 선발하면 신입 직원에게 회사의 정책과 문화, 조직을 소개하고 업무를 시작하게 된다.

3. 역량 및 경력개발: 현재의 역할과 향후 맡게 될 역할을 잘 해내기 위해 필요한 기술과 지식을 교육하고 육성하는 데 비용과 시간을 들인다.

4. 유지: 인재 채용보다 더 중요한, 결정적인 순간이 바로 직장에 대한 불만족 여부를 파악하고, 조직 내 적응, 기술과 역량의 교육, 몰입도 개선 등이 이루어지고, 이는 곧 인재 유지 단계로 볼 수 있다.

5. 퇴사: 마지막 단계는 회사에서 퇴임하여 다른 직장으로 이직하는 종료 단계이다.

　물론 직원의 경험을 5단계로 단순화하는 것은 한계가 있다. 각각의 단계 내에서 벌어지는 메커니즘에서 부정적 경험을 할 수도 있기 때문이다. 업무 목표를 세우고, 필요한 기술을 학습하며, 성과를 내고, 성과평가에 따른 면담 과정과 함께 보상과 인정을 경험하는 세부 과정이 더욱 중요할 수도 있다.
　업무를 수행하고 육성과 성장을 반복하는 일상 업무 수행 과정에서 느낀 부정적 경험이 직장생활의 핵심 성공 또는 실패 요인이 될 수도 있다. 성과면담 과정에서 리더십에 대한 불만과 동료에 대한 부정적인 인식이 싹틀 수도 있다.
　중요한 것은 직장생활에서 직원경험이야말로 인재의 성장과 이탈

여부를 판가름하는 핵심 요인이라는 점이다. 직장의 일상을 어떻게 설계하느냐? 그리고 그 속에서 직원이 어떠한 긍정경험을 가질 수 있도록 만드느냐 하는 것이 조직관리의 매직이자 경쟁력이라 할 것이다.

당신의 직장은
건강합니까?

"밤새 안녕하셨습니까?"

"샬롬"

"How are you?"

우리는 매일 다른 사람을 만나면 인사를 나눈다. 알든 모르든 그들의 평안을 묻는다. 널리 알려진 동기심리학자 매슬로우Abraham H. Maslow의 욕구 5단계에서 설명하듯 생존, 안전, 애정, 존중, 자아실현의 욕구는 인간의 본질이라는 데 동의하지 않는 사람은 찾기 어렵다. 특히 생존과 안전이 보장되지 않는 사회에서 사회적 관계를 맺어나가기는 어렵다. 우리 직장도 비슷하다. 생활 임금과 안정적인 근무가 보장된 계약서에 서명해야 비로소 입사하고 업무에 전력을 다한다.

글로벌 조사기관 퀼트릭스Qualitrics에서 3만여 명 이상의 글로벌기업 직장인들에게 직장생활의 건강을 물어보았다. 아시아 국가 직장인들에게 범위를 좁혀보면 직장 건강에 대한 답변은 상식을 벗어난다. "나는 직장에서 활력을 느낀다", "나는 직장생활이 긍정적이다", "나는 직장 내 신뢰 관계를 맺고 있다"는 일상적인 질문에 국가별 직장인은 차이 나는 답변을 내놓았다.

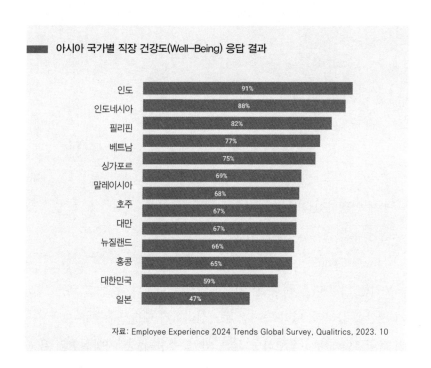

아시아 국가별 직장 건강도(Well-Being) 응답 결과

국가	%
인도	91%
인도네시아	88%
필리핀	82%
베트남	77%
싱가포르	75%
말레이시아	69%
호주	68%
대만	67%
뉴질랜드	67%
홍콩	66%
대한민국	65%
일본	59%
	47%

자료: Employee Experience 2024 Trends Global Survey, Qualitrics, 2023. 10

인도, 인도네시아, 필리핀, 베트남, 태국 등 70~90%의 인도/동남아 직장인들이 직장생활에 긍정적인 답변 상위에 랭크되었다. 싱가포르, 호주, 대만이 60%대의 중위권으로 체면치레했다. 한국은 59%로 아시아 꼴찌를 가까스로 면했고, 일본은 47%로 하위권이다. 자신의 삶에

겸손하고 내성적인 문화적 성향을 감안하더라도 아시아 선도국가로 자부해왔던 한국과 일본의 직장인들 입장에서는 쉽게 받아들이기 어려운 결과다.

직장 몰입(Engagement) 수준도 마찬가지다. "나는 업무를 통해 성취감을 느낀다(성취)", "나는 우리 직장을 다른 사람에게 추천하고 싶다(추천)", "회사는 내가 업무에 헌신할 수 있도록 동기부여해준다(동기부여)" 등 몰입을 묻는 질문의 국가별 순위도 거의 비슷하다. 한국과 일본은 큰 격차로 하위권이다. 소속감과 다양성에 관한 직장생활의 포용성(inclusion)을 묻는 질문에도 한국과 일본은 마찬가지로 하위권이다. 다만, 근속의지(Intent to stay)를 묻는 질문에는 한국(69%), 일본(64%)이 각각 5위와 8위로 중위권을 차지했다. 하지만 직장생활이 건강하지 않더라도 직장은 계속 다닐 것이라는 이질적인 답변이어서 오히려 걱정이다. 직장생활에 만족하지 않지만 그냥 다닐 계획이라는 식이니, 마음과 몸이 따로 노는 셈이다. 힘들지만 경제적인 면을 고려하여 생활하겠다 하니 과연 업무 성과를 제대로 낼지, 창의적이고 도전적인 업무 추진이 주도적으로 이루어질지 내심 근심이 늘어간다.

한국 직장인의 직장 경험Employee Experience에 한 걸음 들어가보자. 직장생활의 건강(59%), 성과 몰입(53%), 포용성(54%)이 하위권이고 직장생활의 기대와 현실 간의 차이(34%)는 압도적으로 더 낮다. 근속의지(69%) 요인 하나만 홀로 높은 모양새이다. 마지못해 직장을 다니는 한국인의 직장생활을 상징하는 듯하다.

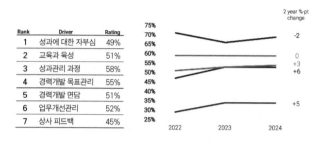

한국 직장인 몰입 요인별 응답과 연도별 추이

Rank	Driver	Rating
1	성과에 대한 자부심	49%
2	교육과 육성	51%
3	성과관리 과정	58%
4	경력개발 목표관리	55%
5	경력개발 면담	51%
6	업무개선관리	52%
7	상사 피드백	45%

자료: Employee Experience 2024 Trends Global Survey, Qualitrics, 2023. 10

직장생활 몰입을 강화하는 요인으로 성과에 대한 자부심, 교육과 육성, 성과관리 과정, 경력개발 목표관리, 경력개발 면담, 업무개선관리, 상사 피드백 등을 꼽을 수 있다. 직장생활에서 몰입을 느낄 수 있는 환경이 조성되어 있는지를 7가지 요인으로 나누어 물어본 결과도 그리 높지 않다.

한국인 직장생활의 건강이 추세적으로 2년 전인 2022년에 비해 포용성(+3), 몰입(+6), 직장 기대감(+5)으로 상승세를 보이지만, 직장생활 건강(0)과 근속의지(-2)는 제자리걸음이다. 한국 직장인의 삶이 경제적으로 나아졌다고 하지만, 직장경험이 후진적이라면 미래가 밝지 않다. 기회가 되면 이직하거나 업무 동기가 저하되어 실질적인 생산성을 높여나가기 어렵다. 획기적인 개선책 마련이 시급하다.

직장인의 인성,
이대로 좋은가?

청소년 시기에 왕따를 당하거나, 반 친구를 따돌려본 경험은 누구나 있을 수 있다. 성숙하지 못한 시기에는 당연한 일이다. 학창 시절의 지문처럼 친구들 간의 다툼은 슬픈 추억으로 새겨진다. 온라인에서 친구 관계를 경험하는 최근에는 온라인 따돌림도 간단치 않은 사회문제로 회자된다. 청소년 설문조사를 살펴보면 온라인 따돌림과 욕설을 경험한 청소년이 20%인 데다, 스스로 '가해' 경험을 토로한 경우도 26%에 이른다. 따돌림 경험이 발전하면 '집단 따돌림'이 되어 '학교폭력'으로 비화될 가능성이 있어 경계의 대상이다.

직장 내 동료들과 관계에서 '무례함(Rudness)'을 경험하는 상황은 문화를 가리지 않는 인간의 본성이다. 미국 보스턴 지역 컨설팅사의 직장인 조사 결과를 살펴보면 '4명 중 1명'은 직장 동료로부터 무례함을 경험했다고 응답했다.

무례한 경험을 구체적으로 나누어보면, '자신의 견해가 무시당하는 것'(26%)과 '자신의 판단에 의문이 제기되는 것'(24%)을 가장 많이 꼽았다. 되돌아보면 의식하지 않고 벌어지는 상황이 다반사다. '동료를 비전문가라고 비하하기'(17%)도 일반적으로 많이 발생하는 것으로 나타났다. '상대방을 충분히 대접해주지 않거나'(11%), '가치가 없다고 발언하는'(11%) 경우도 상대방은 무례하다고 인식했다. 소리치거나 화를 내고 공격적으로 노려보며 농담의 대상으로 삼는 경우는 자칫 직장 내 괴롭힘으로 인식될 수도 있다.

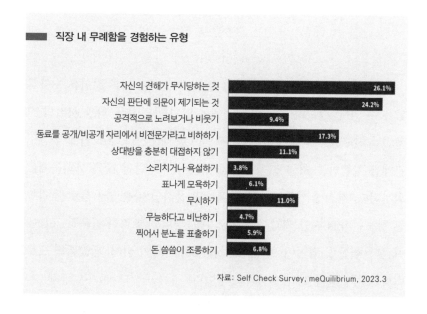

■■■ **직장 내 무례함을 경험하는 유형**

유형	비율
자신의 견해가 무시당하는 것	26.1%
자신의 판단에 의문이 제기되는 것	24.2%
공격적으로 노려보거나 비웃기	9.4%
동료를 공개/비공개 자리에서 비전문가라고 비하하기	17.3%
상대방을 충분히 대접하지 않기	11.1%
소리치거나 욕설하기	3.8%
표나게 모욕하기	6.1%
무시하기	11.0%
무능하다고 비난하기	4.7%
찍어서 분노를 표출하기	5.9%
돈 씀씀이 조롱하기	6.8%

자료: Self Check Survey, meQuilibrium, 2023.3

부지불식 간에 주고 받는 무례한 행동들은 직장 내 괴롭힘의 수준에 이르지는 않으나, 직장 내 동료관계를 파괴한다. 특히 겸손하고 예의바른 인성을 중시하는 시니어 세대들은 젊은 세대 직원들이 무례하다고 불평이 이만저만 아니다.

직장 내 무례함은 소리 없이 팀의 응집력과 협업관계를 훼손한다. 나아가 직원과 리더 간의 신뢰를 깨뜨리는 행동으로 조직의 평판이 하락하면서 방치하면 업무환경에 대한 부정적인 인식이 확산하게 된다. 무례한 업무환경을 직면한 직원들은 부정적인 직장 분위기를 호소한다. '직장을 걱정하거나'(42%), 스스로 '번아웃을 경험'(37%)하며, '동기부여가 부족'(33%)하다는 불평을 하게 된다.

무례함을 경험한 직원들이 보이는 심리적 현상 중에 가장 최악은 바로 '조용한 이직'이다. 무례한 직원이 방치될 경우 어떻게 대응하게 될까, 바로 '조용히 그만두기'(87%)를 선택할 것이라 한다.

좋은 상사들은 조직 내에 무례한 행동이 번져 나가지 않도록 관리한다. 긍정적인 평가를 받는 상사와 그렇지 못한 상사를 둔 직원들의 응답을 비교해 보면 상당한 차이를 보인다. 즉, 좋은 상사들은 부서 내에 무례한 행동이 발생하면 즉각 조치하여 더 이상 무례한 행동을 하지 않도록 대처하기 때문이다. 면담을 통해 무례하게 행동하는 직원에게 주의를 주거나 개선할 수 있는 기회를 부여한다. 반면 부정적인 평가를 받는 상사들은 무례한 직원이 발견되어도 그대로 방치하기 일쑤이다.

눈에 보이는 것이 전부는 아니다. 금전적 보상이나 눈에 띄는 복리후생이 아무리 좋다 하더라도, 직원들 사이에 무례하게 행동하는 분위기를 반기는 직원은 없을 것이다. 직장에서 상대를 괴롭히거나 성희롱을 고의로 일으키는 경우는 많지 않다. 부정적인 조직에서는 무례하고

공격적으로 상대방의 발언을 깎아내리거나, 따돌리고 무시하는 행동이 심리적인 불안감과 우울감을 증폭한다.

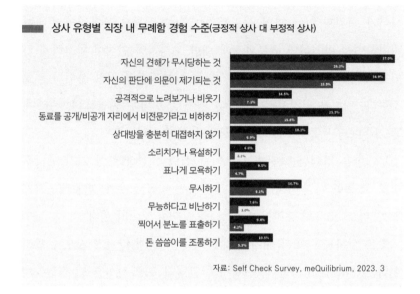

상사 유형별 직장 내 무례함 경험 수준(긍정적 상사 대 부정적 상사)

자신의 견해가 무시당하는 것	37.0% / 26.3%	
자신의 판단에 의문이 제기되는 것	24.9% / 13.9%	
공격적으로 노려보거나 비웃기	14.5% / 7.1%	
동료를 공개/비공개 자리에서 비전문가라고 비하하기	25.5% / 15.6%	
상대방을 충분히 대접하지 않기	18.1% / 6.9%	
소리치거나 욕설하기	6.6% / 2.2%	
표나게 모욕하기	9.5% / 4.7%	
무시하기	16.7% / 9.1%	
무능하다고 비난하기	7.6% / 3.0%	
찍어서 분노를 표출하기	9.4% / 4.2%	
돈 씀씀이를 조롱하기	10.5% / 5.3%	

자료: Self Check Survey, meQuilibrium, 2023. 3

젊은 세대일수록 '직장내 무례함'에 적극적으로 반응한다. 30세 미만 직원은 60세 이상 고연령 직원보다 스트레스로 인한 생산성 하락 경험율이 62% 높다고 한다. 스트레스 내성이 그만큼 낮다. 젊은 세대는 '조용히 그만두기'를 선택할 가능성이 훨씬 높아서 불만을 토로하고 이직으로 이어지곤 한다. 이 시대 어른들이 나서야 될 일이다. 사회생활에 익숙하지 않은 무례한 직원들에게 시민성과 인성을 전달하는 다양한 프로그램의 개발과 리더십이 어느 때보다 절실하다.

직장 변화에 대한
희망과 공포

변화는 희망과 함께 두려움을 동반한다. 2010년대에 한 기업이 '실패의 두려움을 이겨내고 도전하는 인재'를 희망한다는 광고 카피를 내보낸 적이 있다. 변화와 도전에는 항상 실패의 두려움이 함께하기 때문에 진정성이 느껴졌다. 도전하면 성공한다는 식의 미화보다는 솔직하다. 변화의 총량이 폭발하는 최근의 경제 환경과 직장을 돌아보면 희망과 공포가 교차하고 있기에 이 시대 직장인이 일상에서 부닥치는 선택의 스트레스도 만만치 않다.

글로벌 컨설팅 기업 PwC가 전 세계 직장인 6만여 명에게 변화의 희망과 두려움을 물어봤다. "지난 1년간 직장 내 업무와 역할의 변화가 어떠했는지"를 물었다. 대다수 직장인들은 새로운 일하는 방식에 적응할 준비가 되었다고 응답했다(77%). 나아가 새로운 역할에 대해 학습하고 성장할 기회가 주어진다는 점에 긍정적인 태도를 보였다(72%). 반면 지난 1년간 너무 많은 변화가 일어났다(53%)고 생각하거나 직장을 잃을까 안정성을 걱정하는 직장인들도 절반에 가까웠다(47%). 심지어 왜 이런 변화가 생겼는지 이해할 수 없고, 이전의 직장 생활과 업무가 더욱 좋았다는 표현에도 동의하는 경우가 많았다(44%). 물론 희망적인 태도가 훨씬 더 많았지만, 변화는 두려움을 동반한다는 사실도 확인할 수 있다.

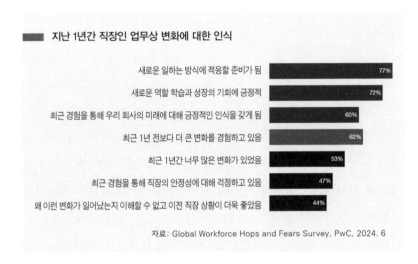

■■■ 지난 1년간 직장인 업무상 변화에 대한 인식

새로운 일하는 방식에 적응할 준비가 됨	77%
새로운 역할 학습과 성장의 기회에 긍정적	72%
최근 경험을 통해 우리 회사의 미래에 대해 긍정적인 인식을 갖게 됨	60%
최근 1년 전보다 더 큰 변화를 경험하고 있음	62%
최근 1년간 너무 많은 변화가 있었음	53%
최근 경험을 통해 직장의 안정성에 대해 걱정하고 있음	47%
왜 이런 변화가 일어났는지 이해할 수 없고 이전 직장 상황이 더욱 좋았음	44%

자료: Global Workforce Hops and Fears Survey, PwC, 2024. 6

변화의 내용에 대해 업무량이 늘었다(45%), 새로운 시스템과 기술을 학습해야 한다(45%), 조직개편이 이루어졌다(41%), 내 업무분상이 바뀌었다(40%)는 응답이 다수였다. 내 업무가 완전히 다른 업무로 바뀌었다(35%)는 응답도 3분의 1을 차지했다. 업무상 변화는 스트레스로 이어지고, 더 나아가 직장을 잃고 재정적인 어려움을 겪게 되지 않을까 걱정하게 된다. 기업과 경영진 입장에서는 사업의 생존과 성장을 위해 끊임없는 변화가 불가피하기 때문에 변화에 대한 두려움을 어떻게 관리할 것인지 숙제이다. 직원 입장에서도 사업과 조직의 변화에 따른 압박감을 견뎌내고, 스트레스를 극복하면서 적응하여 성과를 내기 위한 노력이 함께 필요하다.

변화는 경영진과 직원 모두에게 헤쳐나가야 할 과제이다. 특히 경영진 입장에서는 향후 기업경영에서 성과를 내기 위해 내부의 변화를 주도해야 하는 입장이다. 직원보다 더욱 절박할 수밖에 없다. 위기와 변화를 강조하는 CEO에 대해 직원들의 시선이 곱지는 않다. 그러나 직원들도 변화가 불가피하다는 인식은 마찬가지다. 새로운 제품과 시스템을 도입했을 때 고객에게 새로운 제품을 어필하는 마케팅을 펼쳐야 하고, AI를 활용한 시스템 활용법을 잘 익혀 두어야 성과를 낼 수 있다.

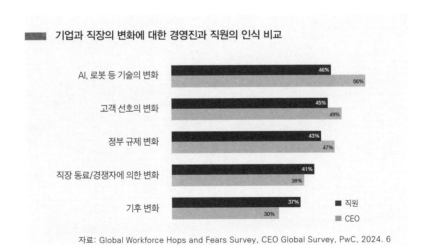

기업과 직장의 변화에 대한 경영진과 직원의 인식 비교

AI, 로봇 등 기술의 변화 — 46% / 56%
고객 선호의 변화 — 45% / 49%
정부 규제 변화 — 43% / 47%
직장 동료/경쟁자에 의한 변화 — 41% / 38%
기후 변화 — 37% / 30%

■ 직원 ■ CEO

자료: Global Workforce Hops and Fears Survey, CEO Global Survey, PwC, 2024. 6

PwC의 조사에서 기업과 직장의 변화에 가장 큰 영향을 주고 있는 요인으로 AI, 로봇 등 기술의 변화(46%)와 함께 고객과 시장의 변화가 선두를 차지했다. 정부 규제의 변화(43%)도 중요한 변화로 인식하고 있다. 성과에 영향을 줄 수 있는 환경의 변화는 경영진이 더욱 심각하게 인식하고 있다.

　반면 직원들의 변화 즉, 직장 내 동료가 얼마나 변화했는지에 대한 인식은 직원들이 긍정적인 데 반해 경영진은 다소 부족하다고 생각한다. 물론 입장의 차이값이다. 직원들은 내 맘 같지 않다. 경영진이 고민하는 만큼 따라와 주길 바라는 마음이 있게 마련이다. 경영진이 리더십 못지않게 팔로워십을 강조하는 이유이다. "우리 직원의 팔로워십은 안녕하신가요?" 경영진이 매일 확인하고 싶은 질문이기도 하다.

멘토링,
일상이 되다

백년기업 포춘을 아시나요? 글로벌 경제 매거진 〈포춘Fortune〉은 타임지의 설립자 헨리 루스가 1930년 창간하여 90여 년의 역사를 가진 미국 대표 경제지이다. 1955년 이후 매년 미국의 500대 기업을 조사해서 '포춘 500'을 발표하고 있으며, 1989년부터는 '포춘 글로벌 500'을 발표하고 있다. 포춘 500에는 월마트, 엑슨모빌, GM, JP모건 등 전통기업 뿐만 아니라 애플, 아마존, 마이크로소프트 등 소위 빅테크 기업들도 이름을 올리고 있다.

포춘 500 기업의 공통점은 미국 대표 기업이다. 이제 포춘 500의 공통점 중 '멘토링 프로그램'이 역할을 하게 됐다. 2022년 포춘 500 기업의 멘토링 프로그램 실행률은 97.6%이다. 2020년 코로나 시기 초입에 84%에서 2021년 92.4%를 지나 이제 포춘 500 기업이라면 멘토링을 하는 기업이 됐다. 팬데믹 시기에 일상화된 프로그램 중 하나로 멘토링을 꼽게 된 것이다. 비대면 재택근무 시기에 멘토링의 필요성이 더욱 절실했기 때문이다.

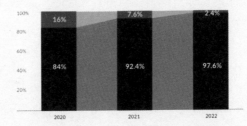

포춘 500 기업 중 멘토링 프로그램 실행 기업 추이

97.6% 포춘 500 기업 중 멘토링 프로그램을 도입한 기업 비중

멘토링 프로그램을 갖춘 포춘 500 기업

■ 멘토링 갖춘 기업   ■ 멘토링 없는 기업

- 2020: 84% / 16%
- 2021: 92.4% / 7.6%
- 2022: 97.6% / 2.4%

포춘 500 기업의 멘토링, 비멘토링 기업 생산성 비교

멘토링=포춘 500 기업 중 영업이익 2배 기대

포춘 500 기업 중 멘토링 vs 비멘토링 기업 비교(2022)

■ 멘토링 없는 기업의 영업이익 중위값   ■ 멘토링 갖춘 기업의 영업이익 중위

- 2020: $490M / $680M
- 2021: $434M / $1.4B
- 2022: $622M / $1.3B

자료: Mentorcliq, 2024. 2

더욱이 멘토링 기업의 생산성이 비멘토링 기업에 비해 더욱 높다는 점도 멘토링이 호평을 받고 일상화되는 이유이다. 미국 인사관리협회SHRM의 인사담당자 조사에 따르면, 미국 기업 60%가 멘토링 프로그램을 일상적으로 실시하고 있고, 55%의 인사담당자들이 멘토링 프로그램의 효과에 대해 만족한다는 응답을 했다. 대부분 내부 관리자들이 멘토로 활동하고 있고(86%), 대면 멘토링 이외에 비대면 미팅을 함께 활용한다는 응답도 다수를 차지했다(64%). 비대면 근무가 확산했기 때문에 화상회의나 전화를 활용한 멘토링도 일상화되었다는 의견이다.

팬데믹 과정에서 기업이 멘토링에 주목하게 된 배경에는 이직으로 인한 어려움을 예방하는 일이 절실했기 때문이다. 멘토링 프로그램의 효과는 이직률에서 그 차이가 나타난다. 멘토링을 통해 자기개발과 경력개발의 기회를 가진 직원이 그렇지 않은 직원에 비해 근속기간이 더 길다. 글로벌 HR소셜앱 링크드인의 조사에 따르면 94%의 성장 기회를 경험한 직원이 근속에 있어 긍정적이라고 한다. 멘토링 프로그램에 참여한 경우가 그렇지 않은 경우에 비해 근속률이 50% 정도 높고, 장기근속 경향을 보인다고 한다.

젊은 Z세대의 경우 멘토링을 일상으로 생각하는 인식이 더욱 강하다. 젊은 세대 직원들은 경력개발이나 전환을 위해 학습 기회를 가져야 한다고 생각한다(76%). 멘토 또는 조직 내 스폰서 역할을 해준 리더에 대해서 젊은 세대의 동료라는 인식을 갖게 되고 리더십에 대해 긍정적이다. 젊은 조직을 활성화하는 데 있어 멘토링은 필수 불가결인 요소이다.

멘토링에 멘토로 참여한 직원에게 보이는 긍정적 효과

66%
멘토링에 참여한 직원의 66%는
프로젝트 수행 역량에 대해 만족함

5x
멘토링에 참여한 직원은 참여하지
못한 직원 대비 승진이 5배 높음

6x
멘토링에 멘토로 참여한 직원은 더 높
은 직위로 승진할 확률이 6배 높음

60%
멘토링에 참여한 남녀직원의 60%는
자신들의 경력개발에 대해 만족함

멘티의 25%는 상대적으로 급여 상승을 경험하게 됨

자료: The importance of mentoring in the workplace, The Human Edge, 2022. 8

멘토링은 프로그램에 멘토로 참여하는 직원들에게도 성장의 계기가 된다. 멘토로 참여한 직원들의 만족도가 더욱 높고(66%), 멘토로서 겪은 경험이 경력개발의 기회가 되었다고 생각한다(60%). 결과적으로 역량개발과 승진의 결과로도 이어진다. 멘토링에 참여한 직원의 승진 비율이 미참여 직원에 비해 5배에 달하고, 직급 승진의 가능성도 6배에 이른다는 결과도 눈길을 끈다. 물론 우수한 직원을 멘토로 선정하기 때문이라는 반증도 있다. 기업은 멘토링을 통해 직원뿐만 아니라 리더를 육성하고 그들이 조직의 가치와 사명에 몰입할 수 있는 기회를 부여한다. 멘토링 과정을 살펴보면서 '가르치며 배운다'는 평범한 진리를 확인하게 된다.

우리 문화에 적합한 비대면
일하는 방식 혁신하기

코로나 시기를 맞아 비대면^{Untact} 일하는 방식으로 대처하는 기업이
대세이다. 줌^{Zoom}을 비롯하여 다양한 온라인 회의, 교육 애플리케이션
이 확산했다. 사회적 거리두기가 생활화됨에 따라 직장에서 비대면
업무 방식이 코로나 시기 이후에도 일상으로 정착할지가 초미의 관
심사이다.

반면 비대면 일하는 방식에 대한 부정적인 인식도 지속적으로 문
제 제기되고 있다. 한 취업포털의 조사 결과, 자율좌석제 사무실 근
무에 대해 부정이라고 생각하는 직장인의 비율이 50%에 육박했다.
모바일 오피스 도입의 취지인 창의적이고 생산성을 높이는 데에 도
움이 되지 않는다는 응답도 40%를 넘어섰다. 기업이 칸막이를 걷
어내고, 호텔식 예약 시스템을 설치하는 데 들인 비용과 호평 일색

인 신문기사에 비해 초라한 성적표이다.

2017년 5월, 글로벌 IT기업의 대표주자인 IBM이 재택근무를 폐지하여 큰 논란을 불러일으킨 바 있다. 전 세계 38만 명 중 40%에 달하던 재택근무 직원들은 사무실로 출근할 것인지 아니면 아예 회사를 그만둘 것인지 선택지를 받아 들고 고민을 하게 됐다. 2013년 야후의 마리사 메이어가 재택근무를 폐지하여 소통과 협력을 높여야 생존이 가능하다고 외칠 당시만 해도 재택근무는 생산성을 극대화할 수 있는 이상적인 방식이었다. 이젠 뱅크오브아메리카, 베스트바이, 레딧 등 금융과 IT산업의 글로벌 선두주자들이 재택근무 폐지 대열에 속속 나서고 있다.

반면 일본기업은 '텔레워크'로 불리는 재택근무를 정부차원에서 높여가고 있다. 2018년 7월 23일부터 일주일 동안 일본 정부가 주도하여 '텔레워크 주간'을 선포하고, 재택근무, 화상회의를 하는 데 2천여 기업이 참여했다. 국토교통성 조사에 따르면 재택근무를 선택한 직장인은 2016년 13%, 2017년 15%에 이어 2018년 16.6%로 증가세이며, 재택근무 제도를 실시하는 기업도 20%에 달한다. 정부가 앞장서서 텔레워크 등 새로운 일하는 방식을 확산하는 배경에는 육아와 간병, 숙련인력 부족이라는 사회여건 변화에 대응하고, 지방 인재를 채용하여 지역경제를 활성화하겠다는 정책에도 부합하기 때문이다. 더하여 직원 개인의 창의성과 업무 생산성을 높이려는 기업의 이해관계에도 맞아떨어진다.

우리 기업뿐만 아니라 선도기업들조차 새로운 기업문화를 도입하는 과정에서 임직원들이 거부감을 느껴 제대로 정착하지 못하거나, 시행과정에서 왜곡되어 효과를 거두기 어려울 수도 있다. 우리 기업의 문화 변화 프로그램들을 살펴보고, 우리에게 적합한 방식을 찾아본다.

서구기업을 모방하는
우리 기업의 문화 변화 활동들

최근 한국 기업들도 모바일 오피스, 직급과 호칭 파괴 등 일하는 방식을 혁신을 앞세워 근무환경을 개혁하려는 발걸음이 더욱 빨라지고 있다. S반도체사는 글로벌 IT기업의 대명사인 페이스북, 인텔, 넷플릭스 등을 방문하여 기업문화를 벤치마킹했다. 직원 호칭을 TL^{Technical Leader 또는 Talented Leader}로 통일하고, 상대평가를 폐지하는 등 획기적인 변화를 단행했다. K통신기업은 '1등 워크샵'이라는 1박 2일 프로그램에 직원들이 부서와 직급 관계없이 참여하여 회사의 당면한 이슈를 격의 없이 끝장 토론하여 작은 성공사례라도 정착시키고자 한다. I보험회사는 에자일 조직을 도입하여 업무 프로세스와 리더십이 영향을 미치는 방식을 바꾸는 데 집중하기도 한다. 직원이 스스로 일을 찾아 해결하는 방식으로 진행하다 보니, 2개월짜리 과제가 2주 만에 실행될 수도 있는 민첩한 조직변화를 만들어 냈다고 자평한다. 우리나라 대표기업인 S전자는 몇 년 전부터 '스타트업 컬쳐' 혁신을 모토로 호칭도 바꾸고, R&D부서의 유연한 탄력근로와 집중근무제를 통해 출시 전에 열정을 집중하는 '실리콘밸리식 문화 이식'을 강력하게 추진했다. 최근 사업 확장으로 성장한 H그룹은 자신감을 바탕으로 유연근무제와 승진자 안식월 제도를 도입하고, 동시보고제 등 경직된 사풍을 유연하게 변화하는 데 관심을 기울이고 있다.

최근 일련의 변화를 들여다보면, 서구기업 특히, 미국 IT기업들의 프랙티스를 벤치마킹하여 도입하려는 경영자들의 관심을 확인할 수 있다(표 1 참조). 물론 획기적인 성장과 실적을 창출하고 있는 글로벌 선두주자들의 성공 비결을 배운다는 바람직한 측면도 있다. 그러나 임직원의 가치관과 동떨어지거나, 영위하고 있는 사업의 절차나 관행과 괴리감으로 인해 수용도가 높지 않고, 무늬만 변하고 내실 없이 흉내만 내는 경우도 적지 않다는 평가다. 절대적으로 우월한 문화는 존재

서구기업의 일하는 방식 혁신 사례(예시)

프로그램	기업	내용
스탠드업 미팅	마이크로소프트	아침에 회의 참석자들이 선채로 15분 정도 미팅 진행
프리스타일 워크플레이스	마이크로소프트	스마트오피스 공간을 1인, 2인, 4인의 열린 공간을 선택하여 공유좌석제로 근무
경영진 불펜 (Bullpen)	구글	마운틴뷰 본사 43층 소파에 사업부 경영진이 돌아가면서 근무하고 빠르게 의사결정해 주는 제도
피자 두 판 법칙 (Two Pizza Rule)	인튜이트 (재무SW기업)	일주일 근무시간의 10%는 피자 두 판을 먹을 수 있는 4~6명의 팀원이 새로운 아이디어 실험에 참여
Just Do It상	아마존	상사의 승인 없이 도전한 업무에 대해 나이키 운동화를 시상, 실패하더라도 시상
Fastworks	GE	제품, 소프트웨어 등 개발을 위해 필요한 여러 기능부서의 개발 전문가 간의 소통, 협력 조직과 업무 절차
이불캠페인	GSK제약	직급 호칭 대신 '~님'으로 이름을 부르는 캠페인
생산성 2배, 잔업 제로	일본전산(니덱)	생산성 혁신에 1천억엔 투자하고, 근로시간 감소와 잔업수당을 교육과 인센티브로 활용

하지 않으며, 특정 문화가 다른 문화를 점령하는 방식도 바람직하지 않다. 우리 기업 임직원들의 가치관에 흡수하여 정착할 수 있는 기업문화나 변화 방식을 모색해야 할 시점이다.

기업문화를 바라보는
눈을 키워야

우리 기업의 문화혁신, 일하는 방식 개혁이 쉽지 않은 데에는 (1) 기업문화의 방향성과 통찰력의 부족하거나, (2) 구성원의 역량과 인식에 대한 이해가 미흡하고, (3) 일관성 없는 백화점식 문화혁신 등을 원인으로 생각해 볼 수 있다.

우선, 우리 기업의 조직문화나 일하는 방식의 방향성이 명확하지 못하여 여전히 근본적 변화에 이르지 못하고, 무늬만 변화하는 데 그친다. 2016년과 2018년 대한상공회의소와 맥킨지컨설팅의 한국기업문화 조사결과를 살펴보면, 80%에 달하는 기업이 여전히 글로벌 기업의 에자일 조직문화 수준에 도달하지 못했다. 조사 대상의 80% 이상 직원들이 캠페인성 기업문화를 경험함에 따라 혁신 피로감이 누적되고 있다. 더하여 근본적 문화혁신 경험은 20% 수준에 그침에 따라 '어차피 바뀌지 않을 거야'라는 무력감을 학습하고 있지 않은가 걱정이 앞선다.

우리 기업들이 다른 기업들의 변화 패션을 따라 하거나, 경영진의 혁신 요구에 응하는 수준을 넘어 바람직한 문화로 변신하기 위해 우리 회사에 필요한 문화와 일하는 방식에 대한 목표 설정이 명확해야한다. 직원들은 제조 현장의 위계조직을 수평조직으로 바꾸거나, 연구개발부서가 아님에도 불구하고 직급 호칭 폐지를 하는 것은 불합리하다고 생각할 수 있다. 리더들이 나서서 매장 매출이 점차 줄어들고 모바일 판매량을 늘려야 하는 이유를 명확히 설명해 준다면, 시스템 프로젝트에 자율 참여해야 한다는 인식이 확산할 것이다. 회사의 문화를 바꾸는 이유가 단지 워라밸 풍조 때문이라고 한다면, 많은 돈을 복리후생에 투자해도 직원의 업무 몰입도가 높아지지 않을 것이다. 먼저

▬▬ 기업에 적합한(Fit) 문화를 도출하기 위한 핵심질문들(개념적 예시)

	현재 기업문화 영향요인(As-Is)	바람직한 기업문화 변화방향(To-Be)
사업 특성	현재 영위하고 있는 사업 특성이 투영되고 있는가? - IT, 금융, 서비스, 신산업 vs. 제조, 유통 등	산업, 사업의 변화로 기업문화 변화가 필요한가? - 신산업 구조 변화, 신사업 진출, 인수합병 등
기능 부서 특성	부서의 업무 특성이 문화에 영향을 주는가? - 기획 마케팅, R&D vs. 생산, 영업, 물류 등	부서 기능의 프로세스/시스템 변화가 필요한가? - IT기술 접목, 제조업의 서비스화, 모바일 유통 등
인력 구성	임직원의 직무, 세대별 구성이 어떠한가? - 시니어, 엔지니어, 현장 vs. 주니어, 사무직 등	조직 구성원의 비중과 인식의 변화가 나타나고 있는가? - 베이비붐세대 퇴직 급증, 간부 세대교체, R&D 증가
조직/ 제도 특성	조직의 구성과 인사/복지제도의 영향은 어떠한가? - 위계조직, 연공제 vs. 수평조직, 연봉제 등	구성원의 인사복지 요구가 급변하고 있는가? - 워라밸 요구, 갑질 근절, 근로시간 단축 등
리더십	경영진, 부서장의 리더십 스타일, 특성은 어떠한가? - 지시, 일중심, 위계적 vs 자율, 관계, 수평 등	경영진, 부서장의 리더십 교체가 어느 정도인가? - 차세대 리더 발탁, 경영진 변화 등

우리 회사의 문화와 일하는 방식이 왜 바뀌어야 하는지, 공감대 형성을 위한 고민이 필요한 시점이다.

우리 회사에 적합한Fit 기업문화와 일하는 방식 혁신의 방향을 설정하려면 사업, 부서 특성, 인력 구성 외에도 조직구조와 각종 인사, 복리후생 제도의 특성을 살펴보아야 한다. 그림에 도움을 줄 만한 핵심 질문들을 예시로 정리했다.

경영진이 기존 사업 성장의 한계를 느끼고, 새로운 온라인 유통업체를 인수하여 공격적인 신사업을 추진하려면, 사업부서의 도전과 열정을 불러 모으기 위해 직급 호칭을 폐지하고 신사업이나 신제품 개발 프로젝트 위주의 일하는 방식으로 바꿔야 한다. 인사부서는 프로젝트 조직을 쉽게 신설할 수 있도록 기존 위계조직, 부과제를 폐지하여 대팀제로 전환하는 한편 연봉을 결정할 때 연공급 비중을 낮추고, 성과급을 높여 주어야 사업 지원이 강화된다.

둘째, 구성원의 인식과 가치관에 대한 이해가 부족하면 일하는 방식 혁신이 저항에 직면하고 실패에 이를 수 있다. 한국인의 문화를 집단주의, 상명하복 위계적 조직분위기로 요약하곤 한다. 반면 최근 취업 포털 잡코리아의 직장인 의식에 대한 설문을 보면, '개인주의가 증가'한다는 응답이 80%를 넘어섰다. 한국인의 문화의식 조사(문화체육관광부), 세계가치관조사World Value Survey 등 정부, 학계의 조사 내용을 뜯어보아도 한국인의 집단주의 문화 인식이 개인주의로 바뀌었다. 더 나아가 50% 이상의 직장인들이 개인주의를 문제 또는 위기로 인식하고 있다. 조직에 대한 열정이 떨어지거나, 부서간, 개인간 이기주의가 심화되어 협력이 부족하고 생산성을 떨어뜨리는 요인으로 작용한다.

일하는 방식의 혁신을 도입할 때 성공한 글로벌 IT기업들의 사례나 신세대의 개인주의 성향이 급증함을 보고 서구 문화에 익숙한 제도 시행을 결정하기에 앞서 우리 회사 직원들의 정서에 부합하는지 따져 봐야 한다. 모바일 유통 비율이 과반을 넘어서고, 부문 내에 밀레니얼 세대의 비중이 대다수를 차지한다면 우선 신유통 경로를 관리하는 부서는 모바일 오피스로 가구 배치를 바꾸고 외근 직원들을 대상으로 자율 공유좌석제를 해볼 만하다. 매주, 매월, 분기별로 재무 데이터를 분석해야 하는 부서 직원들이 날마다 새로운 자리를 예약하여 두꺼운 자료를 옮겨 다녀야 한다면 오히려 불만이 높아질 수 있다. 구성원 중 밀레니얼 세대의 비율이나 직급별 인력구조, 부서원들의 업무 특성을 충분히 고려하여 수용도가 높은 방안부터 적극적으로 시행해 보는 단계적 접근도 필요하다.

셋째, 우리 기업들이 기업문화 혁신 활동을 추진함에 있어 실행 상의 이슈로 '백화점식 기업문화 운동'을 들곤 한다. 경영자가 직원들의 의견을 수렴해 보거나 선도기업의 사례를 좋다고 하여 해볼 만한 프로그램이나 제도를 모으다 보면 서로 맞지 않거나 상충되는 제도를 도입하게 된다. 예컨대 생산 현장의 엔지니어를 대상으로 20%의 시간을 자율개선 프로젝트를 수행하는 한편 도요타의 생산성 혁신 업무를 병행하게 하면 직원들이 과중한 혁신 활동 부담으로 지칠 수 있다. 연구개발 부서가 탄력근무제를 도입하면서 기존의 상대평가나 연공에 따른 급여 제도를 손보지 않으면 성과에 따른 평가보상이 미흡하여 제대로 정착하기 어렵다.

회사와 부서의 일하는 방식을 바꿔야 할 비전과 방향성을 설정하

고 그에 부합하는Fitness 프로그램과 제도를 일관되게Alignment 조정해
야 한다. 그림에 바람직한 기업문화, 일하는 방식 혁신의 프로그램과
제도를 검토할 때 고려해 볼 만한 프레임워크를 제시해본다. 만약 유

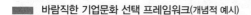

■■■ 바람직한 기업문화 선택 프레임워크(개념적 예시)

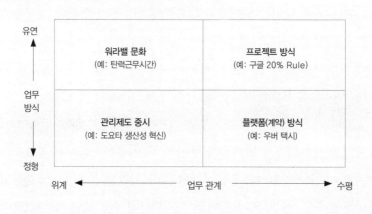

연하고 수평적 조직문화를 통해 사업 방식의 변화를 도모하려면 구글
과 같은 프로젝트형 일하는 방식을 집중하여 검토할 필요가 있다. 반
면 기존 생산라인의 경쟁력을 높이고, 비용절감을 통해 저성장기의 어
려운 터널을 극복하려면 도요타 생산성 혁신과 같은 프로그램 도입이
적합하다.

　　경영학자들은 기업문화와 사업체계를 뜯어고쳐 변화를 성공시킨
사례로 이나모리 가즈오 회장의 JAL항공 회생을 꼽곤 한다. 2009년

적자로 파산하여 법정관리에 들어간 JAL항공은 가즈오 회장의 '투혼' 정신과 조직 단위별 손익책임과 권한을 강조한 '아메바경영'을 이식받아 2년 만에 흑자를 기록하고, 이후 이익률 15% 이상의 안정된 기업이 됐다. 고객 중심의 경영과 구성원의 열정을 중시하는 기업문화를 전파하는 한편, 매출과 규모 성장보다는 수익성을 강조하여 부서별 손익과 결정권을 위임하는 조직운영과 전사 개혁을 단행했다. 경영진과 중간 간부뿐만 아니라 직원의 가치관을 바꾸기 위한 교육에 더하여 실제 사업 시스템과 일하는 방식을 새로운 가치관에 부합^{Fit}하도록 연계하여 Alignment 혁신한 결과였다.

코로나 시기에 우리 곁으로 부쩍 다가온 비대면 일하는 방식이 계속하여 일상화되고 우리의 기업문화에 내재화^{embed}되려면 필요하다는 수준이 아니라 친숙하게 느껴져야 한다. 워라밸 문화가 필요하다고 생각하면서도 유연근무제를 이용하는 부하직원을 업무 성과로만 바라보지 못하고 늦게 출근한다고 인식하는 상사가 있는 한 새로운 기업문화는 자리잡기 쉽지 않다.

우리 기업들도 기업문화와 일하는 방식 혁신을 의식 개선에 한정하거나, '생각 따로, 일 따로 식'의 캠페인 이벤트를 벗어나야 한다. 사업과 업무 전반의 체계를 바람직한 가치관에 적합하도록 바꾸어 나가는 기업문화 혁신에 나서길 기대해본다.

제2장

지속가능 HR

―

주주Shareholder와 함께 이해관계자Stakeholder를 향한 지속가능 HR의 부상

지속가능경영과 HR
(Sustainable HR)

2005년 주 노르웨이 미국대사가 노르웨이 연기금이 월마트에 투자했던 4천여억 원을 회수한 데 강력히 반발하는 사건이 벌어졌다. 한 해 전 출범한 노르웨이 연기금의 윤리위원회는 월마트가 상품을 공급하는 협력업체들의 열악한 근무환경과 낮은 급여 수준을 개선하지 않고 방치했다는 결론을 내렸다. 특히 월마트가 협력업체에 대해 개선을 요구하지 않고, 오히려 업체 경쟁력 평가 등을 통해 인권 침해를 부추겼다며 투자금 회수라는 초강경 대응책을 펼쳤다. 이는 미성년자 고용과 장시간 노동 등 근무환경 이슈를 넘어 인권문제로 확산되었고, 이미 여러 기관의 진단과 보고서를 통해 제기된 문제에 대해 HR 측면의 개선 노력이 보이지 않았다는 점이 크게 작용했다.

노르웨이 연기금의 윤리위원회는 더 나아가 다음 해에는 글로벌 농업기업 몬산토에도 투자 철회를 권고했다. 몬산토가 인도에서 유전자 변형 면화를 재배하는 과정에서 협력업체들이 초등학교 아동들을 대규모로 동원했고, 살충제가 뿌려지는 환경에도 방호 대책 없이 작업하도록 하여 인권과 보건, 안전 등 이슈를 야기했다는 이유였다. 이외에도 나이키가 파키스탄에서 국제공인 축구공을 생산하는 데 아동 노동력을 착취했다는 언론 기사로 인해 주가가 단기간에 40% 가까이 하락하는 등 기업의 사회적 책임에 대한 인식이 강화되고 있다. 국내 기업들도 경영진과 직원의 갑질, 성희롱, 근로환경 등 HR 이슈가 사회 문제로 대두되고 불매운동과 주가 하락으로 이어지고 있다. 나아가 근로환경, 인권, 급여 수준 등 HR 담당자가 관심을 가져야 할 사회적 이슈가 나날이 확산되고 있다.

코로나19 시기를 맞아 기업의 사회적 책임을 중시하는 지속가능경영 Corporate Sustainability Management에 대한 인식은 '시대정신 Zeitgeist'의 변화라 불릴 만큼 확연히 달라졌다. 주주가치를 지키는 것이 지상과제로 여겨지던 데서, 영업이익이 증가하고 자산 가치가 크게 상승했음에도 불구하고 환경 오염 사고, 협력업체와 갑질 이슈, 부실로 인한 안전 사고 등이 발생하여 하루아침에 주가 폭락세로 돌아서는 경우도 자주 볼 수 있게 됐다. 기업을 바라보는 시각이 변화함에 따라 매출과 영업이익 등 단기 재무적 가치를 높이기 위한 경영전략뿐만 아니라 사회 공동체의 일원으로서 역할과 책임을 중요하게 생각하게 됐다.

최근 지속가능한 기업의 사회적 책임을 강조한 ESG 투자 패러다임이 각광을 받고 있다. ESG는 기업의 환경 Environmental, 사회 Social에 대한 책임과 건전한 지배구조 Governance를 의미한다. 기업이 환경 측면에서 환경 오염을 방지하거나 탄소 배출을 저감해야 하며, 사회 측면에서 안전사고를 예방하고, 공정거래와 사회공헌을 중시해야 함을 강조한다. 또한, 주주 권리 보호, 이사회 운영 및 회계 투명성을 강조하는 지배구조의 개선도 요구한다.

 ESG 투자는 기관투자자, 즉 주주들이 ESG 영역의 기업 리스크로 야기되는 막대한 손실을 더 이상 방치하지 않겠다는 방어적 자세에서 벗어나, '사회문제를 해결하는 데 기여하는 기업', '세상에 도움을 주어 살아남을 기업'이라야 투자하겠다는 적극적인 태도로 변화한 것이다. 일례로 세계 최대 자산운용사인 블랙록^{Blackrock}의 CEO 래리 핑크^{Larry Fink}는 최근 투자기업에 서한을 보내어 "기업의 이익과 목적은 불가분의 관계에 있으며, ESG 관점의 책임을 다하지 않는 기업들을 투자 대상에서 제외하겠다"라고 경고하기도 했다.

 ESG 투자규모도 가히 광풍이라 할 만큼의 규모로 성장했다. 글로벌지속가능투자협회^{GSI}의 추산에 따르면, 2018년 미국, 유럽 등 선진국의 ESG 투자원칙에 기반한 투자금이 30조 달러에 이르러 불과 2년 전에 비해 34% 증가했고, S&P500지수에 편입된 기업의 시가총액 25조 달러를 추월할 정도가 됐다. ESG 우량 기업에 대한 투자수익률도 타의 추종을 불허한다. ESG 투자에 강한 미국의 자사운용사 캘버트사는 대형주 중심의 ESG투자펀드의 10년간 수익률이 13.9%로 미국 대형주 지수인 러셀1000의 수익률 13.5%를 앞서고 있고, 최근 1년 수익률은 34%에 달한다고 소개했다. 이제 투자자 입장에서 ESG 투자는 선택이 아닌 필수가 된 것이다. 전 세계적인 저성장 기조로 인해 전통적인 제조업 중심 기업들의 미래가치가 불확실한 상황에서, 사회에 기여하면서 투자 위험은 낮고 투자 수익률은 높은 ESG 투자는 향후 주주가 선택할 수 있는 최선의 기업투자 방식이라 할 것이다.

지속가능한 기업 경영을 강조하는 ESG 이슈가 급부상함에 따라 기업 임직원이 수행하고 있는 업무와 일하는 방식이 변화하게 되어 인사, 조직 관점의 변화도 예고하고 있다. 탄소배출 공정의 개선, 친환경 제품 개발, 직원 보건과 안전, 파트너사와 공정한 경쟁 등 다양한 분야에서 새로운 관점에 따라 업무를 수행해야 하는 변화를 예고하고 있다. 경영 패러다임과 일하는 방식의 변화는 곧 임직원의 마인드셋 변화뿐만 아니라 필요한 인재상이 바뀌고, 교육과 채용, 평가, 보상 등 인사관리 방식에 있어 개선을 요구한다. 지속가능경영Sustainability의 시대가 도래함에 따라 인사담당자들이 갖춰야 할 마음가짐과 조직 그리

■■■ 지속가능경영을 향한 인사담당자의 역할

지속가능경영과 연계된 HR방침	HR담당자가 고려해야 할 내용
명확한 지속가능 경영철학(Purpose)을 확산	● 미션과 비전, Code of Conduct(행동규범) 등에 반영 ● 교육, 커뮤니케이션 통하여 내재화 실천
지속가능경영 전문가 확보, 전담조직 신설	● ESG 관련 전문기구(위원회) 구성, 전문조직 신설 ● 탄소저감 공정 기술 / 친환경 사업 인력 확보, 교육 등
지속가능한 HR 정책 수립 및 실행	● 인권(갑질, 원하청 관계), 다양성 존중 등 강화 ● 공정하고 합리적인 인사평가 기준 수립 및 운영 등
지속가능경영 지표 수립 및 성과평가와 연계	● ESG 등 지속가능경영 연계 KPI 체계 수립 ● 조직성과 관리, 인사평가 제도 개선
윤리적, 협력적 조직문화 구축	● 투명하고 상호 존중의 윤리 경영 ● 협업 체계, 워라밸 근무환경 등 조성

고 인사제도 변화의 방향에 대해 살펴본다.

지속가능 경영철학(Purpose)을
명확하게 수립하고 문화로 확산

글로벌 기업 존슨앤존슨은 기업의 사명을 명확히 하고 이를 문화로 가꾸어 위기를 극복한 사례로 알려진 회사이다. 창업 60년이었던 1843년 사회에 기여하겠다는 경영철학의 방향을 정립하여 '우리의 신조Our Credo'를 대내외에 발표했고, 지금까지도 변함없이 유지하고 있다. 우리의 신조는 위기에 빛을 발했다. 1982년 타이레놀 독극물 테러 사건이 발생하였을 때 경영진이 대책회의를 하던 회의실 한 편에 붙어 있던 신조를 읽고 전량 회수라는 결단을 내렸다는 일화는 위기대응의 베스트 프랙티스로 지금도 회자되곤 한다.

기업의 사회적 역할을 강조하는 ESG 트렌드가 강조되는 시대를 맞아 인사담당자들은 우선 회사의 경영철학과 인재상이 이에 부합한지 살펴보고 재정립하는 데 관심을 가져야 한다. 경영철학에 건강과 안전, 다양성과 포용에 대한 내용이 담겨 있는지, 이해관계자와 관계에서 윤리적 문제가 언급되어 있는지, 기후환경과 공정경쟁에 대한 내용들을 구체적으로 다루고 있는지 살펴보아야 한다.

스웨덴의 글로벌 건설기업 스칸스카Skansa사의 홈페이지를 살펴보면 임직원의 행동강령Code of Conduct에 지속가능성을 향한 철학이 구체적으로 담겨 있다. 스칸스카사의 임직원 행동강령은 주주, 공급사, 협력사, 고객사 등 비즈니스 파트너뿐만 아니라 내부 임직원 간의 관계를 포함하여 이해관계자 모두에게 지켜야 할 행동 원칙을 실제 업무 사례와 함께 실천할 수 있도록 설명하고 있다. 직장 내에서 일할 때, 고객을 만날 때, 직원이 사회 공동체의 일원으로서 어떻게 행동해야 할지 알려준다. 기후위기에 따른 업무 개선 방향을 함께 설명하여 다양한 환경 개선에 기여할 아이디어를 낼 수 있도록 독려하고 있다. 행동강령은 임직원이 한 번 읽는 데 그치지 않고 교육 콘텐츠와 대내외 캠페인 등 다양한 기업문화 변화 활동에 활용할 수 있다는 점에서 HR담당자들이 우선 검토하여 추진할 과제라 할 것이다.

스칸스카(Skanska) 건설사의 행동강령(Code of conduct)

<u>직장, 시장, 사회에 대한 임직원 행동 원칙</u>

- Commitment at workplace
- 건강/안전/웰빙, 근무여건, 다양성/포용, 자기계발, 정보보호, 보고/기록, 회사자산, 보안
- Commitment at marketplace
- 이해관계자 관계, 이해충돌, 접대/선물, 품질, 사기, 후원, 내부정보/시장왜곡
- Commitment to society
- 기후/환경, 커뮤니티 투자/외부소통, 반부패/반뇌물, 제재, 돈세탁, 공정경쟁, 정치활동

<u>공급사 행동 원칙</u>

- 건강/안전/웰빙, 근무여건, 차별/희롱 금지,
- 자산/장비 보호, 보안 개인정보 보호,
- 반부패/반뇌물, 공정경쟁, 이해충돌, 접대/선물, 제재, 신고방법

지속가능경영을 위한 전문가 확보와
전담조직의 신설로 새로운 사업 기회를 뒷받침

최근 ESG 투자 열풍이 이전의 사회적 책임 경영Corporate Social Responsibility과 달리 경영진을 긴장하게 만드는 이유는 바로 사업 분야의 구조적 변화가 함께 이루어진다는 점에 있다. 탄소를 많이 배출하는 사업에는 투자를 하지 않겠다는 기관투자자 등 주주들의 의견에 따라 탈탄소 사업화 전략을 선택하는 기업들이 늘고 있다. 최근 발전사와 건설사들이 석탄발전 등 화력발전소 건설 프로젝트 수주를 중단하겠다는 결단을 내리고 있고, 화학, 정유 등 탄소 발생 공정이 많은 기업들도 탄소 배출을 줄이겠다며 탄소중립에 따른 사업계획을 발표하고 있다. 사업전략 자체가 바뀌어 감에 따라 이를 수행할 전문가 인력을 확보하려는 기업들의 인재영입 경쟁도 서서히 가열되고 있다.

글로벌 풍력발전 기업인 오스테드Orsted사는 지속가능한 사업구조로 변화하면서 인적 역량을 혁신한 대표적 사례이다. 오스테드사가 2008년 85/15 비전을 발표할 때만 해도 과연 혁신적인 사업구조 변화가 가능할까 하는 시장의 의구심이 지배적이었다. 85/15 비전은 전통적인 화석에너지 발전이 85%, 신재생에너지가 15%이었던 발전사업의 구성 비율을 뒤집어, 신재생에너지 사업 비율을 85%로 2040년까지 달성하겠다는 목표였다. 불과 10여 년 만에 오스테드사는 해상 풍력발전 등 신재생에너지 글로벌 최강자로 등극했고, 현재의 모습을 비교해 보면 역대급 사업변신을 달성해냈다.

지속가능한 기업으로 변신하기 위해 오스테드사는 이사회 산하에 지속가능성 위원회를 구성하고 QHSE실무위원회Quality, Health, Safety, Environment를 통해 실질적인 변화를 주도했다. 한편 신재생에너지 사업 중 풍력 사업을 주력으로 삼기 위해 3개 풍력 발전사를 인수하여 전문 조직과 인력을 확보했다. 특히 인수과정에서 지상풍력 관련 전문 기술인력 60여 명을 확보하여 핵심 사업인 풍력발전의 확대를 이끌어낼 수 있었다.

HR담당자는 지속가능한 사업구조로 개편을 추진하는 전략을 뒷받 침할 수 있도록 전문가와 핵심 인력을 확보하고 육성하는 데 관심을 두어야 한다. 특히 탄소 배출이 많은 전통 제조업의 경우, 탄소저감 기술을 개발하고 적용할 수 있는 각 분야의 전문가 확보가 절실하다. 안전과 보건 등 리스크를 사전 예방하고, 이슈가 발생할 경우 대응할 수 있는 조직을 구성하고, 전문가를 확보하는 노력도 필요하다. 더하여 투자자에게 ESG 성과를 커뮤니케이션하고, ESG 평가기관들에 대응할 수 있는 ESG 전담조직의 신설도 검토해야 할 것이다.

ESG를 포함한 지속가능경영의
기준에 부합한 HR 정책 수립과 실천

ESG 투자의 출발점은 투자자 입장에서 기업이 얼마나 리스크에 노출되어 있는지를 살펴보고, 리스크가 많은 기업에 투자를 제한함으로써 투자 이익을 높이자는 취지에 있다. 탄소 배출이 많은 사업에 투자했을 때 나중에 탄소 배출로 인한 사회적 평판 하락이나 탄소 저감을 위한 비용 지출이 과다하여 손실이 날 경우를 미리 예상하고 투자하자는 것이다. 미래 가치를 따져 보고, 손실 위험을 사전에 점검하여 투자하다 보니, ESG 측면에서 좋은 평가를 받는 기업들의 투자 수익률이 상대적으로 높을 수밖에 없다. 최근에는 ESG 투자를 위한 펀드의 인기가 급부상하고 있고, 이로 인해 기업들도 ESG 정책 개선을 통해 평가에서 높은 점수를 기대하기 마련이다. HR담당자는 ESG 평가 분야를 고려하여 인사제도의 개선을 도모해 갈 필요가 있다.

ESG 평가 기관의 지표에는 HR과 관련된 지표의 비중이 상당한 만큼 인사부서도 ESG와 같은 지속가능경영의 평가에 관심을 가져야 할 것이다. 대표적인 ESG 평가 지표인 다우존스지속가능지수DJSI, Dow Jones Sustainability Indices의 경우, 노동지표(3), 인권(5), 인적자원개발(3), 인재 확보와 유지(4), 기업시민정신(2), 보건/안전(9) 등 100점 만점에 36점의 상당한 비중을 차지하고 있다. HR관련 정책을 여하히 펼치느냐가 기업의 투자매력도를 결정하는 데 1/3 정도의 높은 영향력을 가지고 있는 것이다. 이제 인사노무담당자의 노력의 결과가 투자를 유치하는 데 중요하다는 점을 정량적으로 확인할 수 있게 된 것이다. 물론 인권이나 보건/안전 등 국가별, 산업별로 위험요인과 예방 방식이 서로 다른 경우도 있지만, 기존의 인사 정책을 개선하여 수립하고 실행함으로써 리스크를 사전에 최소화해야 할 것이다.

세계 경제인을 모아 다보스포럼을 개최하는 세계경제포럼WEF은 ESG 지표로 지배구조Governance 환경Planet, 사람People, 번영Prosperity의 4개 주제에 21개의 지표를 공개하여 기업들이 ESG와 관련된 정보를 투명하게 공개할 뿐만 아니라, 관련된 정책과 제도를 수립하여 실행하

도록 장려한다. 특히 사람People 영역의 경우, 다양성과 포용 정책, 임
금차별 금지, 급여 정책, 재해위험관리, 보건과 안전, 교육훈련 등 정책
을 강화하도록 조언하고 있다. 기업 내 인사담당자도 각종 정책 기준
에 부합하도록 사내 기준을 점검하고 개선하는 노력을 지속해야 한다.

다우존스지수의 지표 구성(Dow Jones Sustainability Indices)

구분	비중(%)
최종 점수	100
Economic Dimension (경제 영역)	34
Corporate Governance	7
Materiality	4
Risk & Crisis Management	5
Codes of Business Conduct	7
Customer Relationship Management	3
Policy Influence	2
Supply Chain Management	2
Tax Strategy	2
Information Security/Cybersecurity	2
Environmental Dimension (환경 영역)	33
Environmental Reporting	2
Environmental Policy & Management Systems	2
Operational Eco-Efficiency	9
Biodiversity	5
Climate Strategy	8
Water Related Risks	7
Social Dimension (사회 영역)	33
Social Reporting	2
Labor Practice Indicators	3
Human Rigths	5
Human Capital Development	3
Talent Attraction &Retention	4
Corporate Citizenship and Philanthropy	2
Occupational Health and Safety	9
Social Imapacts on Communities	5

HR 관련 지표

지속가능경영을 향한 지표를
성과평가에 반영

기업 조직 내부에 새로운 경영의 변화를 문화로 정착하려면 바람직한 업무수행의 결과에 대해 평가와 보상으로 연계하여야 한다. 임직원이 비윤리적 행위를 저질렀을 때 징계를 함으로써 윤리경영을 확산하고, 기업이 사회적 책임을 지키지 않고 법적 규제를 어긋난 행위를 했을 때 제재를 가함으로써 사회적 책임을 구성원에게 각인시켰다. 기업 내부 구성원에게 새로운 ESG 경영마인드를 갖추게 하고, 자신이 맡고 있는 업무와 일상생활에서 탄소 저감 활동, 협력사 직원을 차별하지 않는 태도 등을 실천하게 하려면 조직 성과관리와 인사평가 등의 지표와 목표에 반영하여 관리해야 제대로 된 변화가 일어날 것이다.

글로벌 건설기업인 방시Vanci사는 지속가능경영을 평가하는 지표를 각 부서별로 부여하여 지속적으로 평가하고 이를 통해 조직 평가와 인사 평가에 반영하고 있다. 예컨대 공급망 관리에 대해 책임구매 적용 비율, 중소기업 거래 비율 등을 평가하여 협력사에 대한 차별없는 대우를 하고 있으며, 인권이나 분쟁 위험의 소지가 있는 기업과 거래를 사전에 방지하고 있다. 인권 교육 이수율과 인권 심의 건수 등을 평가함으로써 노동력 착취나 지역사회 근로자에 대한 부당한 처우를 예방한다. 기후변화와 관련하여 매출 대비 탄소 배출, 재생 자재 사용 비율 등을 관리하여 탄소 저감 활동과 순환경제를 강화한다. 더 나아가 임원 단기성과급의 25%를 ESG성과 평가 결과와 연계하여 동기를 부여하기도 한다.

최근에는 국제회계기준위원회IASB에서 관리하는 국제회계표준IFRS에 지속가능경영을 대변하는 ESG관점의 회계 표준안을 마련함으로써 모든 기업이 스스로 이를 준수하도록 지침을 준비하는 움직임이 확산하고 있다. 회계표준에 ESG 평가와 정책관리 방식이 내재화될 경우, 투자자 입장에서 지속가능경영을 제대로 실천하는 기업을 쉽게 살펴볼 수 있고, 투자 적격 여부를 판단할 수 있게 된다. 인사담당자 역시 투자 및 평가기관의 ESG 평가 기준 마련과 연계하여 임직원이 자신의 업무에서 달성해야 할 ESG관점의 KPI 목표를 관리하도록 기준, 산식 및 평가 절차를 준비해 나가야 할 것이다.

방시(Vanci) 건설사의 지속가능경영 평가 지표

주제	KPI
건강 안전	사고빈도율, 중대사고발생율 외
고용 훈련	순이익 중 종업원 지원, 회사 주식 보유율 외
노사관계	단체교섭 비율, 노조 대표 재직자 비율
다양성	직급별 장애인/여성 비율 외
경제 기여	일자리 창출, GDP 기여, 기부 외
공급망	책임구매 적용 비율, 중소기업 거래 비율 외
인권	인권교육, 인권 심의 건수 외
기업 윤리	윤리 교육 이수자 수
기후 변화	매출 대비 탄소 배출 / 에너지 소비 및 절감 비율, 전기 toll lane의 탄소 절감분, 에너지 소비모니터링, 재생에너지 비율 외
순환 경제	재생 자재 사용, 폐기물 배출 및 재생 외
자연 환경	파트너십 수, 사고예방시설 설치 도로 비율, 국제기구 보고 동식물 데이터 양, 야생동물 건널목, 물 사용량 외

기업 내부에 윤리적,
협력적인 조직문화를 구축

2005년 8월 허리케인 카트리나가 뉴올리언즈를 강타하여 수십만 명의 이재민이 눈물을 흘리는 장면이 전 세계에 중계되고 구호의 손길이 바삐 움직였다. 당시 창립 이후 최대 영업적자를 기록하며 위기를 겪던 스타벅스의 하워드 슐츠 회장은 미국의 모든 지점 리더를 뉴올리언즈에 불러들여 리더십 컨퍼런스를 개최하고 이재민의 집을 수리하며 사회 시설을 복구하는 데 힘을 보탰다. 스타벅스사 스스로도 백척간두의 재난 상황이었지만, 피해주민 지원에 참여한 리더들에게 지역사회에 기여한다는 선한 마음뿐만 아니라 어떠한 위기도 극복할 수 있다는 자신감과 열정이 생겨났고, 전체 조직의 활성화로도 이어졌다.

임직원이 비윤리적 행위를 하거나 사회적 관행을 벗어날 경우 제재를 가하기보다는 위험을 예방할 수 있도록 건강한 협력적 조직문화를 만들어 내는 것이 더욱 중요하다. 윤리를 실천할 수 있도록 투명한 정보공유체제를 마련하고, 갑질이나 차별 등이 발생하지 않는 소통과 공감의 분위기를 조성해야 한다. 임직원의 일과 삶이 균형을 이룰 수 있도록 유연근무제, 재택근무제 등으로 근무 환경을 개선하고, 협업포인트와 같은 협력적 분위기를 만들어 줘야 한다. 좋은 문화를 유지하도록 주기적으로 조직문화 지수를 측정하고 진단하여 피드백함으로써 스스로 조직문화를 개선할 수 있는 체제도 필요하다. 불합리한 리더십이나 조직 내부의 행위가 나타나지 않도록 긍정적인 조직문화를 가꾸어 가는 것이야말로 지속가능경영을 향해 인사담당자가 주도적으로 추진해야 할 일이다.

ESG 성과를 개선하기 위해 사회에 기여할 수 있는 제품과 서비스를 강화하면, 임직원이 회사 사업의 중요성에 의미를 부여할 수 있기 때문에 업무 동기도 강화된다. 사회적 가치를 추구하는 기업의 직원 충성도, 효율성 및 생산성이 더욱 높고 채용, 유지 및 사기와 관련된 HR 지표도 개선됐다고 한다. 저명한 경영학자 마이클 포터의 연구에 따르면 지속가능성 프로그램이 강력한 회사의 사기가 열악한 회사에 비해 55% 더 높았으며, 직원 충성도는 38% 더 높았다. 또한 생산성이 16% 증가하고, 연간 퇴직률도 3% 이상 하락하여 이직으로 인한 교체 비용도 절감할 수 있다고 한다. 특히, 직원 건강 및 몰입도가 1% 증가할수록 영업 이익이 0.8% 증가하는 효과도 거둘 수 있다. 윤리적으로 건강하고, 다양성과 인권을 존중하는 착한 기업으로 변화함에 따라 인재관리의 효과가 강화되는 일석이조의 성과도 가능하게 됐다.

최근 ESG 관점의 경영이 급부상하게 된 배경을 단지 착한 기업이 인정받게 됐다는 논리로 해석하기보다는 시장이 원하고 있기 때문이라고 생각해야 한다. 화석 연료를 사용하는 공장을 건설하여 얻은 수익보다 탄소배출권을 매입하는 데 더 많은 비용을 들여 적자를 보기도 한다. 유통 매장의 자영업자에게 식자재를 독점 공급하다가 갑질로 브랜드 이미지가 실추된 식품사의 사례가 낯설지 않은 시대가 됐다. '임금은 백성이라는 바다 위에 떠 있는 배와 같다'는 군주민수君舟民水란 고사가 있는데, 이제 기주회수企舟會水라고 해야 하지 않을까 싶다. 사회라는 바다를 항해하는 기업이라는 배가 있다면, 사회에 기여하지 않고서 안전하고 성공적인 항해를 마치기 어렵다. 우리 인사담당자도 이제 지속가능경영에 기여하는 HR업무의 중요성을 인식하고 조금씩 실천해 나가길 기대해본다.

ESG 경영, 담론을 넘어
실천의 시대로

최근 프랑스 명품 브랜드가 제품 생산 과정에서 노동착취, 강제노동 등 위반혐의로 명예를 실추한 스캔들이 관심사가 됐다. 밀라노 법원은 명품 제조사 하청업체의 노동실태에 대해 1년간 법정관리 명령을 내렸고, 인권침해 사건은 기업의 평판 실추와 함께, 해당 기업의 주가도 석 달 만에 20%이상 추락시켰다. 평판이 높던 기업이 ESG(환경, 사회, 지배구조)정책의 실패로 기업가치가 하락하는 걸 보면, 환경뿐만 아니라 소셜리스크 특히 HR 관련 이슈가 중요한 ESG아젠다로 등장하고 있다. 이제 ESG경영에 있어 HR의 역할이 확대되고, 때로는 수도적인 대응을 해야할 시점이 됐다.

ESG경영에서 기후변화 대응에 필요한 인사조직 차원의 지원과 함께 소셜리스크의 예방과 대응도 요구된다. HR담당자가 ESG 담론을 넘어 실천해야 할 사항을 점검하고, 준비사항을 살펴본다.

ESG의 변화, 실천이 관건

환경부서나 생산, 마케팅 부서의 일이라고 여겨지던 ESG가 HR 업무 깊숙이 들어오게 된 배경을 생각해 보면, 우선, ESG 규제가 현실화되고 있기 때문이다. 2006년 4월 코피아난 전 유엔사무총장이

■■■ 미국과 EU의 ESG 규제 강화 및 통상 의제화 현황

환경	사회	지배구조
√ EU 탄소국경조정 제도 (2022) √ EU SFDR, 지속가능금융 공시 제도(2021) √ 저탄소 공정/기술/제품, 전과정 환경평가(LCA) √ EU FIT for 55(2021) √ EU 지속가능한 제품을 위한 에코 디자인 규정 (2022) √ 미 공정전환경쟁법(2021) √ 미 인플레이션 감축법 (IRA, 2022)	√ EU 기업 지속가능성 실사 지침(CSDDD, 2022) √ 프랑스 기업실사 의무법 (2017) √ 독일 기업공급망 실사법 (2021) √ 영국 현대판 노예방지법 (2015) √ 네덜란드 아동노동 실사 의무법(2019) √ EU 분쟁광물규정 (2021) √ EU 강제노동 결부상품 수입금지규정(2022) √ 미 캘리포니아 공급망 투 명성법(2012) √ 미 위구르 강제노동방지 법(2022)	√ 지속가능경영 공시(ISSB, 2023) √ EU 기업 지속 가능성 보고 지침(CSRD, 2022) √ 미 증권거래위원회(SEC) 기후공시 의무화 규정 (2022)

자료: 법무법인 지평, 2023

전 세계 3천여 기관투자자들과 함께 'UN책임투자원칙'을 발표할 당시만 해도 ESG아젠다는 투자분석과 의사결정과정에 있는 담론에 불과했다. 10년간의 유예기간을 거쳐 2015년에 효력이 발생하자 ESG는 금융기관의 투자가이드라인으로 작용하였고 ESG펀드 조성과 채권발행으로 실행되어 2020년경부터 본격적인 ESG투자 붐을 일으켰다.

2020년부터 EU와 미국 금융정책 당국이 환경, 사회, 지배구조와 관련된 규제 기준을 마련하기 시작했고, 2022년 이후 다수의 ESG 규제가 단계적으로 발표됨에 따라 환경, 사회, 지배구조 개선이 궤도에 올랐다. 특히 EU 탄소국경제도(CBAM)가 시행됨에 따라 우리 기업들도 EU로 제품을 수출할 때 탄소배출량에 대한 정보를 부착해야 하고, 제품의 탄소배출량 저감을 위한 실천들이 필요해졌다. 2022년 공급망에 대한 기업의 지속가능성 실사 지침이 발표되고, 2024년 시행이 결정됨에 따라 기업들은 국내외 협력업체들의 인권, 노사관계 등 소셜 리스크가 발생할 경우 심각한 영향을 받게 되었다. 이제 소셜 리스크에 대한 담론을 넘어 실천이 필요한 시기가 된 것이다.

둘째, 그린워싱을 비롯하여 ESG 워싱 논란이 증가하고 있다. 2020년부터 대부분 기업들이 탄소중립 선언, TCFD기후변화 재무정보 공개협의체 가입 등 ESG 이니셔티브 활동에 동참했다. RBAResponsible Business Alliance, RSResponsible Steel 등 산업별 ESG 이니셔티브에 가입하거나 인증을 받은 기업들도 점차 증가했다. 환경, 인권 등 글로벌 이니셔티브를 선언하거나 가입, 인증한 기업들은 2~3년 후부터 기준을 충족했는지 대내외로부터 약속 이행 여부를 검증받기 시작했다. 말뿐만 아니라 행동과 실천으로 증명해야 하는 시기가 되었다. 검증의 주체는 ESG 관련 평가기관과 함께 행동주의 투자자 및 투자기관, 환경 및 인권 단체이다.

특히 행동주의 주주들은 기업이 ESG 선언만 하고 실천이 미흡할 경우 적극적인 캠페인 활동을 전개한다. 글로벌 투자리서치 기관인 S&P의 조사에 따르면 2019년 이후 주주행동주의 캠페인이 증가했고, 이사회 운영 등 지배구조와 환경 이슈보다 소셜 리스크에 대한 캠페인이 2023년에만 254건에 이를 정도로 활발해졌다고 발표했다. 이제 안전, 보건 활동의 문제와 함께 노사관계, 직장 내 인권 등 실천이 미비한 기업에 대한 문제제기가 직접 기업평판에 영향을 미치기 시작했다.

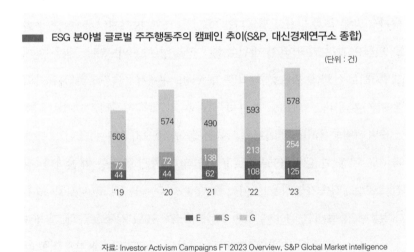

ESG 분야별 글로벌 주주행동주의 캠페인 추이(S&P, 대신경제연구소 종합)

(단위 : 건)

자료: Investor Activism Campaigns FT 2023 Overview, S&P Global Market intelligence

HR이 ESG 실천의 관리 주체로

글로벌 조사기관 가트너^{Gartner}의 2023년 기업 임직원 조사에 따르면 임직원의 지속가능성에 대한 인식과 실천 간에 괴리감은 여전하다. 직원의 67%가 지속가능성 이슈가 매우 중요하다고 응답한 반면, 소속 회사가 지속가능성 목표 달성에 충분한 자원을 지원한다고 믿는 비율은 31%에 불과하다. 회사의 지속가능한 목표달성에 직원이 몰입하고 실천하도록 임직원을 동기부여하는 다각적인 노력이 필요하다.

첫째, ESG 실천문화를 조성해야 한다. 가트너의 조사에 따르면, 지속가능경영 문화가 조성되었다는 응답은 16%에 그친다. ESG를 문화로 만들어가려면, 리더와 직원이 지속가능성 목표와 프로그램을 함께 개발하고, 실행에 필요한 교육과 멘토링, 나아가 실천 프로젝트 기회를 가져야 한다.

유니레버는 Future Fit 프로그램을 통해 지속가능한 비즈니스 모델과 ESG에 대한 인식을 높이고, 직원들의 친환경 스킬을 개발한다. 직원 스스로 지속가능성을 높이기 위한 아이디어를 내고, 성과를 회사 내외부에 홍보하는 과정에서 자부심을 느낄 수 있다. 프로그램 기획과 실천 과정에서 ESG가 바람직하다는 인식이 형성된다. 예컨대, 아프리카 지역에서 여성 농부들에게 지속가능한 농법과 기술을 전수하여, 소출을 증대하고 소득향상에 기여하는 성과를 냈다.

둘째, ESG 전략 실천에 필요한 인재를 재배치하고 채용해야 한다. 부문별 ESG 업무에 대한 역할과 책임을 설정하고 필요한 역량개발과 인재배치를 조율해야 한다.

글로벌 컨설팅기관인 딜로이트는 2022년에 〈탄소중립과 일자리〉 보고서를 통해 전 세계 인구의 25%, 8억 개의 일자리가 기후변화 및 경제전환의 영향에 취약하다고 발표했다. '일자리 취약성 지수^{Job Vulnerability Index}'를 조사한 결과 농업, 전통에너지, 중공업과 제조업, 수송업, 건설업 등 5개 산업을 기후변화에 따라 일자리 취약 산업으로 분류했다. 폭염과 자연재해로 인해 광업, 화석 연료, 에너지 집약적 산업 생산 분야가 구조 전환 과정에서 일자리를 잃을 가능성이 높다고 진단했다. 특히 일자리 취약 산업에 의존도가 높은 아시아 일자리 43%, 아프리카 일자리 43%, 중남미 27%가 위험에 노출되었다고 한다. 반면, 2050년까지 기후전환에 발 빠르게 대처할 경우 3억 개 이상의 일자리가 창출되는데, 저탄소 공정으로 전환하는 기회를 잡을 경우 소위 '그린칼라'를 육성해내는 기업과 국가가 일자리를 선점할 수 있다고 지적했다. 이를 위해 야심 찬 감축목표를 설정하고 고부가 일자리를 제시하며, 넷제로 적응형 교육과 적극적인 인력재배치를 유도해야 한다고 주장한다.

이탈리아 국영에너지기업 에니^{Eni}의 경우 내부 직무 포스팅 플랫폼 Job4U와 교육플랫폼 MyChange를 통해 2030년까지 내부 직원이 직무와 공정 전환을 요구하는 경우 타부서의 포지션을 제공하거나 타 직무로 전환하기 위한 교육을 제공한다. 신재생에너지기업 에퀴노르^{Equinor}는 자사 직원뿐만 아니라, 협력사와 함께 신재생발전 프로젝트를 수행할 때 지역 여성오너기업과 소상공인에게 필요한 인력채용 기회를 우선 제공한다. 장기적인 공정변화를 고려하여 기업에 필요한 신규인력도 채용하고, 새로운 일자리도 창출하는 상생의 아이디어가 요구된다.

셋째, 소셜 리스크를 사전에 발굴하고 대응해야 한다. 기업의 생태계 경쟁력은 공급망에 협력하고 있는 파트너사들의 ESG 위험을 해결해야 높아질 수 있다. 기업과 파트너사가 ESG 평판 이미지 훼손이 발생할 경우 매출 감소, 자본 유치의 어려움, 채용 이미지 하락으로 이어진다. 글로벌 컨설팅사 BCG에 따르면 밀레니얼 세대의 40%가 기업을 선택할 때 ESG 평가를 고려한다. 경제적으로도 ESG 관리 수준이 높은 기업은 기업 마진의 1~3%가 더욱 높고, 주식시장에서 10% 정도 기업가치 프리미엄을 누릴 수 있다고 한다. 기업가치를 높이는 데 공급망 전체의 소셜 리스크 관리도 한몫하게 되었다.

인텔은 ESG 최상위 등급을 유지해왔는데 특히 소셜분야에서 자사의 다양성뿐만 아니라 공급도 다양성이 높은 기업으로부터 구매 비중을 늘려 지속가능한 성장을 지원한다. 소수민족, 여성, 장애인 등의 채용이 많은 공급업체로부터 구매하는 공급망 다양성 프로그램을 시행하여 2022년에만 연간 22억 달러 규모의 제품을 구매했다. 처음 시행했던 2015년의 다양성 구매액과 비교해 15배를 달성했다.

IT기업 델Dell은 미국에서 '가장 친환경적인 기업'과 '사회 초년생을 위한 최고 기업' 모두 최고 등급five-star을 받았다. 델의 채용비전EVP은 혁신적인 문화와 기업가 정신을 조성하는 방향성을 제시하고 있으며, 특히 직원의 생물학적 배경과 가치관의 다양성을 중시하는 포용적 문화 구축을 목표로 한다. 델은 포용적이고 다양성을 중시하는 내용으로 리더 육성 프로그램과 직원 경력개발 및 교육프로그램을 구성한다. 지속가능한 사회적 프로그램을 기업과 공급망에 내재화하는 노력이 앞서야 소셜 리스크를 예방하고 강한 ESG기업으로 자리매김할 수 있다.

넷째, ESG 성과관리를 위해 KPI 관리와 보상체계를 조율해야 한다. SK하이닉스는 내부 연구를 통해 ESG 핵심성과목표를 설정했다. 2023년 지속가능보고서에서 'PRISM 목표'를 발표했다. '사회공헌이 창출한 사회적가치 1조 원 Pursue, 온실가스배출량 2020년 수준 유지 Restore, 공정가스 배출량 40% 감축하는 Innovate, 협력사 ESG 평가 100% Synchronize, 여성비율 10%를 통해 Motivate한다'는 5대 목표를 제시했다.

임원의 성과지표와 보상을 자사의 ESG 비전과 연계해야 실질적으로 ESG 목표의 실천 메커니즘이 작동한다. S&P 500 기업 중에 기후 관련 지표를 임원 보상에 연계한 기업 비율은 2021년 25%에서 2023년 54%로 두 배 이상 증가했다. 탄소다배출기업으로 유명한 석유기업 BP는 2023년부터 안전 및 지속가능성지표 7개를 임원 상여와 연동했다. 슈나이더일렉트릭은 친환경매출, 친환경소재함량 등 기후지표와 함께 채용의 다양성 확대, 비윤리 신고 등 소셜지표를 포함하여 단기 성과의 20%를 구성했다. 나아가 장기성과의 25%를 다우존스 지속가능성 지수로 결정한다. 지속가능한 사회적 가치 달성 수준이 임원 장단기 성과급 결정에 영향을 미치게 되어, 임원부터 ESG 실천 의욕을 발휘할 수 있다.

■■■ 리더가 점검해야 할 ESG 분야별 주요 규제와 체크리스트

금융	공급망	제품/생산	무역통상	공시
지속가능금융 SFDR*, Taxomomy	공급망 실사 규제 CSDDD*	저탄소 공정/기술/제품, 전 과정 환경평가 (LCA*)	탄소국경제도 (CBAM*) 디지털제품여권 (DPP**)	지속가능경영 공시 ISSB*, ESRS**
*SFDR: Sustainability Finance Disclosure Regulation	*CSDDD: Corparate Susiainability Due Diligence Directive	*LCA: Life Cyde Assessment	*CBAM: Carbon Boder Adjustment Mechanism **DPP: Digital Product Passport	*ISSB: International Sustainability Standards Bord **ESRS: European Sustainability Reporting Standards
√ 투자유치, 자금 확보에서 녹색금융 고려 √ 투자 배제 리스크 발생하지 않도록 모니터링 점검	√ 파트너 인권, 환경 리스크 조사 및 평가, 개선활동 지원 √ 안전, 보건, 노사관계 관리 √ 지역사회, 원주민 관계 관리	√ 저탄소제품 수요/공급 관리 -그린워싱리스크 체크 √ 순환 자원 사업 검토	√ 지역별 규제 확인, 사업관리 √ Foot print 관리 시스템 구축/지원	√ 국가별 지속가능경영 공시 도입 시기, 기준 등 점검 √ 공시 지표 및 데이터 관리

ESG 실천을 위한 질문들

아인슈타인은 "한 시간 내에 죽을 위기에 처한다면, 55분은 올바른 질문을 찾는 데 쓰겠다"고 했다. ESG의 실천도 매한가지다. 경영진과 직원 자신이 담당 업무의 목표와 합리적인 실행방안을 마련한다면

그 실천을 통해 성과를 거둘 수 있다. UN은 지속가능한 세상을 만들기 위해 ESG라는 용어를 채택하고, 이를 반영하여 책임투자원칙을 설정함으로써 기업이 중요한 ESG 과제에 투자하도록 유인했다. EU, 미국 그리고 각 국가 정부와 ESG 투자기관들이 각종 ESG 규제를 설정한 목적도 기업 임직원들이 ESG를 업무의 기준으로 삼아 실천하도록 동기부여한 것이다.

따라서 ESG 규제별로 나의 업무에서 무엇을 실천할 것인지 올바른 질문을 던져볼 필요가 있다. ESG 분야별 주요 규제와 체크리스트를 활용하여 우리 회사와 나는 사업과 업무에서 무엇을 실천할 것인지 점검해보기 바란다. 기업이 주주를 위해 이윤을 창출하고 미래를 위해 투자해 왔다면, 비슷한 방식으로 사회적 책임을 다하기 위해 ESG 활동을 실천함으로써 지속가능한 기업가치 창출에도 힘을 기울여나가야 할 것이다. HR이 임직원에게 ESG를 교육하고 실천하도록 인재관리를 해야 하는 이유이다.

지속가능기업을 향한
Sustainable HR

최근 세계경제포럼^{WEF}은 ESG 영역에서 인적자본이야말로 웰빙, 다양성^{DEI}, 복리후생, 경력, 고용, 생산성뿐만 아니라 비윤리 행동, 퇴직 등 여러 영역에 영향을 미치는 중요 요인이라고 꼽았다. 학계에서도 다양한 지속가능 HR을 포괄하는 다양한 이론을 제시했는데, 예컨대 'The Sustainable HRM Matrix' 모델에서는 지속가능 요인을 ① 공급자와 소비자 관리, ② 인력공급과 수요관리, ③ 기업 및 사회적 책임 관리의 세 가지 카테고리로 분류하고 있다. 이 모델은 EU의 사회적 택소노미^{Social Taxonomy}와 같이 근로자의 권리와 복지, 다양성 및 평등, 교육과 개발, 건강 및 안전과 관련된 사회적 측면을 다룬다는 점에서 의미가 있다.

지속가능 HR을 이론적 개념과 학문적 분류에 치중하다 보면 실용적인 제도와 실행 방법을 찾아 적용하는 데에 오히려 방해가 될 수 있다. 여기에서는 지속가능경영과 HR을 훌륭하게 실행하여 성과를 거두고 있는 글로벌 기업사례를 살펴보고 국내 기업 HR 담당자들이 짚어볼 시사점을 찾아본다.

다양성과 포용을 높이기 위한 프로그램

글로벌 기업은 다양성 존중에 있어 '무관용의 원칙Zero Tolerance' 정책을 내세울 정도로 포용적 문화를 저해하는 행위 자체를 근절하는 데서 출발한다. 다양성 정책 선언에만 머무르지 않고, 나아가 인재확보 · 교육개발 · 보상 등 인사정책 전반의 다양성을 높이기 위한 프로그램을 실행한다. 글로벌 화학기업 바스프BASF는 매년 사업보고서에서 리더 계층의 여성 비율 현황을 공개, 2030년까지 여성 리더 비율 30% 목표를 지향하고 있다.

특히 세일즈포스, 마이크로소프트, 액센츄어, IBM 등 IT 기업이 다양성을 선도하는 것으로 잘 알려져 있으며, 일례로 마이크로소프트의 다양성 정책을 들 수 있다. 먼저 '디지걸즈DigiGirlz'라는 교육프로그램을 통해 여성 직원에게 STEM(과학 · 기술 · 공학 · 수학) 교육과 기술분야 경력개발에 도움을 준다. 이어 'Women at Microsoft' 프로그램은 여성 직원 간의 다양한 이벤트와 워크숍을 통해 네트워킹과 상호 지원을 강화함으로써 회사 내에서 여성 직원으로서 겪었던 경험과 노하우를 공유하여 여성 리더 육성의 기회로 삼고 있다.

'LEAP^Leading and Empowering Asian Professionals' 이니셔티브는 아시아계 전문가들에게 리더십 배양의 기회를 주고, 조직 내 정착함으로써 문화적 다양성을 높이는 데 한몫하고 있다. 아울러 장애가 있는 직원을 대상으로 'Microsoft Enabler Program'을 통해 포용적 환경을 조성하고 있다.

지역사회 인력개발과
확보를 통한 사회적 책임

IBM은 'P-TECH^Pathways in Technology Early College High Schools' 교육프로그램을 중고등학생에게 실시하여 기술 및 직업교육의 기회를 제공한다. 이들이 직원으로 선발되면 IBM Skills Academy의 직원 기술교육 과정에 참여하여 역량개발 기회를 촉진한다. 'Grow with Google', 'Unilever Sustainable Living Plan', 'Microsoft Learn'과 같은 온라인 학습플랫폼을 통해 무료 교육리소스를 제공하여 세계 전 지역의 교육생과 직원에게 디지털 기술교육의 기회를 부여하고 있다.

네슬레^Nestle는 'YEP^Youth Entrepreneurship Platform'을 통해 진출 지역의 청년 대상으로 지속가능한 농업과 식품과학 기술을 교육훈련하고 아이디어를 창업으로 이어갈 수 있는 디지털 플랫폼을 도입했다. YEP을 기반으로 온라인 교육과 아이디어 공모전을 통해 사회문제 해결을 위한 프로젝트에 참여하여 실습을 진행할 수도 있다.

도요타^{Toyota}는 글로벌로 'Toyota Technical Training Institute'를 운영하여 교육받지 못한 청년들에게 자동차 기술 분야의 교육 기회를 제공한다. 지멘스^{Siemens}는 'Siemens Education'을 통해 지역사회에 기술적 역량을 향상시키기 위한 프로그램을 운영한다. 여러 국가 현지에 교육 및 인프라 개발을 지원하는 'Siemens Stiftung' 센터를 구축하고 지역사회에 기부하기도 한다.

이와 같이 글로벌 기업은 직원 및 지역사회의 지속가능한 사회적 책임을 다하기 위해 교육과 개발에 투자하고 있다.

친환경 사업 전환에 대한
인력·조직 지원

환경가치를 높이기 위한 변화는 지속가능경영의 핵심전략이다. ESG 시대에 기업들은 기후변화대응을 위해 탄소 감축 기술 개발과 생산 공정 전환을 통해 지속가능경영을 추구하고 있다. 소비재 기업 유니레버^{Unilever}는 'Sustainable Living Plan'을 통해 생산과정에서 탄소배출 감축과 지속가능한 제품 개발에 초점을 맞췄다. 환경적 영향을 최소화하면서 제품의 품질과 효율성을 향상시키는 데에 투자하는 것이다.

친환경 사업 및 생산공정으로 전환하기 위해 기술개발과 현장인력의 육성과 재배치도 병행하고 있다. 친환경 발전기업 오스테드^{Orsted}는 화력발전 중심의 사업구조를 신재생에너지 중심으로 대전환하겠다는 '85/15 비전'을 2008년에 선포하고 기존 사업부 내 지상풍력 전문가를 해상풍력발전 사업부에 재배치했다.

또한 풍력 터빈 업체(A2SEA 등)를 인수하여 신재생에너지사업 인력을 대폭 보강하는 등 HR의 혁신을 통해 지속가능사업으로 전환을 도모했다. 최근 오스테드는 'Skills & Talent for the Green Transformation' 프로그램을 통해 차세대 재생에너지 전문가를 양성하기 위해 글로벌 직무 아키텍처와 역량 프레임워크를 재설계하고 별도의 리더십 프로그램을 운영하여 전 세계 2천여 명 이상의 전문가를 채용하는 등 성과를 거두었다. GE가 'GE Renewable Energy Careers'와 같이 특화된 채용 및 교육프로그램을 운영하고, 3M도 전 세계에 여러 혁신센터Innovation Center를 운영하여 탄소감축 및 친환경적인 공정에 중점을 두는 것도 같은 맥락이다.

폭스바겐Volkswagen은 인사총괄 임원이 투자자 미팅을 통해 '인력운영 전략(2022. 10)'을 발표했다. 자동차 산업이 배터리 기반 전기차 시장으로 재편되며, 소프트웨어 중심으로 변화할 것으로 예상됨에 따라 단순 제조 인력이 절반 이상을 차지하는 인력구조를 개선하겠다는 포부를 밝혔다. 그뿐만 아니라 소프트웨어 기반의 산업으로 전환됨에 따라 위계적 조직과 일하는 방식을 네트워크 협력 기반의 일하는 방식으로 전환하는 비전을 발표했다. 이를 위해 상세한 사내 교육프로그램과 개인 경력개발계획을 수립하고 대내외에 제시한 것이다.

공급사와 함께
지속가능성 추구

지속가능 HR의 범위도 확장하고 있다. 최근 EU는 '공급망 실사법'을 통해 본사와 사업장뿐만 아니라 공급사·협력사 등 공급망의 지속가능경영을 도모하는지를 중요한 거래 기준으로 제시했다. 원료를 공급한 기업이 아동노동과 소수민족을 차별하는 경우에도 거래망에서 배제할 수 있다는 정책인데, 수많은 공급망의 책임성 있는 관리도 중시하는 시대에 접어들었음을 의미한다.

지속가능 HR의 3가지 관점, Sustainable HR Matrix(Bailey, 2015)

구분	내용
공급자와 소비자 관리 (Supplier and Consumer Management)	· 인력과 Top Talent의 안정적 확보와 육성 · 지속가능 경영을 위한 인재채용 및 공급망의 지속가능성 평가와 개선 예) 다문화 교육과 개발, 투명한 채용, 승진 및 성과평가 프로세스, 공급망 인권실사 등
인력공급과 수요관리 (Labor Supply and Demand Management)	· 조직이 필요한 인력을 지속가능하게 유지, 동시에 직원의 역량개발과 복지에 중점 – 조직 내 인재 수요와 공급의 균형과 조화로운 인재관리 방법을 중시 예) 조직의 가치개발과 확산, 글로벌 HR 정책(국제표준) 개발 등
기업 및 사회적 책임 관리 (Corporate and Social Responsibility Management)	· 경영활동이 사회와 환경에 미치는 영향을 평가하고, 책임을 다하는 데 초점 · 다양한 사회적 책임 활동과 환경친화적 혁신 활동 중시 예) 지역사회 직업훈련과 인재개발, 자발적 봉사활동, 탄소발자국 감축 활동 등

유니레버는 파트너 공급사와 상생을 위해 'Partner with Purpose' 프로그램을 2020년 출범했다. 공급사의 안전 및 인권 실사를 수행하여 인력관리의 수준을 높일 뿐만 아니라, 공급사와 함께 지속가능한 원료의 대안을 찾고 환경영향을 감축하기 위한 연구개발을 추진한다. 그결과 에보닉이라는 공급사와 자연성분의 계면활성제를 공동개발하여 식기세정제 신제품을 출시하기도 했다.

지속가능 HR을 향한
다양한 변화

지속가능 HR을 추진한 대표적인 사례만 봐도 단기적 효율을 도모하는 경제적 가치 관점을 넘어 환경·사회적 가치를 지향하는 변화가 다양함을 알 수 있다. 이외에도 당장의 조직 효율보다 향후 발생 가능한 인권 리스크, 기업 평판의 문제를 예방할 수 있는 HR 프로그램을 도입하려는 노력은 여러 모습으로 나타날 수 있다.

환경친화적 기술을 갖춘 '그린 채용', 직원의 에너지 절약과 탄소배출 감축을 유인하는 '그린 오피스', 직원의 웰빙과 워크라이프 균형을 위한 프로그램, 윤리적 행동과 책임을 강조하고 연계하여 보상정책을 운영하는 윤리경영 등 여러 관점을 통해 조직은 지속가능 경영을 추구할 수 있다.(표 참조)

이처럼 2000년 이후 국내 기업은 글로벌 성장을 통해 사업 성장을 도모했고, 한국의 국가적 위상을 선진국 반열에 올려놓는 쾌거를 이루었다. 성장은 국제사회에서 그에 합당한 책임성도 요구한다. 소수 차별을 금지하는 다양성과 포용의 기업문화를 갖추는 것도 이제 국제거래의 기준이 되었다.

중앙아시아 해외법인 협력사가 아동노동을 취하여 중요한 거래가 무산되었다는 이야기가 새로운 뉴스가 아니다. 국제인권 표준을 모든 해외법인에 도입한다든가, 공급사들의 인사관리 수준에 대해 점검하는 일이 인사부서의 업무가 되었다. 해외법인 인근 원주민, 지역주민에 대한 인권영향 평가를 제3의 기관으로부터 인증받아야 사업관리가 가능한 시대에 인사담당자의 시야를 넓히지 않고는 일을 해내기 어렵게 되었다. 중견·중소기업은 예외일 거라고 생각하겠지만 거래기업이 우리 제품을 가공하여 해외수출을 하게 되면 챙겨봐야 할 일이 된다.

"인권은 통상이다." 한-EU FTA를 담당했던 통상전문가가 남긴 말이다. 자유무역을 하려면 유럽 수준의 인권 기준을 지켜야 한다는 전제조건이 붙었다고 한다. 이제 지속가능 HR은 글로벌 비즈니스 기준이다. 우리 HR 담당자들이 앞서서 사업에 필요한 기준을 살펴보고 각종 리스크를 사전에 예방하는 채비를 해야 할 것이다.

우리 직장은
안전할까요?

직장인들은 직장생활에서 안전하고 건강하게 생활할 권리를 가지고 있다. 생존과 안전의 욕구는 인간의 기본 욕구이다. 팬데믹 과정에서 안전과 보건에 대한 인식이 전환한 결과 산업안전보건법에 더하여 중대재해처벌법이 제정될 정도로 직장 내 안전은 모든 국가와 기업이 지향하는 하나의 권리이자 의무가 되고 있다.

팬데믹은 직장이 안전하지 않다는 생각이 가장 높았던 시기이다. 글로벌 조사기관 갤럽에 따르면 직장 내 신체적 안전에 대한 만족도가 코로나19 시기에 65% 수준으로 최근 20년 내에 가장 낮았다. 특히 신체적 안전만족도가 가장 높았던 2017년 79%에 비해 3년 만에 가장 낮은 수치를 나타냈다. 직장 내 보건의 중요성에 대한 인식이 강해졌기 때문이다.

미국의 한 보험사의 직장안전 조사에 따르면, 미국 제조업의 안전사고로 인한 손실은 한해 75억 달러($75.3 bil)에 달한다. 안전사고의 원인으로는 현장 과로(22.5%), 넘어짐(17.3%), 부딪침/충돌(11.4%), 끼임(10%), 추락(7.2%)이 가장 많았다.

▬▬ **미국 직장인 안전문화 서베이의 주요 응답 결과**

질문 1) 임금이 적더라도 더 나은 안전문화를 갖춘 기업으로 이직할 생각은?
질문 2) 직장 선택에 있어 안전문화의 중요성은?

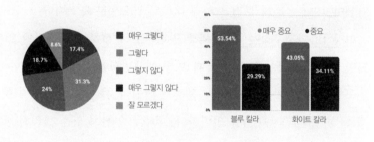

자료: 미국 직장인 안전문화 서베이(1,000명 표본), Duraplas, 2024. 1

직장생활에서 안전과 보건에 대한 가치가 중요해지다 보니, 직장 선택에도 영향을 미친다. 미국의 한 제조업체가 미국 직장인을 대상으로 표본조사를 한 결과 절반에 가까운 응답자가 임금을 낮추더라도 더 나은 안전문화를 갖춘 기업으로 옮길 의사(48.7%)가 있다고 답변했다. 남성 근로자의 경우 65%가 임금보다 안전을 중시했다. 여성 근로자(42%)에 비해 훨씬 더 안전에 집착하는 모습을 보였다. 현장에서 안전과 보건 문제 상황에 처할 기회가 더 많기 때문이라 생각된다. 안전문화의 중요성에 대해 현장의 블루칼라 80%가 직장을 선택하는 데 있어 중요한 요인이라는 인식을 보여줬다. 사무직의 경우에도 비슷한 수준을 보였다.

실제로 안전 문제가 심각하여 일자리를 거절한 경우가 있었는지 묻는 질문에 40%가 거부한 경험이 있다고 답변했다. 안전과 보건은 직장을 선택하는 데 있어 고려 요소를 넘어 결정 요인이라 볼 수 있다. 안전/보건 문제는 직장 만족도에도 직접적으로 영향을 미친다. '안전문화가 직장 만족에 영향을 미치는가' 하는 질문에 83%가 그렇다고 답했다. 이제 안전과 보건은 미래 직장의 필요충분 조건이다.

직장 내 안전문화는 실제 재해 발생과도 밀접하게 관련되어 있다. 직장 안전보건지수를 산정할 때 보통 재해빈도율Fatality Frequency Rate을 조사한다. 재해로 인해 일하지 못하는 직원의 비율 또는 일하지 못하게 된 손실 시간Lost Time을 의미한다. 재해로 인한 손실을 관리하다 보면 기업의 안전보건담당자나 경영진을 비롯한 리더들은 이를 대외적으로 낮추고 싶은 유인을 느끼게 된다. 기업이 재해가 많이 발생하는 사업장이라는 부정적인 평판을 알리기 때문이다. 결과적으로 작은 사고는 은폐하는 유혹에 빠지게 된다. 평소에 작은 사고를 숨기다 보면 어느 순간 큰 사고와 재해가 발생했을 때 문제가 없던 기업이 갑자기 사고가 난 것처럼 보이게 된다.

전문가들은 안전문화를 확산하는 수단으로 '총기록사고율Total Recordable Injury Frequency Rate'을 관리할 것을 제언한다. 직원이 안전보건상 이슈로 병원을 가거나 휴식을 하게 되는 시간까지 모두 기록하여 관리하는 지표이다. 평소에 안전보건 측면에서 작은 문제라도 근무하

지 않게 된 시간을 모두 기록하여 관리하라는 얘기이다. 그러다 보면
작은 사고나 보건상 징후도 발견하여 관리할 수 있게 되고 안전문화
가 정착하게 된다.

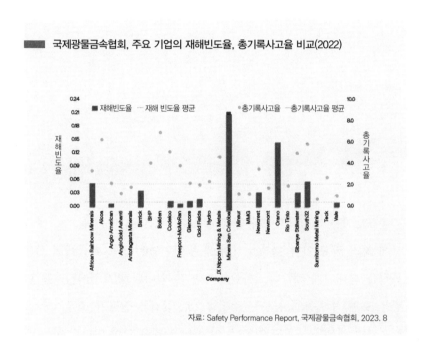

국제광물금속협회, 주요 기업의 재해빈도율, 총기록사고율 비교(2022)

자료: Safety Performance Report, 국제광물금속협회, 2023. 8

국제광물금속협회의 주요 기업 재해빈도율과 총기록사고율을 비교
해보면, 안전문화가 정착된 기업일수록 재해가 적다는 결과를 볼 수
있다. 알코아, BHP, Bliden, 일본광물금속 등 기업은 총기록사고율이
높지만, 재해빈도율은 나타나지 않을 정도로 적다. 반면 재해빈도율이
높은 기업들은 대체로 총기록사고율이 평균 이하이다. 직장안전의 관
건은 재해지표가 아니라 안전문화이다.

목적 있는
기업은 강하다

톨스토이는 대문장가이자 인생에 대한 통찰이 남다른 문호로 문학사에 자리 잡고 있다. 톨스토이의 짧은 단편들은 읽는 이들에게 삶의 목적을 되새기게 해준다. 《사람에게 땅은 얼마나 필요할까?》라는 단편을 보면, 주인공인 농부는 소작농으로 힘겹게 살다가 조금씩 땅을 늘려가며 행복을 느끼고 있었다. 어느 날 드넓은 땅이 있다고 하는 이 상향에 가면 얼마든지 땅을 소유할 수 있다는 소식을 들었다. 농부는 "아침에 출발하여 저녁에 원점으로 돌아오면 둘레의 땅을 모두 소유할 수 있다"는 말에 하루 종일 걸었다. 그러나 출발점에 거의 도착할 즈음 지쳐 쓰러져 숨을 거두었다. 욕심이 화근이었을까? 농사를 짓고 가족과 행복하게 지내던 농부는 더 많은 땅을 소유하여 행복해지고자 하였으나 행복할 기회를 잃었다. 삶의 목적과 수단을 다시 생각해보게 하는 이야기였다.

기업도 목적을 서술하는 문장을 홈페이지 문 앞에 내건다. 경영진이 제시한 회사의 존재 목적이 현장 직원들에게 동기부여가 되기는 쉽지 않다. 글로벌 컨설팅사 맥킨지가 경영진과 직원들에게 기업의 목적이 일상생활에서 기억되고 실행되고 있는지 물었다. 안타깝게도 85%의 경영진은 기업의 목적을 매일매일의 의사결정에 반영한다고 응답했으나, 현장 직원들의 85%는 기업의 목적을 실천하기는 어렵다고 응답했다.

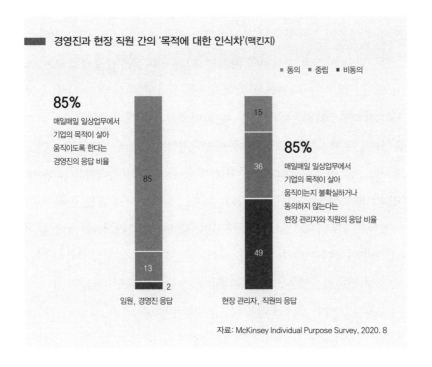

자료: McKinsey Individual Purpose Survey, 2020. 8

경영진은 가족과의 생활, 사회공헌 활동 등 회사 외부 활동의 목적과 업무 활동의 목적 그리고 조직의 목적이 일관성을 가지고 정렬되는 삶을 살고 있다고 생각한다. 반면 현장 직원 입장에서는 업무 활동의 목적 또는 조직의 목적이 개인의 삶의 목적과는 지향점이 다른 경우도 많다고 생각한다. 어떻게 하면 직원들 삶의 목적과 회사의 활동이 지향하는 목적을 정합하여 강한 조직을 운영할 수 있을까? 미래의 경영은 주주이익, 영업이익과 같은 회사의 목적을 직원들과 공감할 수 있는 쪽으로 진화 발전시켜 나가고 싶어한다.

지속가능경영Sustainability도 직원이 회사 목적에 공감하고 사회의 발전을 지향하도록 한다. 그러나 기업이 존재 목적을 천명하더라도 현장에서 생산하고 유통하는 과정에까지 이를 녹여내기는 쉽지 않다.

글로벌 조사기관 가트너에 따르면 2024~2025년 글로벌 CEO 400여 명이 생각하는 사업의 전략적 우선순위 1위는 성장(62%)이다. 조사를 시작한 2014년 이래 가장 높은 비율을 차지했다. 2위는 AI 등 기술(33%)이 차지했다. 그 아래에 직원역량(27%), 재무성과(23%), 기업가치(22%), 비용절감(16%)이 뒤를 이었다. 환경적 지속가능성(10%), 고객(10%) 등 달리 보면 조직의 목적으로 자주 사용되는 품격 있는 가치들은 하위권을 차지하거나 되려 감소했다. 기업의 목적에 대한 CEO의 인식이 이렇다 보니, 조직의 목적에 대한 직장 구성원의 인식도 강한 결속력을 보이기는 쉽지 않다.

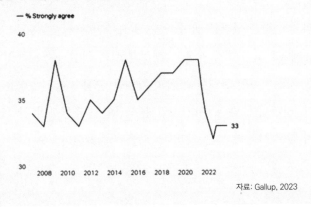

미국 직장인의 미션/목적과 직무 간의 관계 인식

— % Strongly agree

자료: Gallup, 2023

갤럽은 매년 글로벌 직장인의 몰입도Engagement에 대한 조사를 실시한다. 미국 직장인이 자신의 기업 미션과 목적에 대한 인식을 보면 '매우 긍정한다'는 답변은 2008년 글로벌 위기 이후 등락에도 불구하고 상승세를 그려왔다. 팬데믹 이후 기업의 목적에 대한 긍정적 인식은 급락하여 33% 수준을 밑돌아 최하위권을 보인다. 당장의 위기를 극복하는 것이 기업의 장기적 존재 목적을 추구하는 노력보다 중요할 수밖에 없다.

몰입도가 높은 직원은 회사의 핵심가치가 살아 움직인다고 생각하기 마련이다. 반대로 몰입하지 않는 직원이 회사의 핵심가치가 중요하다고 인식하기는 어려울 것이다. 또한 회사가 나아가는 방향이 옳다고 확신하는 공감 수준도 몰입도가 높아야 가능할 것이다. 결과적으로 기업의 존재 목적과 추구하는 핵심가치가 임직원의 공감대를 형성하여 업무 활동에 녹여내고 동기부여가 되게 하면 임직원의 몰입도가 높아지는 효과를 거둘 수 있다.

강한 기업은 목적지향적이다. 급변하는 환경에서 위기와 기회가 교차하는 변화의 시기일수록 기업의 존재목적과 핵심가치를 향한 조직의 응집력은 성과를 낼 수 있는 필요조건이다.

세계화의 시대가 저물고, 생성형 AI가 확산하는 시대적 전환이 필요한 기업이라면 강력한 목적과 가치를 중심으로 결속력을 발휘해야 한다. 전환기에 앞서 우리 기업과 직장인이 추구해야 할 목적이 무엇인지 깊은 사유의 시간을 가져보기를 기대해본다.

제3장

인구절벽과 세대교체

−

고령세대와 MZ세대가 함께하는 직장생활

고용의 미래,
인력 부족의 시대

사람이 줄고 있다. 2023년 세계 인구는 80억을 찍었다. 인구대국 중국은 인도에게 1위 자리를 내주었다. 인도 인구는 전 세계 인구의 18%로 다섯 명 중 한 명은 인도인이다. 중국 인구도 비슷하니, 다섯 명 중 두 명은 인도인과 중국인이다. 인구가 늘어난다고 하지만 출생률은 줄어들고 있다. 세계 출산율이 1950년에 4.84명에서 2021년에 2.23명으로 반토막이 났으니, 인구 증가는 오직 고령화 때문이다. 2023년 인도와 중국인의 수명이 70세를 넘겼고, 한국인의 수명은 80세를 넘겼다.

선진국의 인구문제는 심각하다. 2024년 OECD 38개국의 평균 합계출산율은 1.58명으로 세계 평균보다 0.7명 이상 적다. 상황이 이렇다 보니 세계 생산가능인구 비중도 1981년 59.1%에서 2010년 65.3%를 정점으로 정체 상태이다. OECD 생산가능인구는 2015년 65.6%를 정점으로 지속 감소하는 추세이다. 한국은 2020년 3천7백만 명으로 정점을 찍은 뒤 2050년에는 35% 감소한 2천4백만 명으로 전망된다. '정해진 미래' 인구, 특히 경제활동에 참여하여 생산력을 발휘하는 인력은 부족해지는 축소사회로 진입했다.

우리보다 먼저 축소사회로 진입한 일본의 경우를 살펴보면 우리의 미래가 더욱 명확해진다. 일본 생산연령 인구의 정점은 1995년 8천7백만 명이었다. 2019년에 7천5백만 명으로 줄어든 후 계속 감소한다.

그렇다면 고용상태는 좋아졌을까? 한편으로 그렇고, 다른 한편으론 그렇지 않다. 일본은행의 장기 고용상태 추이를 살펴보면 2010년을 전후로 고용상태는 인력부족 상태로 전환되었다. 제조업, 비제조 서비스업 가리지 않고 고용주인 기업은 인력 부족을 호소하고 있다. 직장인 입장에서는 비어 있는 일자리가 늘어나니 골라서 취업할 것 같다.

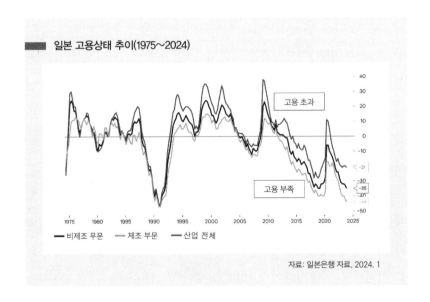

■■■ 일본 고용상태 추이(1975~2024)

고용 초과

고용 부족

— 비제조 부문   — 제조 부문   — 산업 전체

자료: 일본은행 자료, 2024. 1

일본의 고용은 고령 근로자가 주도하고 있다. 65세 이상 노령인구 약 450만 명 고용에서 최근 900만 명 이상으로 두 배 이상 증가했다. 심각한 노동력 부족 상태에서 70세 이상 근로자 고용을 허용하는 기업도 40%에 이른다. 건설과 간병은 15%, 운송은 10%의 고령 근로자 비중을 보인다. 노인이 노인을 돕는 사회가 되었다.

일본의 청년 실업률(고용률) 추이는 실로 기적이라 할 수 있다. 2000년 이후 10%에 이를 정도의 실업률에서 2010년 이후 급감하여 최근에는 5% 미만을 유지하고 있다. 청년 실업률 세계 평균이 16%인 점을 고려하면 완전고용이라 할 정도의 수준이다. 팬데믹 이후 약간 증가했으나 4% 수준에서 안정적이다. 한국의 청년 고용 문제와 비교해보면 부럽기만 하다.

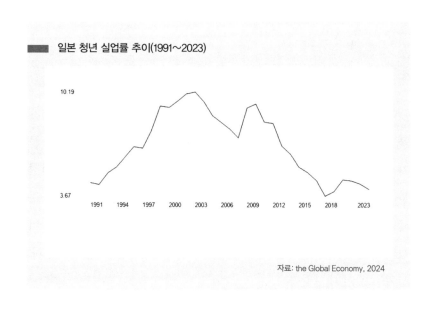

일본 청년 실업률 추이(1991~2023)

자료: the Global Economy, 2024

대안은 외국인 근로자를 활용하는 것이다. 전통적으로 보수적인 일본 사회조차 인력 부족을 극복하기 위한 외국인 파견의 파도를 피하지 못했다. 외국인 근로자 유입은 2010년에 50만 명을 넘어 10년 만인 2022년에는 180만 명으로 세 배 이상 급증했다.

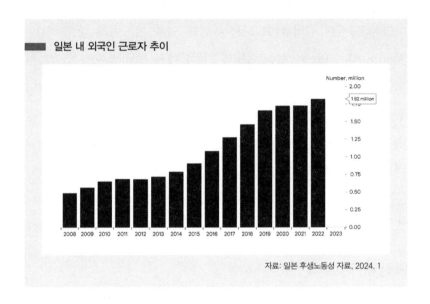

■■■ 일본 내 외국인 근로자 추이

자료: 일본 후생노동성 자료, 2024. 1

인력 부족은 자연스럽게 임금인상으로 이어졌다. 0% 금리에 더해 물가는 오르지 않아 인플레이션을 경험하기 어려웠던 일본의 최근 물가 인상률은 3%대를 찍고 있다. 90년대 후반에 정점을 찍고 내리막길을 걷던 임금 수준은 2015년 이후 증가세로 돌아섰다. 2022년에는 평균 450만 엔을 넘어 계속 높아지고 있다. 인력 부족으로 임금 인상의 시대가 도래한다면 기업 입장에서 더 나은 대안을 찾아 나서야 한다. AI와 로봇이 대안일까?

인구가 보여주는
직장의 미래

현재는 과거의 거울이다. 지금 겪고 있는 사회적 이슈는 과거 우리가 간과했던 문제가 낳은 결과일 수 있다. 청년 고용 이슈가 사회적 문제로 나타나는 것은 어느 나라, 어느 사회에서도 겪고 있는 현재진행형 문제이다. 한국 청년들 특히 대학 졸업자들이 취업을 위해 이력서 제출과 면접에 시간을 쏟고 있는 현상도 과거 어느 시기에 우리 사회가 지나쳤던 현상의 결과이다.

일본은 한국인 입장에서 미래를 엿볼 수 있는 작은 창문이다. 소위 '일본화Japanization'라는 말을 끄집어내지 않더라도 우리 사회, 특히 경제 산업 분야는 일본이 거쳐 간 길을 차곡차곡 걸어가는 느낌이다. 단시간 압축성장과 경제위기, 장기 저성장으로 대변되는 일본 경제와 기업의 현실을 남의 일처럼 볼 일은 아니다. 일본 직장에 취업하고자 하는 청년이 겪었던 일도 앞으로 우리 청년들이 겪을 데자뷔가 될 수 있다.

2020년대 들어 일본의 청년, 특히 대학 졸업자의 취업률 추이를 살펴보면 그 회복세가 급격하다. 일본 대학생들은 4학년 1학기가 되면 대체로 취업예정 기업을 결정하게 된다. 취업률을 볼 때 취업예정자의 비율로 간주하는 것도 일본만의 독특한 문화현상이다. 시점을 제외하면 일본 대학 졸업생들이 겪는 취업 여정도 한국 대학 졸업예정자들과 다르지 않다. 일본 대학 졸업자의 취업률은 2010년대 들어 급격히 상승하게 된다. 팬데믹 시기에 일부 감소하였으나, 97%, 98% 수준의 거의 완전고용 상태를 보여준다. 취업률 추이를 20년 전 출산율과 비교해보면 거의 역상관의 그래프를 보여준다. 20년 전 출산율 감소가 대학 졸업생이 되는 약 20여 년 후 취업률을 결정하는 모양새이다.

일본 출산율과 일본 대학 졸업자 취업률 추이(1993~2023)

자료: Researchgate, Mingwei Wang, 2023. 12

평균이 이렇다면 우수한 학생들은 2~3개 이상의 기업에서 러브콜을 받을 것이다. 최근 일본에서 확산하는 '오야카쿠親確'라는 신조어가 사회적 이목을 끌고 있다. 기업이 채용예정자의 부모에게 전화를 걸거나 회사 안내서를 보내서 입사 서약서에 보호자 서명란까지 만들어 부모의 동의를 얻고 있다. 입사를 취소하는 학생들이 많다 보니 고육지책으로 채용담당자들이 부모를 초청하여 입사 설명회도 열고 있다하니 언감생심 부럽기만 하다. 일본 문화에서는 입사할 기업에 대해 부모와 상의하는 비율이 60%를 넘다 보니 이런 아이디어가 나왔다고 한다.

한국의 대학 졸업자 취업률의 경우 1990년대 50%대에서 2010년대 60%대 취업률을 보여주고 있으며 팬데믹 이후 부분적인 증가세를 나타냈다. 팬데믹 이후 경제회복에 따른 일시적 증가 추세일지 장기적인 증가세의 출발점이 될지는 좀 더 지켜봐야 한다.

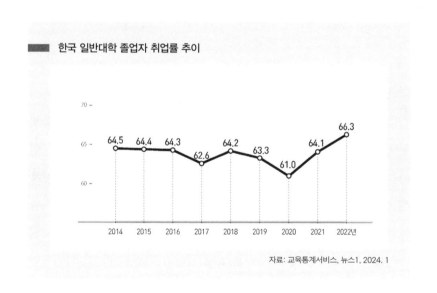

한국 일반대학 졸업자 취업률 추이

자료: 교육통계서비스, 뉴스1, 2024. 1

옥스퍼드대 인구학자 데이비드 콜먼은 2006년 유엔인구포럼에서

"한국이 인구가 소멸하는 첫번째 국가가 될지 모른다"는 충격적인 전망을 내놓았다. 합계출산율 추이만 봐도 1970년대 4.53명에서 2005년 1.09명으로 한 세대 만에 4분의 1토막이 났다. 인구학자의 눈으로 보면 인구소멸도 걱정할 만하다.

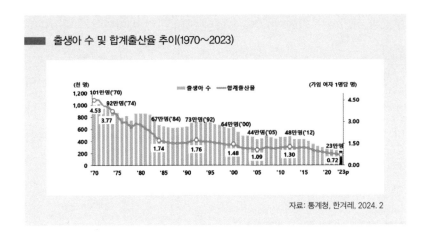

■ 출생아 수 및 합계출산율 추이(1970~2023)

자료: 통계청, 한겨레, 2024. 2

대졸 취업률과 비교해보면 20년 전 합계출산율 1.76명(1994)에서 1.48명(2000)으로 일부 감소세를 보인다. 2005년부터 1명대에서 횡보한 점을 보면 앞으로 취업 연령대의 절대 인구가 부족한 상태를 보인다는 점은 분명해 보인다. 문제는 1명 미만으로 급감한 2020년 이후의 출산율이다. 가령 인구 정책이 성공하여 성장세로 돌아선다 하더라도 단기간에 급격한 성장세를 보이지는 않는다. 인구절벽에서 태어난 아이들이 성장하여 청년이 되는 2040년대가 되면 우리 기업은 어디서 사람을 구할 수 있을까? 걱정이 이만저만 아니다.

거센 세대교체 바람에 대비한 공존형 인사관리를 준비하라

'오와하라オワハラ'. 요즘 일본에서 유행하는 말이다. 기업 인사담당자가 지원자에게 전화를 걸어 취직을 약속하고, 다른 구직 활동을 중단하도록 강요하는 현상에서 유래한 신조어다. 왜 일본 기업은 구직자에게 자신의 회사에 꼭 입사하라고 강요하는 것일까?

일본 문부과학성은 2018년 3월 졸업하는 일본 대학생 중 86%가 졸업 전에 이미 직장을 구했다고 발표했다. 취업을 확정한 대학생 비율은 지난 7년간 계속 상승했지만 86%는 통계가 나온 이래 최고치다. 일본의 인사 특징을 잘 보여주는 유효구인배율*을 살펴보면, 2008

● 유효구인배율이란 구직자 수에 대한 구인 수의 비율로 1을 밑돌면 구직자보다 일자리가 적고, 1을 웃돌면 구직자보다 일자리가 많음을 의미한다.

년에는 1인당 일자리가 0.5 이하로 일자리보다 구인자가 두 배 이상 많았지만, 2017년 말에는 1인당 일자리가 1.56으로 구직자보다 일자리가 더 많은 상황으로 뒤바뀌었다.

청년층(15~29세) 실업률이 10%에 달하는 한국으로서는 부러울 따름이다. 일본의 취업률이 증가한 데에는 기업들의 체감 경기가 개선된 데다, 1995년 8,700만 명에 달하는 생산가능인구(15~64세)가 20년 사이 1,000만 명 가까이 줄었기 때문이다.

우리 기업의 인구구조도 큰 변화를 앞두고 있다. 정부는 2018년부터 생산가능인구가 감소하기 시작해, 향후 10년간 218만 명이 줄어들 것으로 공식 발표했다. 공식 집계가 시작된 이래 처음으로 생산가능인구가 감소한다고 전망한 것이다. 청년 실업이 사회적 이슈로 떠오른 지금과 달리, 2020년대 중반에는 학령인구 감소로 신규 인력이 부족한 현상이 발생하리라는 부정적인 전망도 곁들였다. 이제 대학교 졸업자 모시기에 급급한 일본 기업 인사담당자들의 모습이 예사롭지 않게 보일 일이다.

생산가능인구 감소로 인한 기업 내 고령화 물결은 기업 내 조직 분위기에도 영향을 미친다. 2017년 취업포털 잡코리아가 '직장 내 세대 차이'에 대해 조사한 결과에 따르면, 직장인 열에 아홉은 직장에서 세대 차이를 경험했다고 밝혔다. 의사소통에서 세대 차이를 느낀 직장인이 53%였고, 직장생활에서 36%, 회식에서 32%, 회의 보고 등 업무에서 29% 등 직장생활 전반에 걸쳐 세대 차이가 벌어지고 있다.

우리나라뿐만 아니라 미국과 일본의 베이비붐 세대가 퇴직하기 시작한 2000년도 중반을 전후로 미국과 일본에서도 기업 내 세대 간 갈등이 주요 쟁점으로 떠올랐다. 한국의 경우, 6·25전쟁으로 인해 미국과 일본보다 베이비붐 세대의 출현이 십여 년 정도 늦다 보니, 베이비붐 세대가 은퇴하지 않고 여러 세대와 공존하면서 세대 간 조직 병리 현상Organizational Pathology이 나타나고 있다. 시니어 세대와 주니어 세대의 사고방식과 행동 양식의 차이가 사소한 문제로 보일지라도 내버려두면 갈등을 유발하고 조직을 병들게 할 수 있다.

직장 내 세대교체가 먼저 이루어진 미국 기업을 중심으로 인사관리의 주요 변화를 조망하고, 우리 기업의 세대 간 의식 격차, 시니어와 주니어의 사고방식 차이를 알아보자. 이어서 그 차이를 극복하기 위한 세대공존형 인사관리 시사점을 살펴본다.

베이비붐 세대 은퇴,
세대교체의 충격파에 대비하라

1945년 2차 세계대전 종전 후 미국 본토로 돌아온 세대는 현재 미국의 번영 기초를 다지는 큰 역할을 담당했다. 이들이 낳은 소위 베이비붐 세대는 1946년생부터 1964년생까지 약 7,800만 명으로 전체 인구의 26%를 차지한다. 이들 세대가 2006년부터 본격적으로 은퇴하면서 미국 사회와 기업 전반에 큰 변화를 일으켰다. 기업 인사담당자 관점에서 임직원 중 상당수가 은퇴하거나 연령대가 변화한다는 것은 인적자원의 구성 자체가 변하는 대변혁을 의미한다. 이 시기에 미국 기업 인사담당자들은 대규모 은퇴 인력을 대체하고자 차세대 인력의 채용과 기존 고숙련 인력의 유지 등 조직관리 전반의 제도적 틀을 획기적으로 바꾸어 운용했다.

미국인사관리협회SHRM가 매년 조사한 미국 직장의 10대 변화 트렌드를 보면 2003년부터 2013년까지 10년 동안 베이비붐 세대의 은퇴는 인사관리를 변화시키는 핵심동인이었다. 2003년과 2005년에 인력 부족과 은퇴에 대한 선제적 대응의 필요성이 제기되었고, 2007년부터 베이비붐 세대 은퇴와 고령화 이슈, 그리고 기술인력 부족에 따른 대응 이슈가 급증했다. 특히 베이비붐 세대 은퇴가 본격화된 2009년에는 '베이비붐 세대의 동시 대규모 은퇴', '인구 고령화', '직원 유지', '조직 내 고령화와 은퇴에 선제적 대응', '전방위적 기술인력 부족', '고숙련 기술인력 부족' 등 10대 이슈 중 6개가 세대교체와 관련 있을 정도다. 당시 글로벌 금융위기로 인한 경제불황이 사회적 문제를 일으키는 상황이었음을 고려하면, 베이비붐 세대 은퇴로 인한 세대교체가 기업에 얼마나 큰 타격을 주었는지 이해할 만하다.

베이비붐 세대가 은퇴함으로써 미국 기업의 인사관리는 어떤 변화를 겪게 되었을까? 미국 직장과 인사관리 제도상의 주요한 변화를 정리해보면, 우리 기업이 향후 겪게 될 변화를 예측해볼 수 있다.

우선 가장 큰 변화는 베이비붐 세대가 맡았던 기업 내 주요 임원과 간부 직책을 밀레니얼Millennials 세대에 넘겨준 것이다. 그러나 베이비붐 세대가 3,600만 명인 데 반해 밀레니얼 세대는 900만 명에 불과하다. 이는 리더십을 갖춘 인재의 부족, 즉 인력난을 일으킨다. 밀레니얼 세대는 양적으로도 부족하지만, 질적인 면에서도 리더십 자질이 미흡하다는 대내외 평가를 받곤 한다. 글로벌 HR조사기관인 CEB의

2000년대 베이비붐 세대 은퇴 시기의 미국 인사관리 10대 트렌드

순위	2003	2005	2007	2009	2011	2013
1	직원 소통에 정보기술 활용	건강보험 비용 증가	건강보험 비용 증가	건강보험으로 인한 고비용 이슈	건강보험으로 인한 고비용 이슈	건강보험으로 인한 고비용 이슈
2	건강보험 비용 증가	본토 안전, 보안 이슈	해외 신흥국 아웃소싱 증가 (오프쇼어링)	베이비붐 세대의 동시 대규모 은퇴	연방 건강보험 법제화 승인 이슈	건강보험 실행 이슈
3	지적자산 관리	직원 소통에 정보기술 활용	건강보험료 인상으로 경쟁력 저하	건강보험료 인상으로 경쟁력 저하	일자리와 인력 시장의 경쟁 격화	숙련 근로자 부족
4	인재관리	법적 규제 복잡성 증가	일·가정 양립 요구 증가	인구 고령화	고용노동 법적 규제 복잡성 증가	베이비붐 세대의 동시 대규모 은퇴
5	고숙련 기술자 수요 증가	HR 기능 간 정보통신 기술의 활용	베이비붐 세대의 동시 대규모 은퇴	직원 유지 전략 이슈	근로자 지위 변화 관련 법규 승인 이슈	대선 결과에 따른 변화
6	인력 부족	글로벌 안전 이슈	조직 내 고령 인력 이슈	연방 건강보험 법제화	베이비붐 세대의 동시 대규모 은퇴	공학 대졸 인력 부족
7	정보통신 기술로 인한 제조업 변화	은퇴와 인력 부족에 선제적 대응	건강보험 비보험 개인과 가정의 증가	조직 내 고령화와 은퇴에 선제적 대응	인도, 중국, 브라질 등 신흥국 성장	퇴직연금 부족 이슈
8	정부 고용노동 규제 변화	이러닝의 개발과 활용	근로자 신원 도용 급증 이슈	글로벌 금융위기 대응	이문화 관리 이슈	원자재 가격 인상
9	본토 안전, 보안 이슈	미국 제조업 일자리의 신흥국 이전	인력 부족으로 인한 생산성 강화 이슈	전방위적 기술 인력 부족	연방예산 부족 이슈	경제 불황 이슈
10	정보기술을 활용한 직원 관리	가족의 개념 변화	재난으로 인한 기술 취약성 이슈	고숙련 기술 인력 부족	글로벌 경제 불확실성 증가	글로벌 경제 불확실성 증가

변화동인	업무 현장 변화	주요 HR 사례 변화
베이비붐 세대 은퇴 ● 베이비붐 세대 3,600만 명 은퇴 ● 권위주의, IT 스킬 부족	**부메랑 직원 채용 의향** ● 과거 48% → 최근 76% ● 퇴사 후, SNS로 관계 유지 ● 적응, 교육 비용 절감	**직급 · 호칭 축소** : 66% 직책 축소 고려 ● 주니어-시니어 간 갭 축소 ● 직무 경력 비전 중시
밀레니얼 리더 세대교체 ● 900만 신세대 리더 정착 ● 충분한 IT 스킬	**계약직 일자리 선호** ● 2020년, 프리랜서 40% 시대 ● SNS로 전문가 섭외 용이 예) LinkedIn	
Z세대 대거 입사 ● 1994년생 이후 신세대 ● 개인성장과 일가정 중시 ● 소통 중시, 피드백 요구 ● IT 활용도 높음, SNS 선호	**사무실 효율화** ● 400ft²('85) · 150ft²('20) ● 60% 직원 공간 미사용 ● 협업 공간 확대 추세 → 원격 · 재택근무 ● 64% 리더 항상 연결 희망	**리더십 강화** ● 7% 밀레니얼 리더만이 우수 ● 14% 리더만이 승계 우수 → 리더 육성·승계 프로그램 강화
ICT+Talent Analytics 발전 ● 스마트오피스 기술 발전 ● 인재 예측 분석툴 : 12% 활용→49% 도입 예정 ● 58% HIPO·리더 파악에 데이터 기반 분석 도입 필요	**자동화로 일자리 대체** ● 최저임금 인상 추세 ● 서비스업 자동화 예) 은행텔러, 맥도날드 등 → 20년 내 50% 감소 예상	**연말 성과관리 폐지** → 수시 성과관리(GE 선언) ● 85% 프로세스 간소화 ● 49% 평가등급 폐지 ● 38% 연간 목표 폐지 → 면담 피드백 절차 강화

조사에 따르면, 차세대 리더인 밀레니얼 세대 중 14%만이 간부직을 승계해 우수한 리더십을 발휘한다는 평가를 받는다고 한다. 리더십 공백으로 기업들은 리더 육성과 승계 프로그램에 많은 관심을 두게 되었다.

또한 베이비붐 세대 은퇴로 고숙련 기술직을 구하기 어려워지면서, 미국 기업들은 기존 인력을 유지하기 위해 노력할 뿐만 아니라 다방면의 인재를 채용하는 방식을 갖추게 되었다. 퇴사한 인력과도 SNS 를 통해 지속적인 관계를 유지해 훗날 다시 채용하는 소위 부메랑 Boomerang 직원 채용이 일상화되었다. 퇴사한 인력이 재입사하면 적응 도 쉽게 하고, 교육비도 절감하는 효과가 있다. 한편 '긱스Gigs'형 일 자리, 즉 시간제로 일정 기간 일하는 문화도 정착되고 있다. 포브스는 2020년이 되면 미국의 긱 노동자 비중이 43%에 달하리라 전망했다. 링크드인LinkedIn과 같은 전문가를 소개하는 SNS가 발달함에 따라 기 업에서는 언제든 프로젝트를 수행할 수 있는 전문가를 손쉽게 구할 수 있다. 그 결과 기업은 정규직을 채용하기보다는 시간제로 일정 기간만 일을 처리할 수 있는 프리랜서를 활용하게 된 것이다.

일하는 방식이 다소 경직된 베이비붐 세대의 은퇴는 미국 기업 내부 인사관리 방식을 혁신하는 계기가 되기도 했다. 2016년 GE가 연말평 가를 없애고 앱을 이용한 수시평가를 도입한 배경도 베이비붐 세대 의 퇴장, 그리고 새로운 세대의 입사와 무관하지 않다. 컴퓨터 세대인 밀레니얼 세대가 주요 부서장을 꿰차고, 스마트폰에 익숙한 Z세대가 입사하면서 인사와 관련된 모든 과정을 온라인으로 처리할 수 있게 된 것이다. 베이비붐 세대인 임원과 부서장들은 컴퓨터를 활용한 인 사평가에 불편함을 호소하며 저항하기도 했다.

CEB의 조사에 따르면 미국 기업의 80% 이상이 인사평가 프로세스 를 간소화하고, 절반이 평가등급을 폐지하는 등 성과관리 혁신을 추진 하고 있다고 한다. 세대교체 바람이 인사제도의 혁신에도 단단히 한몫 하는 세상이 되었다.

시니어-주니어 간
의식 격차가 낳은 세 가지 현상

　　기업 내 경영이나 조직관리 과정에서 시니어와 주니어 세대 간에 인식 차이로 인해 다양한 이슈가 발생할 수 있다. 우리 기업도 1990년대 말 X세대와 Y세대가 대거 유입하면서 기존 베이비붐 세대와 갈등을 빚고 대립각을 세우기도 했다. 세월이 십여 년 이상 흘러 이제 베이비붐 세대가 직장 내에서 퇴장하는 시기에 도달해 X, Y, Z세대가 직장에서 주류를 이루며 미증유의 변화가 일어날 전망이다.

　　미국에서도 1945~1950년대에 출생한 전기 베이비붐 세대가 은퇴하는 과정에서 1950~1960년 출생한 후기 베이비붐 세대가 기업 내에 소수 공존하면서 세대 간 갈등을 일으킨 바 있다.

　　국내 기업에서도 베이비붐 세대 퇴직이 가시화하고 있다. 하지만 아직 생산현장이나 외주 협력업체 등 곳곳에서 시니어 세대가 중요한 업무를 수행하고 있다. 그들은 산업화를 견인했던 주역으로 그간 자기혁신을 통해 수많은 성공을 거둬왔다. 하버드대학교 로버트 케건^{Robert Kegan} 교수는 '변화 면역^{Immunity to Change}' 현상으로 인해 대다수 직원은 기존의 성공 경험에서 헤어나기 어렵다고 지적했다. 시대가 변해 새로운 가치가 등장해도 시니어 세대가 자신에게 익숙한 가치관을 버리지 못한다는 것이다. 예를 들어, 시니어 세대는 여전히 상명하복적 문화에 익숙하지만, 신세대들은 개인주의 사고방식에 익숙해 강압적인 조직 분위기에 거부감을 보인다. 이러한 세대 간 의식 격차는 내부 갈등을 심화시킨다. 환경이 빠르게 변화하다 보니 조직의 기존 가치와 새로운 가치가 혼재되어, 직원 간 의식과 행동의 격차는 점점 더 벌어지고, 직장 내 갈등은 더 깊어질 것이다.

기업 내 갈등을 합리적으로 해결할 대안과 세대별 처방이 필요하다. 예컨대 연공 위주로 급여를 결정하는 인사제도가 시니어 세대에게는 익숙하나, 신세대는 자신이 노력한 만큼 더 받을 수 있는 성과주의를 합리적인 제도라고 생각할 수 있다. 직장 내 시니어와 주니어 간에 의식 변화가 두드러지는 세 가지 영역을 살펴보자.

변화 1 ● 리더십 세대교체

권위주의적이던 베이비붐 세대가 은퇴하고, 계급보다는 구성원 간의 원만한 관계를 중시하는 X세대와 Y세대가 간부층으로서 리더십을 발휘하는 직책을 맡게 되는 변화가 예상된다. 기업 내 수평적 조직 분위기가 확산하는데도 조직 내 권위주의적 계층구조가 개선되지 않는다면 조직 내 갈등과 부적응 현상이 증가할 우려가 크다.

세계 가치관 조사 항목 중 한국인 20대가 자율과 창의적인 행동을 중시하는 수준은 2005년 62%에서 2014년 74%로 급상승해 일본(+3%), 중국(-1%), 미국(-6%), 독일(+4%)보다 증가율이 높다. 젊은 세대가 개인주의와 자율을 추구하는 데 반해 조직 내 권위주의가 개선되지 않다 보니 계층 간의 갈등이 일어날 가능성이 커지고 있다. 문화체육관광부의 '2013 한국인의 의식 및 가치관 조사 보고서'에 따르면 직장상사와 부하직원 사이가 권위주의적이라는 응답은 80%에 달하며, 기성세대와 젊은 세대 사이가 권위주의적이라는 응답도 68%에 이른다. 직장 내 권위주의 문화는 구성원 간 갈등 요인이 될 수 있다.

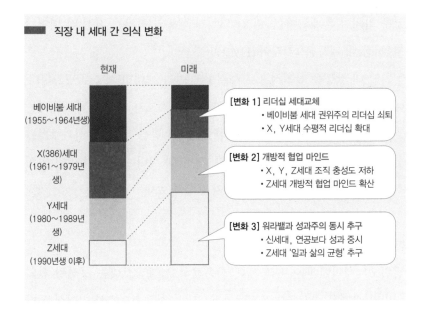

직장 내 세대 간 의식 변화

	현재	미래
베이비붐 세대 (1955~1964년생)		
X(386)세대 (1961~1979년생)		
Y세대 (1980~1989년생)		
Z세대 (1990년생 이후)		

[변화 1] 리더십 세대교체
- 베이비붐 세대 권위주의 리더십 쇠퇴
- X, Y세대 수평적 리더십 확대

[변화 2] 개방적 협업 마인드
- X, Y, Z세대 조직 충성도 저하
- Z세대 개방적 협업 마인드 확산

[변화 3] 워라밸과 성과주의 동시 추구
- 신세대, 연공보다 성과 중시
- Z세대 '일과 삶의 균형' 추구

한편 밀레니엄 신세대의 수평적 가치관이 리더십 부족으로 이어질 수도 있다. 인력관리 컨설팅기업 퓨처워크플레이스Future Workplace 와 TCNThe Career Network이 2015년 진행한 '세대별로 본 리더십Multi-Generational Leadership' 설문조사에 따르면, 베이비붐 세대와 X세대 응답자 중 45%는 X세대와 Y세대가 조직관리 경험이 부족하다고 응답했다. 기업 내 베이비붐 세대의 리더십이 빠져나가고, X, Y세대의 리더 육성이 미흡할 경우 자칫 리더십 공백 사태가 발생할 우려가 있다.

변화 2 ● 개방적 협업 마인드

우리는 유교적 전통의 영향으로 집단응집력이 강한 문화로 알려져 왔다. 호주 멜버른대학교의 로베르토 스테판 포아Roberto Stefan Foa 교수는 한국의 사회적 응집력이 전 세계 155개국 중 25위 수준이며 그에 부합한 경제적 발전을 이룩해왔다고 평가했다.

기업 내 협업 수준에 대한 퍼시스의 조사 결과를 보면, 업무 생산성을 높이기 위해 협업이 강화되어야 하느냐는 물음에 59%가 필요하다고 답했다. 하지만 부서 간 협업 수준에 대한 취업포털 사람인의 설문조사에 따르면, '타 부서에 업무협조를 요청하면서 어려움을 겪은 적이 있냐'라는 질문에 70%의 구성원이 사일로 효과^{Silo Effect•}를 경험했다고 답했다.

인사전문 PSI컨설팅이 2016년 조직 내 협업을 방해하는 요인을 직장인에게 물어본 결과, '협업을 관리할 리더십의 부재(31%)'라는 응답이 가장 많았다. 그밖에는 '정보 독점 등의 부서 이기주의(21%)', '협업을 통한 공동의 목표 부재(19%)', '경쟁 위주의 문화(17%)', '협업을 돕는 시스템과 툴의 부재(11%)'를 꼽았다.

시니어 세대에 비해 Z세대는 어려서부터 학교에서 모둠 활동을 활발하게 배웠다. 온라인 게임과 모바일 SNS를 활용하는 과정에서 여러 사람과 어울려 문제를 해결하는 방식에 익숙하다. 개방적이고 협업을 좋아하는 이 세대가 고질적인 조직 문제인 사일로 효과를 타파할 날이 다가오고 있다. 정보를 공유하고 협업을 돕는 시스템과 제도를 충분히 준비한다면 협력적 문화를 정착시킬 수 있으리라 전망하는 이유다.

• 조직 내 각 부서가 서로 다른 부서와 담을 쌓고 자기 이익만 추구하는 현상을 일컫는 말이다.

변화 3 ● 일과 삶의 균형과 성과주의 동시 추구

앞으로 기업은 세대별로 동기부여 요소에 차이가 존재한다는 점을 고려해야 한다. 사회 전반적으로 신세대가 성과에 따른 보상과 처우를 중시하는 분위기로 흐르다 보니, 처우에 대해 보수적 성향이 강한 공기업의 직원들이 성과연봉제 도입에 관해 긍정적으로 응답한 비율이 70%를 웃돈다. 연봉 대비 성과 차등 비율도 10~30%가 적당하다는 응답이 80%에 다다른다.

한편 PWC의 글로벌 CEO 조사에 따르면, 신세대 직원이 증가함에 따라 탄력근무제를 도입한 MS와 시스코에서 만족도가 아주 높다고 대답한 직원 비율은 각각 70%와 75%에 달했다. 신세대를 중심으로 일과 삶의 균형을 찾으려는 욕구가 강해지면서 안정을 유지하려는 삶의 태도도 눈에 띈다.

과연 금전적 보상을 중시하면서도 일과 삶의 균형을 추구하는 이중적인 태도가 가능한 것일까?

고용노동부의 직업의식 조사 중 직업 선택의 이유를 살펴보면 '경제적 보상(26.4%)'과 '직장 안정성(21.7%)'이 비슷한 수준을 보인다. Z세대는 일과 삶의 균형을 외치면서도 일한 만큼 보상을 받아야 한다는 이중적 가치관을 보인다. 야근보다는 정시에 퇴근하고, 근무시간에 열심히 일해서 성과를 내야 한다는 생각이 강한 세대가 직장 내에 주류를 차지하게 될 것이다. 바야흐로 우리 기업의 고질적인 생산성 문제를 해결할 기회가 오는지도 모를 일이다.

다양한 세대가 공존할 수 있는
인사관리가 절실하다

　　지금까지 우리 기업들은 인사제도를 운용할 때, 단일한 인사관리 방식을 모든 세대에 적용해왔다. 이제 세대 간 차이를 고려해, 직장 내 구성원의 이중적 인식 격차에 대응할 수 있도록 세대공존형 인사관리로 전환해야 한다.

　　신세대는 기업을 선택할 때, 미래 성장 비전을 중시한다. 또한 기성세대보다 일과 삶의 균형이 잡힌 근무환경을 선호한다. 최근 인재를 확보하려는 경쟁이 날로 심화하고 있는 일본 기업들도 과거 기업의 규모와 기술력 등 평판을 어필해왔으나, 최근 신세대 욕구에 부합한 기업 이미지를 제시하는 데 열을 올리고 있다. 일본 철강업체 신일본제철은 해외유학과 단기 해외근무제도를 확대해 신입사원 채용 홍보에 나선 결과, 취업준비생들의 기업 선호도 순위가 2014년 291위에서 2016년 122위로 올라서는 성과를 기록했다.

　　또한 조직 내에 신세대가 증가함으로써 조직관리에 능숙한 리더십이 부족해 어려움을 겪는 기업이 늘고 있다. 조직 충성도가 높고, 위계적인 지시에 익숙한 기성세대보다 신세대는 타인에게 지시하거나, 성과를 독려하는 리더 역할에 익숙하지 않기 때문이다. 글로벌 식품기업 네슬레Nestle는 직책을 맡은 보직자와 향후 리더로 육성할 후보를 대상으로 '리더후보 육성회의Talking Talent Session'을 주기적으로 운영한다. 상사와 직원 간에 리더십을 포함해 현재 역량 수준을 진단한 결과를 가지고 약점을 보완하기 위한 리더십 교육과 멘토링을 어떻게 할 것인지 논의한다. 회사 내에 신세대 리더를 육성하기 위한 체계적인 시스템을 지원하는 것이다.

기업의 평가방식도 시니어와 주니어 간의 틈새를 줄이기 위한 방향으로 변화하고 있다. 과거 리더가 일방적으로 평가하던 방식에서 벗어나, 시니어와 주니어가 업무 성과에 대해 수시로 대화할 수 있는 채널을 마련하는 기업들이 늘고 있다. GE는 2016년 상대평가를 폐지하는 획기적인 성과평가 혁신을 주도하면서, PD@GE라는 모바일 앱을 전 직원에게 공유했다. 직원 누구나 앱을 통해 업무와 관련한 의견을 수시로 주고받을 수 있도록 한 것이다. 후배 사원은 협업하는 직장 선배의 코멘트에 대해 자신의 의견을 수시로 설명할 수 있어 업무에 관한 소통이 원활해졌을 뿐만 아니라 평가에 대한 불만도 줄어드는 계기가 되었다.

한편 시니어에게도 장기간 근무를 통해 쌓아온 경험과 전문성을 활용할 수 있도록 적합한 직무를 개발해 배치하는 방안도 적극적으로 고려해볼 만하다. 일본의 교토중앙신용금고의 경우 '채권관리전문팀'을 신설해 경험이 많은 고령자가 까다로운 민원에 대응하고 있다. 야마모토금속제작소도 '손마무리 작업장'을 마련해 고도의 정밀한 절삭기구의 품질완성 공정을 숙련된 시니어와 주니어가 함께 작업하는 과정에서 일대일로 기술을 전수하는 세대공존형 작업장을 구축했다.

이제 우리 기업도 고령사회에 진입한 만큼 세대 간 차이와 갈등이 존재하는 문화의 영향을 받고 있다. 10여 년 전 미국과 일본 기업이 베이비붐 세대 은퇴와 더불어 세대 간 격차를 관리했듯이 우리 기업 내 시니어와 주니어 구성원 간의 이중적 의식 격차를 메울 수 있는 지혜로운 인사관리 방식을 되돌아봐야 할 시점이 되었다.

일하고 싶은 기업,
직장 내 괴롭힘 없는 신경영 브랜드

삼성전자가 취업준비생들이 선호하는 기업 순위에서 밀려나고 있다. 취업포털 인크루트의 2016년 조사에 따르면, '대학생이 일하고 싶은 대기업' 1위로 손꼽히던 삼성전자가 네이버, CJ, 아모레퍼시픽에 이어 4위에 매겨지는 이변을 보였다. 복수응답을 허용한 다른 조사에서는 대기업을 희망하는 취업준비생 10명 중 6명이 CJ그룹에 지원하겠다는 포부를 밝혔다. 연봉이 높기로 소문난 현대자동차그룹조차 8위를 차지하는 데 그쳤다. 대학생들은 '이제 연봉만으로 회사를 선택하지 않는다. 기업의 비전이 밝고 복지나 근무환경이 좋아야 일하고 싶다'라는 속내를 감추지 않았다.

2009년 일본에서는 〈블랙기업에 다니고 있지만, 이제 난 한계인지도 몰라〉라는 긴 제목의 영화가 대학생들 사이에서 인기를 끌었는데,

이 영화는 직원들에게 가혹한 근무를 요구하는 기업에 경종을 울렸다. 지원자들이 입사지원서를 제출하기 전에 해당 기업이 블랙기업인지, 근무 여건이 좋은 화이트기업인지 알아보기 시작한 것도 이때부터다. 일본의 경우 '일하고 싶은 기업'이라는 이미지를 얻기 위한 경쟁이 우리보다 더욱 치열하다.

일본 취업 전문기관 DODA의 2017년 조사에 따르면 구글이 토요타를 제치고 취업준비생이 좋아하는 기업 1위를 차지했다. 취업준비생들은 구글을 선택한 이유로 전문성과 기술력을 기를 수 있는 점과 근무 환경을 꼽았다. 여성 인재를 향한 구애도 눈물겹다. 토요타는 '여성 기술자 육성 기금'을 설립했고, 생활소비재 회사인 시세이도와 아지노모토는 '여성단축근무제도'를 도입한 후 인기 순위가 올랐다.

신세대들이 원하는
새로운 기업문화

신경영 혁신은 두 갈래로 갈라져 일어나고 있다. 한쪽은 4차 산업혁명에서 한발 앞서가고자 하는 '스타트업 컬처Start up Culture'다. 위계적이고 경직된 조직문화를 깨뜨리고, 신속한 의사결정을 통해 저성장기의 파도를 넘고, 사업이나 업무 혁신을 통해 성과를 내고자 하는 경영자가 주도하는 '위로부터의 혁신'이다. 다른 한쪽은 일하고 싶은 문화를 가진 기업에 입사하려는 심리가 확산하는 현상이다. 이는 세대 간 의식 변화에서 출발한 '아래로부터의 혁명'이다. 기업을 구성하는 인적자원이 근본부터 변화하고 있다.

미국만 해도 2005년 이후 10년 동안 전후 세대戰後世代 3,200만여 명이 직장을 떠났고, 그 자녀 세대인 밀레니엄 세대 900만여 명이 핵심 지도층으로 나섰다. 일본의 경우, 2007년에 단카이 세대로 불리는 베이비붐 세대 700만여 명이 2~3년 동안 정년퇴직하면서 큰 사회적 문제를 낳기도 했다. 이제는 이들의 자녀와 손자들이 기업의 주축으로 등장하고 있다. 신세대는 전후 세대보다 탈권위주의적이며, 정보통신기술을 활용하는 데 적극적이고, 자신의 의사를 표출하는 소통을 중시한다.

상황이 이렇다 보니 직업에 대한 비전, 만족 요인, 일하는 방식 등 여러 가지 면에서 변화가 나타나고 있다. 심지어 기업의 직원보다는 프리랜서로서 일하는 방식을 선호하는 경향이 급증하고 있다. 2020년에 미국에서만 직장인의 40%가 프리랜서로 일하게 된다고 한다. 프리랜서들은 링크드인 같은 SNS에 자신의 이력서를 올려두고, 기업은 자신이 필요한 사람을 골라서 일감을 주는 방식이 되다 보니, 점점 활용도가 높아지고 있다. 짧은 기간 열심히 일하고, 중간에 긴 휴가를 보내고 싶어 하는 신세대 욕구에도 딱 들어맞는 업무방식이다. 일본에서 두세 개의 아르바이트 일자리를 병행하는 프리터*가 성행하는 이유도, 저성장의 긴 터널에서 일정 수입을 얻고, 때로는 쉴 수도 있는 임시직이 하나의 생활방식으로 인정되기 때문이다.

● 자유(free)와 아르바이터(arbeiter)를 합성한 신조어로 일본에서 1987년에 처음 사용됐다. 15~34세의 남녀 중 아르바이트나 시간제로 생활을 유지하는 사람들을 가리키는 말이다.

새로운 세대의 등장,
변화할 것인가 머무를 것인가

앞으로 한국의 전후 세대 700여 만 명의 도미노 퇴직이 10여 년간 이루어질 전망이다. 유교문화에 익숙한 세대가 구축한 문화에 새 바람이 불어올 모양새다. 2016년 3월 맥킨지가 발표한 한국 기업 구세대 문화는 잦은 야근과 비효율적인 회의보고로 요약된다. 신세대는 돈만이 아닌 '일하고 싶은 기업'을 선택하면서 기업문화를 진화시킬 것이다. 반대로 기업은 좋은 인재가 모이는 문화를 만들지 않으면 경쟁사회에서 도태되고 말 것이다.

글로벌 인사포털인 글래스도어닷컴 회원들이 한국 기업에 관해 남긴 댓글을 보면 조직문화가 시급히 변화해야 함을 알 수 있다. 국내 1위 IT 기업에는 "일하기 좋은 환경이지만 일이 매우 바쁘고 매우 느릴 수 있다Good work environment, but Jobs can be very busy or very slow"라는 댓글이 달리며 그 민낯이 드러났다. 반면 최근 셀 조직을 도입해 수평적인 조직문화를 만들어가는 한 인터넷 기업에는 "좋은 팀이다. 성장 가능한 곳이다. 나를 지지해주는 상사가 있고, 매우 즐거운 환경이다Great team. Room for growth. I had a really supportive boss and it was a fun environment"라며 외국인 직원조차 칭찬을 아끼지 않는다. 취업준비생이 두 댓글을 비교했을 때 어느 기업을 선택할지 자명하다. 신세대 중 40% 이상은 입사 전에 SNS를 통해 기업 평판을 확인해본다고 한다. 특히 회사 생활의 이면을 속속들이 공유하는 SNS가 발달함에 따라 이런 추세는 확산될 전망이다.

직장 내 괴롭힘?
일하기 싫은 회사

미국 직장 내 괴롭힘을 연구하는 WBI[World Bullying Institute]의 2014년 조사에 따르면, 최근 3년 동안 괴롭힘을 경험한 직장인이 27%에 달한다. 무려 3,700만 명의 미국 내 직장인이 심한 괴롭힘으로 압박감을 느낀다고 토로했고, 간접적으로 직장 내 괴롭힘을 목격해 스트레스를 경험한 사람까지 포함하면 무려 6,500만 명의 직장인이 괴롭힘 문제를 느끼고 있다.

일본 후생성의 2015년 '직장의 파워하라* 실태조사'에 따르면 최근 3년간 '파워하라'를 경험한 직원이 4명 중 1명(25%)이라고 문제를 제기했다.

한국직업능력개발원의 2015년 국내 직장인 괴롭힘 실태 조사에 따르면, 직장인 16.5%가 직장 내 괴롭힘으로 피해를 경험했다. 다른 나라보다 수치가 낮아 보이지만, 직장 내 괴롭힘 문제가 뒤늦게 이슈화된 점에 비추어보면 만만치 않은 수치다.

최근 조직관리 주요 쟁점으로 직장 내 괴롭힘이 등장하게 된 배경에는 개인의 문제를 떠나 생산성을 떨어뜨리는 주범이라고 밝혀졌기 때문이다. 미국 조직컨설팅사 씨빌러티파트너스Civilitypartners의 백서에 따르면 직장 내 괴롭힘은 직장인의 우울과 불안을 자아내고 동기를 저하시킬 뿐 아니라 우수한 직원을 이직하게 만들며, 업무 집중도

---

* 권위(power)와 괴롭힘(harassment)의 합성어인 파워하라는 직장 내 괴롭힘을 뜻한다.

를 흩트려 성과를 내지 못하게 만든다고 지적한다. 하인츠 라이만Heinz Leymann 교수는 직장 내 괴롭힘으로 인해 중견기업의 경우 연간 10억 달러 이상의 손실이 일어난다고 밝혔다. 미국 직장인 1만여 명을 설문한 조사에 따르면 미국 기업들이 637억 달러 이상의 시간과 생산성 저하를 겪는다고 추정하기도 했다. 국내 중견기업도 직장 내 괴롭힘이 발생하면 건당 1,500만 원 정도의 비용을 고스란히 감당해야 한다.

직장 내 미투 운동, 어디까지 왔을까

미국 할리우드의 거물 하비 와인스틴Harvey Weinstein에게 성희롱을 당했다는 배우들의 선언이 이어지면서 이른바 '미투Me Too' 운동이 촉발됐다. 성희롱을 거부하면 좋은 영화에 출연하지 못할지도 모른다는 생각에 숨겨둔 사건들이 미국 언론에 연이어 보도됐다. 영국에서도 국방부 장관이 과거 성희롱 사건으로 사퇴하면서 미투 운동은 전 세계적으로 거세게 일고 있다. 미투 운동은 직장에도 큰 영향을 미쳤다. 단순한 성희롱을 넘어 직장 내 권한을 가진 상사로부터 갑질을 당하고, 심지어 주변 동료의 괴롭힘으로 이어졌다는 수많은 고백이 이어진 것이다. 우버의 창업자 트래비스 칼라닉Travis Kalanick의 직장 내 성추행 논란이 확산하면서 경영진들이 사퇴했고, 기업 주가가 급락했다. 국내에서도 한 가구업체의 성폭행 사건으로 사내 성희롱과 성추행에 대한 경각심이 높아지고 있다. 기업의 추문은 바로 소비자들의 불매운동으로 이어지기에 기업 실적에도 큰 영향을 미친다.

2017년 5월 한국직업능력개발원이 남녀 근로자 3,000명을 대상으로 조사한 결과에 따르면, 약 30%의 근로자가 지난 6개월간 주 1회 이상 성희롱을 경험했다고 한다. 여성(34%)이 남성(25%)보다 직장 성희롱에 빈번히 노출된 것으로 나타났다. 부적절한 신체접촉(79%)도 문제이지만, '여자라서 일을 잘하지 못한다'는 식의 접근으로 능력을 비하하거나(76%), '사내자식이 그 정도도 못 참아서', 또는 '여자는 집안에서 살림이나 해야지' 하는 역할을 비하하는 태도(74%)도 광범위한 것으로 조사됐다. 남녀를 불문하고 성희롱 피해자가 나타나는 만큼 기업 내에서 성희롱과 성추행을 뿌리 뽑을 근본적인 혁신이 필요한 상황이다.

성희롱보다 더 큰 문제는 바로 무관심이다. 직장 내 괴롭힘과 성희롱은 직속 상사가 가해자인 경우가 많다. 한국직업능력개발원의 2017년 조사에서도 성희롱의 가해자로 간부와 임원이 35%, 직속 상사가 28%로 상사의 갑질과 권위주의가 도를 넘은 것으로 나타났다. 미국, 일본, 한국을 가리지 않고, 상사가 업무상 실패를 이유로 부하직원에게 폭언하거나, 차별대우를 하며, 따돌리기까지 한다. 물론 서비스 직원들이 고객으로부터 폭언을 듣거나, 감정노동의 스트레스를 겪기도 하지만 이는 상사와 동료로부터 괴롭힘을 당하는 데 비하면 상대적으로 비중이 적다.

매일 함께 일하는 상사, 동료와 좋은 관계를 유지해야 하는 당사자로서는 꾹 참는 것 이외에는 별달리 대응할 방법을 찾기 어렵다. 상황이 이렇다 보니, 직장 내 괴롭힘에 대해 문제를 제기하는 근로자는 10

명 중 4명이 채 되지 않는다. 피해자의 18% 정도가 상사에게 이의를 제기하지만 그마저 무시당하기 일쑤다. 일상적인 지시와 괴롭힘을 외견상 구분하기도 어렵고, 어차피 상사는 적극적으로 구제하기보다는 앞으로 잘해보자는 정도로 지나치기 일쑤다.

결국 노조에 상담하거나(22%), 차상위 상사와 면담하기도(26%) 하지만 결국 인사상 불이익을 걱정하고(21%), 직장 내 평판이 나빠질까 봐(13%) 적극적으로 나서기 어렵다. 얘기해봐야 직장생활에서 불가피한 스트레스라는 인식(26%)으로 인해 직장 내 괴롭힘은 결국 묻히기 마련이다.

미국 기업 내에서도 이런 무관심은 다르지 않아, 가해자가 처벌되거나 사직하는 경우는 25%인 데 반해 피해자가 스스로 사직하거나 다른 부서로 배치되는 때는 48%에 달한다. 심지어 회사가 피해자를 사직, 전환 배치하는 때도 26%에 달한다. 피해자가 피해를 보는 직장 내 괴롭힘의 처리 결과가 더 큰 문제인 셈이다.

책임 있는 기업이 되기 위한
직원 교육과 피해 구제 절차

2011년 한국 사회는 가습기 살균제 사건으로 떠들썩했다. 가습기 살균제로 인해 폐손상증후군이 일어나 주로 아이와 임신부, 노인 등이 사망한 사건이다. 하지만 사건이 발생한 지 5년이 지나서야 검찰 수사가 본격화되었고, 최대 가해업체는 뒤늦은 공식 사과를 했다. 가습기 살균제의 위해성이 명백한데도 기업에 대한 제재가 제대로 이뤄지지 않고, 피해자에 대한 구제 대책이 마련되지 않는 데 대해 대부분의 국민은 착잡함 이상의 공분까지 함께 느꼈다.

피해자가 무시되는 사회 관행을 깨고, 법적 절차를 제대로 마련하자는 논의가 있으나 피해자들이 겪은 지난한 고통은 보상받을 길이 없다.

직장 내 괴롭힘도 마찬가지다. 미국 WBI 2014년 조사에 따르면 피해자 구제가 제대로 되지 않는 원인은 피해자의 직장생활 적응력과 내성적인 성향(20%), 직장상사인 가해자의 리더십 부족과 성격상 문제(41%)다. 만약 기업이 상사와 직원 등 구성원 모두에게 소통과 조직 관리 방식을 충분히 교육했다면 미리 방지할 수 있는 문제라는 것이다.

더 나아가 피해자 상담과 구제가 쉽지 않은 열악한 업무환경과 가해자를 처벌하지 않는 정책과 제도(28%)도 문제다. 과거와 달리 기업에 사회적 책임을 요구하는 목소리가 커지고 있다. 직원이나 거래처 직원을 향한 폭언과 폭력이 발생하면 그 피해는 고스란히 기업이 떠안게 된다. 모 기업 경영진이 직원들에게 욕설하며 하인 다루듯 했던 녹취록이 공개되어 소비자들의 불매운동과 거센 여론의 뭇매를 맞았다.

결국 권위주의 문화를 개선하려면 모두가 힘을 합쳐야 한다. 한때 경영진이 현장 직원들과 의사소통하기 위해 '불가마 사우나 미팅'을 하거나, '칭찬 릴레이' 이벤트를 했다. 사무실과 화장실 벽을 슬로건과 포스터로 채워놓는 것을 훌륭한 기업문화 운동이라고 하기도 한다. 소통이 잘 이루어지려면 물론 다양한 활동이 필요하다. 그러나 직원 간에 좋은 분위기만 조성한다고 해서 절로 인재가 모이지는 않기에 근본적으로 일하는 방식과 사람을 관리하는 방식이 함께 변화해야 한다.

　세계적인 문화진단기구인 세계가치관조사World Value Survey의 2014
년 조사에 따르면 한국은 중국, 홍콩, 태국, 일본과 함께 유교 문화권
Confucian Culture에 속한다고 한다. 글로벌 HR조사기관 CEB도 2016년
동아시아 기업의 리더십 문제로 위계적이고 서열을 중시하는 권위주
의 문화를 지적한 바 있다. 상사 앞에서 개인이 자신의 의견과 아이디
어를 적극적으로 주장하기 어려운 권위주의적인 조직 분위기가 혁신
을 저해할 뿐만 아니라 직장 내 괴롭힘의 한 원인으로 지목될 수 있다.
유교가 기업 활동에 긍정적이냐 부정적이냐는 여전히 논란거리이지만,
개인의 피해를 주장하기 어려운 분위기를 극복해내는 것도 우리 기업
에 주어진 주요 과제다. 모쪼록 장유유서의 서열보다는 상생의 기업문
화를 구축함으로써 혁신의 성과도 거두고, 신세대 직장인들도 일하고
싶은 기업 브랜드를 갖추기를 바란다.

이중구조의 직급 문화와
동기부여

2000년 초반, 우리나라 기업들 사이에 직급 파괴 바람이 거세게 불었고, 상당수 기업이 7~8단계에 이르던 직급을 3~4단계로 단순화했다. 10여 년이 지난 지금은 직급단계를 그보다 더 축소하는 기업이 있는가 하면, 직급을 확대해 종전의 체계로 회귀하는 기업이 양립한다. 왜 어떤 기업은 직급을 단순화하고, 어떤 기업은 이전의 직급과 호칭 체계를 부활하는 걸까?

여러 기업의 직급체계 개편의 흐름에는 이중적 심리구조가 담겨 있다. 하나는 극심한 경영환경의 변화 속에 산업 내 선도기업이 되기 위해 의사결정의 속도를 높이고자 직급과 직책을 축소하는 흐름이다. 다른 하나는 고령화와 60세 정년 연장 의무화 정책에 따라 직급단계를 오히려 늘리거나, 동일 직급 내 체류 기간을 늘려 고령화되더라도 다

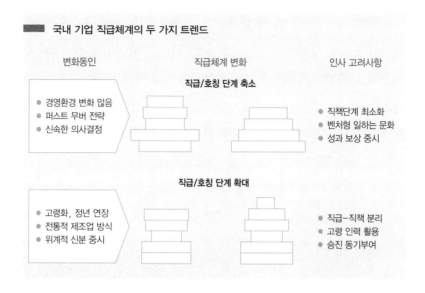

국내 기업 직급체계의 두 가지 트렌드

변화동인　　　　　　　직급체계 변화　　　　　　　인사 고려사항

직급/호칭 단계 축소

- 경영환경 변화 많음
- 퍼스트 무버 전략
- 신속한 의사결정

- 직책단계 최소화
- 벤처형 일하는 문화
- 성과 보상 중시

직급/호칭 단계 확대

- 고령화, 정년 연장
- 전통적 제조업 방식
- 위계적 신분 중시

- 직급-직책 분리
- 고령 인력 활용
- 승진 동기부여

소 낮은 직급에 머물거나, 새로운 상위직급에 체류할 수 있도록 직급 단계를 확대하는 흐름이다.

직급을 줄이거나,
늘리거나…

삼성전자는 직급체계 단순화를 선언하며 새로운 인사혁신 바람을 일으키고 있다. 2016년 초 '차세대 인사제도 도입 태스크포스'에서 5단계 직급체계를 '사원-선임-책임-수석' 4단계로 축소하는 방안을 밝혔다. 이로써 차장과 부장은 수석으로 합쳐진다. 직급 단순화는 5직급에 이르는 중층단계로는 '엔지니어-임원-CEO' 3단계에 불과한 경쟁사의 의사결정 과정에 효율적으로 대응하기 어렵다는 판단에서 비롯했다. 금융계열사인 삼성화재에서 2013년부터 4단계 직급체계를 적용해 승진 적체를 해소하는 효과를 거두었을 뿐만 아니라, 연공서열 문화를 벗어나 주니어라도 능력이 있으면 중요한 일을 주도할 수 있는 분위기가 형성되었다는 판단도 한몫 거들고 있다.

LG전자도 2017년부터 직급을 단일화하되, 기존 직급 호칭을 유지하기로 했다. 직급체계와 호칭을 없애기보다는 직급과 상관없이 '팀장-파트장-프로젝트 리더'라는 역할 중심의 체계를 강화해서 업무 전문성을 높이려는 목적으로 보인다.

반면 직급체계를 늘리는 기업들의 수도 만만찮다. GS건설은 차장 체류 기간을 4년에서 6년으로 2년 늘렸다. 대우건설은 차장과 부장 사이에 '부부장'이나 '부장대우'를 추가하는 방안을 검토한다고 밝혔다. 정년이 연장되면서 55세 전후에 만년 부장이 몰리면 승진 적체로 조직 활동에 부정적인 영향을 줄 수 있다고 판단한 것이다.

더 나아가 2009년 말 폐지됐던 KT의 직급 승진제도는 5년 만인 2014년에 부활했다. KT는 '매니저' 제도를 폐지하고 '사원-대리-과장-차장-부장'의 5단계 직급과 호칭을 다시 사용하고, 연구 분야도 5단계 호칭을 다시 부여했다. 급여 밴드Pay Band*도 4단계에서 직급에 맞춰 5단계로 전환했다. 이는 직원들의 사기진작과 승진을 통한 만족감을 높여 실적 부진과 대규모 명예퇴직으로 침체한 사내 분위기를 되살려서 조직력을 강화하겠다는 포석이다.

● 직무별 최하액과 최고액을 설정해 숙련도나 업적 수준에 따라 차등하는 방식을 가미.

한화그룹도 수직적인 관계를 개선하고 수평적 조직문화를 만들기 위해 2012년 매니저 직급으로 통합해 운영해온 직급체계를 2015년부터 폐지하고 옛 직급으로 돌아가기로 했다. 고객들이 호칭을 다시 묻는 불편함을 해소해 편의성을 높이려는 조치라고 에둘러 표현했다. 하지만 신입사원부터 선임 차장까지 매니저로만 불리는 데 대한 시니어들의 불만이 만만치 않고 승진을 통한 동기부여 없이 조직을 관리하기 쉽지 않았기 때문이라 평가된다.

국내에서 영향력이 상당한 삼성전자가 직급체계 단순화에 나서면서, 다른 기업들도 의사결정 중층구조를 위해 직급체계를 단순화해야 할지 논쟁이 거세게 일고 있다. 정년 연장을 위해 노조와 임금피크제를 협상해야 하는 기업으로서는 승진이라는 동기부여 효과를 위해 직급체계를 확대하는 대안을 제시하기도 한다. 위계질서가 중요한 문화권에서 마냥 직급을 축소할 수도 없고, 호칭만 유지한다 하더라도 그에 걸맞은 처우를 요구하게 되면 직급 단순화의 효과가 상실되는 것은 자명하다. 새로운 '직급 문화'는 승진이라는 강한 동기부여를 버려야 할지, 단순화를 통해 효율을 높여야 할지 계륵鷄肋과 같은 존재가 되어 가고 있다.

직급 문화,
제3의 길을 찾아서

그리스 신화를 읽다 보면, '프로크루스테스Προκρούστης의 침대'

라는 설화가 눈길을 끈다. 그는 아테네 교외 언덕 길목에 사는 악명 높은 강도인데, 지나가는 사람을 붙잡아 자신의 침대에 눕히고, 침대보다 키가 크면 그만큼 잘라 내고, 모자라면 억지로 침대 길이만큼 몸을 잡아 늘여서 죽였다. 결국 영웅 테세우스가 그를 잡아 침대에 눕힌 후 머리와 다리를 잘랐고, 그제야 그의 악행은 멈췄다.

그러나 프로크루스테스의 침대는 비단 그리스 신화 속에 나오는 이야기만이 아닐지 모른다. 오락가락 중심을 못 잡은 직급체계가 그렇다. 일사불란한 조직력이 필요한 생산현장의 직급을 단순화하면 조반장의 리더십이 무색해지고, 벤처기업이 성공했다고 해서 불요불급한 직급 승진을 남발하면 일하지 않는 간부들만 늘어나기 때문이다. 직급문화는 상황에 따라 억지로 꿰맞추기보다 그 기업의 역사를 통해 향후 전략을 실행하기에 가장 알맞도록 재단해야 할 것이다. 그런 면에서 우리 기업들도 업종이나 상황을 가리지 않고 잘나가는 외국 기업을 흉내 내기보다는 자신의 사업방식에 적합한 '직급문화'를 가꾸어야 할 시점이다.

일본은 우리보다 앞서 저성장 경제위기와 정년 연장이라는 파도를 넘어서고 있다. 1994년 4월 60세 정년을 법제화했는데, 이는 한국보다 19년 앞선 것이다. 1998년 법 시행까지 4년 유예기간 동안 60세 정년 실시율이 93.3%에 이를 정도가 되었다. 8년 뒤인 2006년에는 '고령자 고용확보조치'를 통해 65세까지 고용의 길을 텄고, 이때 의무화보다는 '정년 연장', '계속고용제도 도입', '정년제 폐지' 중의 하나를 선택할 수 있도록 했다. 당시 기업들은 저성장 위기로 인해 직급을 축소해 효율성을 도모하는 길을 어떻게 제도화하느냐는 시험대에 오를 수밖에 없었다. 이때 다수의 기업은 조직 내 '역할'에 따라 직급을 구분하되 다양한 직군별로 차별화하는 해법을 선택했다.

N 전자기업의 예를 들어보면, 정년 연장 2년 후인 2000년에 사무직이 아닌 일반직 직급체계를 개편했다. 우선 연공서열을 완화하기 위해 기존의 8직급 체계를 축소하되, 팀원 간의 협력과 경험 많은 연장자의 판단이 품질에 영향을 미치는 생산직의 경우에는 7단계 직급으로 소폭 개선했다. 구성원의 전문성이 중요하면서도 리더십의 지휘가 필요한 사무보조는 6단계 직급으로 편성했다. 그러나 업무 성과에 대한 기여도와 헌신을 통해 리더십을 발휘해야 하는 간부 후보군의 경우는 3단계 직급으로 대폭 간소화했다. 효율을 추구하면서도 여전히 협력과 승진을 통한 동기부여가 필요한 영역에서는 차별화된 체계를 운영한 것이다.

■■■■■ 일본 N사 직급체계 개선 사례

자격제도		A직군	B직군	C직군	D직군
주사		1급	1급	1급	
부주사			2급	2급	
주무			3급	3급	직종에 따라 개별 설정
부주무		2급	4급	4급	
담당원 3				5급	
담당원 2		3급	5급	6급	
담당원 1			6급	7급	
전 직군		간부 후보	사무보조	생산	특수직무

자료: 포스리

회사에 적합한
직급 문화

우리 기업들은 2000년 어간에 IMF 금융위기를 극복하기 위해 글로벌 기업의 선도적 인사체계를 도입하면서 7~8단계 이상 중층구조를 해소하고, 팀제 조직과 같은 수평적 기업문화를 정착하려고 노력해왔다. 비교적 짧은 시간 내에 위기를 극복하고, IT, 자동차, 조선 등여러 산업 분야에서 글로벌 성장을 이뤄내면서 세계적인 모범이 되기도 했다. 그러나 최근 장기 저성장 국면에 접어들면서 미국과 일본의 선도적 기술 수준에는 미치지 못하고, 중국과 동남아의 추격에 시달리는 이른바 '넛 크래커Nut Cracker' 신세를 면하기 어려워졌다. 더하여 고령화의 덫에 걸려 승진 적체와 구조조정 압력에 직면해 있다. 현재 봉착한 난국을 극복하려면 선진국 수준의 효율성과 빠른 의사결정 체제를 갖추는 한편 구성원의 의지를 결집해 조직력을 확보해야 한다. 인사관리에서는 조직의 순발력을 높임과 동시에 고령화된 구성원의 승진 적체와 성과에 따른 동기부여라는 다면적 요구를 충족시켜야 하는 지혜로운 해법을 찾아야 할 것이다.

사업 및 직무의 변화와 조직문화에 적합한 인사관리 체계의 기초로써 균형 잡힌 '직급 문화'를 탐색하는 여덟 가지 질문을 살펴보자. 직급체계를 결정하는 요인으로 사업의 변화와 조직 내 역할에 따른 위계를 적절하게 찾아내야 하기도 하지만, 구성원이 수용할 수 있는 성과주의 수준과 경력 개발단계를 제시할 수 있어야 한다. 사업의 실행력을 높이기 위해 직급단계를 축소할 수도 있지만, 이때 구성원이 장

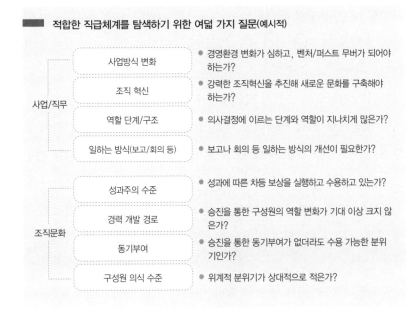

적합한 직급체계를 탐색하기 위한 여덟 가지 질문(예시적)

사업/직무	사업방식 변화	● 경영환경 변화가 심하고, 벤처/퍼스트 무버가 되어야 하는가?
	조직 혁신	● 강력한 조직혁신을 추진해 새로운 문화를 구축해야 하는가?
	역할 단계/구조	● 의사결정에 이르는 단계와 역할이 지나치게 많은가?
	일하는 방식(보고/회의 등)	● 보고나 회의 등 일하는 방식의 개선이 필요한가?
조직문화	성과주의 수준	● 성과에 따른 차등 보상을 실행하고 수용하고 있는가?
	경력 개발 경로	● 승진을 통한 구성원의 역할 변화가 기대 이상 크지 않은가?
	동기부여	● 승진을 통한 동기부여가 없더라도 수용 가능한 분위기인가?
	구성원 의식 수준	● 위계적 분위기가 상대적으로 적은가?

기간 승진하지 않더라도 성과에 따른 보상으로 의욕을 유지할 수 있어야 하기 때문이다.

예컨대 소비재 산업처럼 경영환경의 변화가 극심하고 새로운 제품과 서비스를 짧은 시간 내에 개발해 출시해야 하는 상황이라면, 구성원의 성과 차등을 통해 금전적 보상 등 승진 이외의 보상에 대해 충분히 적응함으로써 직급 승진이 아니더라도 충분히 동기부여가 되는 기업의 경우 직급단계 축소라는 결정을 내릴 수 있을 것이다.

그러나 구성원의 고령화로 인한 승진 적체가 극심하고, 여전히 상명하복의 일사불란한 조직력이 중시되는 현장조직에서는 다단계 승진을 통한 경력 개발이 되지 않을 때는 불만을 품거나 이직 사유가 될 수도 있을 것이다. 전통적 기업들의 경우에는 직급 단순화로 승진을 제약할 경우, 우수한 시니어들이 경쟁사로 이직하게 되는 부작용이 발생할 수도 있어 직급 확대 또는 직급 체류 연한을 늘리는 정책이 필요하다.

한편 장기적으로 수평적 직급체계가 불가피하다는 주장도 존재한다. 정년 연장으로 인해 베이비붐 세대 중심으로 조직 내 고령 인력이 급증해 상위직급을 늘릴 수도 있고, 보고나 회의하는 방식의 변화 없이 직급만 줄이면 직급 단순화에 대한 저항이 나타날 수 있다. 그러나 장기적으로 고령 인력의 단계적인 정년 퇴임과 젊은 세대의 수평적 문화에 대한 욕구가 증가하면 이러한 추세도 점차 사그라질 것이다.

귤화위지橘化爲枳라는 옛말이 있다. 어리석은 한 중국 사람이 더운 지방에서 나는 귤나무가 달고 맛있는 과일을 맺는 것을 보고, 씨앗을 품고 위수 북쪽의 고향으로 돌아와 심었더니, 귤은커녕 탱자밖에 열리지 않았다는 데서 유래한 말이다. 오늘날 선진국의 좋은 제도나 정책을 도입했는데도 사람들의 마음을 사지 못하고, 실행되지 않거나 오히려 부패를 부추길 때를 빗대어 귤화위지라 한다. 모쪼록 조직의 실행력을 높이기 위한 선진 조직체계의 도도한 흐름을 거스르지 않으면서, 한국 기업의 위계적 문화를 점진적으로 개선할 수 있는 균형 있는 해법을 우리 기업들이 지혜롭게 찾아내길 기대해본다.

정년 연장, 중장년 직장인의
마음을 잡아라

영화 〈인턴〉은 열정적이지만 미성숙한 30대 여성 CEO와 경험 많은 70세 인턴 직원이 충돌하면서 벌어지는 일화를 담은 휴먼 드라마다. 후반부에는 70세 인턴이 사장의 가정적인 어려움마저 해결해주는 조언자로서 영화의 마지막을 훈훈하게 장식한다. 중장년 직원이 회사 실적을 높일 뿐만 아니라 일할 맛 나는 직장 분위기를 이끄는 견인차로서 희망의 아이콘이 된 것이다.

중장년 직장인을 떠올리면 '나이 들어 생산성이 높지 않다', '연상의 부하직원은 부담스럽다' 등 부정적인 인식이 강하다. 하지만 최근 힘든 현장을 묵묵히 지켜내고, 어려운 위기일수록 극복 대안을 마련해내는 나이 든 직원의 가치가 재발견되고 있다. 젊은이들이 많지 않거나, 외국인 노동자로 내국인의 빈자리를 채워야 하는 현장 현실을 고려하면, 기업으로서는 중장년 직장인의 열정을 되살리기 위해 이들의 마음을 읽어내야만 하는 상황이 된 것이다.

고령화와 인구절벽, 끝나지 않는 직장생활

우리는 다른 나라와 달리 고령화 진전 속도가 유독 빠를 뿐만 아니라, 생산가능인구와 청소년 인구의 감소로 인한 인구절벽이라는 이중고가 예상된다. 특히 65세 이상 노인 인구 비중이 2000년 7.2%로 고령화사회에 접어든 이후 불과 20여 년도 채 되지 않아 15.7%로 증가해 고령사회에 접어들고, 2030년에는 25%에 가까운 초고령사회로 진입할 전망이다. 프랑스가 고령화사회에서 고령사회로 접어드는 데 115년이 걸렸지만, 우리는 이를 18년 만에 달성하게 되는 것이다. 기업 내부인력의 평균연령도 2011년에 40세를 돌파해 인력 고령화도 이슈로 등장했다.

2018년부터 생산가능인구가 급감하는 '인구절벽' 현상으로 인해 은퇴를 미루고 직업 일선에 머무르며 일하는 기간이 오히려 장기화할 것으로 전망된다. 세계적인 인구학자인 해리 덴트Harry Dent는 선진국의 베이비붐 세대 이후 젊은 세대 인구가 오히려 부족한 '인구절벽' 현상으로 인해 소비가 감소해 장기 저성장이 올지 모른다고 예측하기도 했다. 상황이 이렇다 보니, 경제활동 참가율의 감소로 인해 고령 인력의 은퇴 연령이 높아지고, 기업도 부족한 인력을 메우기 위해 중장년 직장인을 활용해야 하는 상황으로 이어질 것으로 보인다. 2005년도에 60세 이상 경제활동 참가율이 60%를 돌파했고, 2014년 55세 이상 고용률은 47%로 증가했다. 60세 이상 고용률이 20대를 추월하는 현상도 발생했다.

2016년부터 300인 이상 대기업, 공공기관도 60세 정년이 본격 시행됐다. 2017년부터는 중소기업을 포함해 모든 사업장에 정년연장법이 적용됐다. 정년 연장은 단순히 직장생활을 2년 더 한다는 의미를 넘어, 인력의 고령화를 인정하고, 새로운 인사 및 조직관리의 필요성을 설파하고 있다.

이슈 1 ● 중장년의 생산성을 높여라

사람들은 주로 나이가 들면 체력이 떨어지고, 시력, 청력 등 인지능력도 낮아져 생산성이 하락할 것으로 생각한다. 산업연구원의 2012년 조사(176쪽 그래프 참고)에 따르면, 사람들은 보통 연령대가 높아질수록 숙련도와 생산성이 오를 거로 생각하지만, 40대 중반부터는 오히려 생산성이 떨어지는 것으로 인식된다. 물론 철강, 조선 등 일부 산업은 현장 숙련자의 생산성이 계속 오르거나 유지되기도 하지만, 디스플레이, 가전 등 첨단산업은 나이와 생산성이 역U자 형으로 중장년에 이를수록 하락하고 있다.

하지만 나이가 들면 효율이 저하된다는 이러한 인식과 편견에 반대되는 의견도 있다. '효율성 임금모델Efficiency Wage Model'이나 '계약이론Contract Theory'에 따르면 직장생활 초기에는 임금 수준이 생산성보다 낮고, 직장생활 원숙기에는 임금이 생산성을 능가한다.

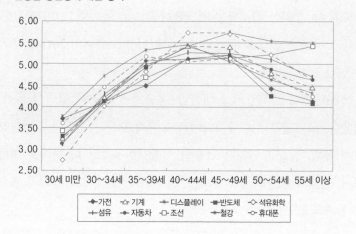

■■■■ 연령별 생산성에 대한 평가

| 가전 | 기계 | 디스플레이 | 반도체 | 석유화학 |
| 섬유 | 자동차 | 조선 | 철강 | 휴대폰 |

자료: 산업연구원, 2012

　지금까지 진행된 연구만으로 나이와 작업 성과를 연관 짓기는 쉽지 않다. 신체능력을 떠나서 기술력과 직업윤리 측면에서 우수해 신뢰성이 높고, 조직에 더욱 충성해 열심히 일하는 것으로 인식되고 있기 때문이다. 따라서 고령 인력의 장단점을 활용해 생산성을 높이는 방안을 잘 마련해보는 것이 바람직하다.

　일본의 운송회사 야마토시는 회사 안에 교습소를 마련해 시력검사와 고혈압 체크 등 건강진단을 시행하는 한편, 고령자의 노동 부담을 줄여주고자 일을 바꾸거나 노동 강도를 조정하기도 한다. 예를 들어, 젊은 직원에게는 대형차, 중장년 직원에게는 소형차를 운전하게 하는 식이다.

　토요타 역시 고령자도 작업하기 쉬운 환경을 조성하는 데 관심을 기울이고 있다. 비록 생산 속도가 다소 떨어지고, 생산 차종을 한 개

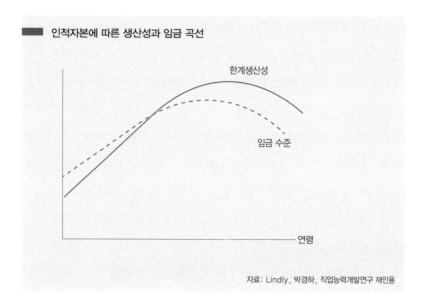

■■■■ 인적자본에 따른 생산성과 임금 곡선

한계생산성

임금 수준

연령

자료: Lindly, 박경하, 직업능력개발연구 재인용

로 단순화하는 등 효율성이 낮아져도 숙련도가 높아야 수행할 수 있는 복잡한 공정을 중장년 인력이 담당하게 함으로써 전체 공정의 생산성과 품질을 높인다.

일본 정보기술업체인 NTT커뮤니케이션은 섬유기업 도레이가 개발한 히토에Hitoe라는 기능소재를 활용해 현장 작업자의 안전을 관리하고 있다. 히토에는 옷으로 만들어 입으면 심박수나 심전도 정보를 감지할 수 있는 소재다. 이 소재로 작업복을 만들어 입으면 열과 스트레스, 피로도를 측정하고 중앙에서 모니터링할 수 있다. 피로도가 높은 작업자가 쉴 수 있도록 경고하거나, 더운 날씨에 지나치게 체온이 올라가면 작업을 중단하게끔 해 위험을 관리하고 생산성을 높인다.

이슈 2 ● 높은 조직 충성도를 활용하라

한국직업능력개발원이 500여 개 기업, 1만여 명의 패널을 대상으로 조사한 결과, 30세 미만의 직원과 고연령 직원의 태도에 차이가 있음을 확인할 수 있었다. 경영진을 믿고 따를 수 있느냐는 항목에서 나이 어린 직원은 3.48(5점 만점)을 보인 반면 나이 많은 직원은 3.76을 보였다. 일의 만족도는 3.73 대비 4.04, 임금 만족도는 3.14 대비 3.43, 조직 충성도는 3.41 대비 3.84, 좋은 제안이 올 때 이직할 의사는 2.95 대비 1.8로 큰 차이를 보였다. 한마디로 요약하자면, 젊은이보다 나이든 직원은 회사 방침을 따라 성실히 일하며, 다른 기업에서 이직 제의를 하더라도 충실히 자신의 업무를 수행한다는 것이다.

일반적으로 직원은 나이가 많아질수록 조직문화에 긍정적이며, 회사가 인재를 우대하고, 의사소통이 원활하며, 회사를 믿을 만하다고 생각한다. 따라서 이들이 젊은 직원과 의사소통하며 회사 내 조직 분위기를 긍정적으로 이끌 수 있도록 유도할 필요가 있다.

그러나 두 세대가 서로 통하지 않으면 조직문화가 깨질 수도 있다. 중앙일보의 2015년 조사에 따르면 젊은 층은 중장년층에 대해 '월급도둑이다', '보수적이고 시대 흐름에 발 빠르게 대응하지 못한다', '꼰대처럼 군다'라며 비난했다. 경제가 어려워지며, 일할 기회가 적어진 젊은 세대로서는 실력 없는 선배들이 자신의 기회를 앗아간다고 생각할 수도 있다. 세대 간 갈등을 없애고 조직 내 분위기를 살릴 묘책이 필요하다.

IBM은 사내 네트워크망인 '비하이브Beehive'를 통해 관심사가 유사하거나, 취미가 같은 직원들이 서로 소통할 수 있도록 지원한다. 나이,

성별, 직급, 국적과 관계없이 직원 간에 대화할 수 있는 공간을 마련해 협업 분위기를 조성하는 것이다. 비하이브에서는 직원 6만여 명이 활동하며 특허, 게임, 애완동물 사진 등 관심사를 공유한다.

중장년 세대의 선도적 역할을 촉진할 방안으로 우선 멘토 역할을 맡겨서 경험과 노하우를 전수할 뿐만 아니라, 조직 분위기를 긍정적으로 유지하는 균형자가 되도록 한다. 멘토-멘티가 좋은 아이디어를 내어 성과를 창출하면 그들에게 보상할 수도 있다.

일본 산업기자재 업체 후지엔지니어링은 고령층과 청년층을 섞어 6명 단위로 팀을 꾸려 자연스럽게 세대 간 소통을 장려한다. 그리고 선배가 지닌 경험과 오랜 시간 축적된 '암묵적 지식'을 후배에게 공유하고 전수하도록 한다. 이 과정에서 시니어 직원들의 경험과 연륜을 존중하는 기업문화가 형성되면서, 다른 기업처럼 세대 간 갈등이 발생하기보다는 서로 협력하는 직장 분위기가 자연스럽게 마련됐다.

이슈 3 ● 오랜 경험을 바탕으로 한 통찰력을 활용하라

토요타가 생산 현장에서 50여 년간 근무해온 가와이 미치루(67세)를 전무로 승진시켜 기술직으로는 최고위직을 맡겼다. 오너경영을 유지하는 토요타 역사상 '모노즈쿠리'* 현장의 기술력을 중시하고, 고령화 사회에 숙련 기술 인력의 공헌에 대해 존경과 감사의 의미를 부여한 보기 드문 일이라고 한다.

노화로 인해 신체능력이 낮아지는데, 이와 반대로 그간 쌓인 경험을

● 최고의 제품을 만들기 위해 심혈을 기울이는 자세로, 일본 사회의 장인정신을 의미한다.

통해 새로운 방식을 제안하거나, 시장에서 수용도 높은 제품을 개발하고, 현장 여건에 맞게 공정을 개선해서 효과성을 높일 수도 있다. 젊은이의 창의력이 획기적인 변화로 이어지지만, 시니어의 통찰력은 실행할 수 있는 혁신적인 아이디어로 이어질 가능성이 크다.

영국 더함대학교의 한 연구에 따르면, 노벨상 수상자들이 획기적인 아이디어를 떠올린 나이는 평균 38세라고 한다. 이는 과거 1990년대보다 6년이나 높아진 결과인데, 원숙한 연구자의 중요성을 나타낸 것이다. 미국 노스웨스턴대학교의 벤자민 존스 교수는 55세 이상 직원의 현장 혁신 잠재력이 25세 미만의 직원보다 더욱 높다는 연구 결과를 제시하기도 했다. 기업 내에서 개선 아이디어가 나왔을 때, 이를 실행에 옮길 수 있도록 준비해 적용하고, 관련된 직원을 교육해 개선 효과가 나타날 때까지 적어도 5년에서 10년 정도 소요된다는 것이다. 결국 현장을 자유자재로 개선할 수 있을 때는 직장 내에서 시니어 나이를 전후로 한 시기다.

직장 내에서 통찰력을 높이려면 직원들의 전문성을 높이고, 시니어가 개선 활동에 참여할 기회를 제공해야 한다. 이를 위해 교육받을 수 있는 기회를 지속해서 제공하는 기업들이 늘고 있다. GE는 '역멘토링' 정책을 통해 앞선 기술을 가진 주니어 직원이 일대일로 시니어 관리자에게 최신 트렌드나 정보기기 사용법을 알려줘서 새로운 기술을 차근차근 갖추도록 돕는다. 영국의 슈퍼마켓 체인점 세인즈버리Sainsbury's는 시니어 직원을 위해 최신 직무기술 교육을 제공하는데, 스스로 교육과정이나 학습 속도를 선택해 들을 수 있다.

이슈 4 ● 전문가로 성장할 기회를 부여하라

2000년을 전후로 중국 기업들은 일본의 베이비붐 세대 은퇴자 중 숙련기술자들을 대거 초빙했다. 당시만 해도 중국 기업은 기술력이 부족해 품질 문제로 몹시 고전했다. 퇴직한 숙련기술자를 고용하며 기술 이전의 효과를 경험하자, 중국 기업은 40대, 50대 숙련기술자도 적극적으로 영입했다. 이를 통해 중국 기업들은 단기간에 제조기술을 급성장시켰고, 최근에는 한국 기업을 위협할 정도의 기술력을 축적했다.

관리자가 되지 않더라도 전문가로서 기업에 남아 계속 일할 수 있도록 조직 분위기를 조성하는 것은 중장년 근로자에게 중요하다. 숙련기술자가 퇴직하지 않고 다른 직무에 배치되거나 협력업체에 파견되어 일하게 되면, 기업은 그들의 노하우를 고스란히 활용할 수 있어 성과를 높일 수 있다.

일본의 동경가스는 사무직뿐만 아니라 현장 기술자도 여러 직무를 경험할 수 있는 전문가 성장 경로를 제시해 효과를 거두고 있다. 일종의 다중경력개발제도인데, 과거 경력 개발이 관리자 외에 연구개발 등 일부 전문가에 국한됐다면, 동경가스는 각 분야의 전문가를 인정해 6개 이상의 경력을 제시했다. 60세까지 근무하는 스탠더드 코스 외에 마이플랜 코스는 54세부터 연금을 받을 수 있고, 워크쉐어링 코스는 60세 정년 이후 주3일 근무를 통해 일자리를 나눌 수 있다. 마이플랜스탭 코스는 퇴직 전 일정 기간을 스태프와 현장근무자를 겸임할 수 있도록 하고, 출향 재취직 코스는 협력업체에 파견 나가거나 재취직해서 기술을 전수하거나 전체 생태계 공정의 수준을 높이는 데 기여하도록 한다.

일본의 저성장이 정점이던 2012년 7월, 일본 재생 전략의 핵심으로 다양한 인재 활용 정책이 일본 각의를 통과한다. 청년 채용과 활용만으로는 기업이 활력을 되찾기 어렵다고 판단한 것이다. 당시 일본 유수의 조사기관인 데이코쿠 데이터뱅크는 일본 기업에 다양한 인재 활용을 위해 어떤 계층을 활용할 것인지 물어봤다. 청년층 이외에 '여성 사원의 활용'을 꼽은 기업이 22%인 데 이어, '장년층 인재 활용'을 주로 꼽은 기업이 16%로 주류를 이뤘다. 그 이유로 고령자라고 하더라도 건강한 인력도 많고, 오랜 경험을 통해 숙달된 기술을 전수하거나 현장에 활용하는 데 장점이 있다는 인식이 많았다. 특히 장년층 활용의 장점으로 '비용 절감'이라는 응답이 16%로 가장 많았다. 중장년층을 활용하면 기업의 노하우 전수와 비용 절감 등 기업 목적 달성에 큰 도움이 된다고 생각하는 것이다.

우리 기업도 저성장의 터널에서 타개책을 모색하고 있는데, 중장년층의 잠재력으로 위기를 극복하고 혁신적인 기업으로 성장하길 기대해본다.

초고령 시대,
시니어 친화 기업문화가 필요한 때

한국은 세계적으로 가장 빠르게 늙어 가는 국가이다. 2018년 65세 이상 14.3%로 '고령사회Aged Society'에 진입했으며 2026년이면 고령층 인구가 20%를 넘어서는 '초고령사회'로 진입할 전망이다. 기업 입장에서 보면 60세 이상 고령인력의 계속 고용에 대한 규제 등 구조적 문제에 대한 이슈들이 등장하고 있다. 반면 고령사회로 먼저 진입한 일본 등의 예를 살펴보면, 기업 조직 내에서 이들을 동기부여 하거나, 젊은 세대와 업무 과정에서 갈등을 겪지 않도록 융합하는 등 조직 운영상 이슈를 해결하는 노력이 더욱 중요하다.

일본노동정책연구연수기구의 최근 일본 기업의 인력부족 현황조사 (2020) 결과에 따르면, 인력이 매우 부족하다와 다소 부족하다는 응답을 합하여 67%에 달하고, 부족한 인력의 유형에 대한 물음에 '현장의 기술 노동자(67.5%)'가 가장 높고, '연구 개발 인재(64.6%)', '시스템 개발 전문 인력(56.6%)' 등을 차지했다. 이러한 인력 부족 현상은 '품질 저하, 클레임 증가 등 기존 사업 애로(42.2%)'와 '기술 · 노하우의 전승 곤란(39.4%)'으로 이어진다. 따라서 기업입장에서는 적극적인 신규인력 확보와 고령 인력의 재계약을 추진하게 되고, 임금 인상과 함께 별도의 복리후생이나 근무 여건 개선을 약속하며 인재 확보와 다양한 운영 방안 개발에 나서고 있다.

우리 사회와 기업도 일본 기업의 인구구조를 닮아갈 것으로 예견되는 만큼 인력관리와 역량의 개선을 어떻게 추진할지, 또한 시니어 친화 기업문화를 어떻게 구축할지, 여러 방안에 대해 살펴본다.

세대가 함께 일하는
문화 만들기

일본의 현상을 좀 더 살펴보면, 2019년 중도채용 현황을 볼 때, 50대 이상이 25.9%, 60대 이상도 7%로 시니어 인력의 채용 비중이 상당함을 보여준다. 고령자가 계속 일할 수 있는 여건을 마련하기 위해「고령자 등의 고용 안정 등에 관한 법률」을 통해 65세까지의 안정된 고용을 보장하는 기업에 정년제 폐지 또는 정년의 연장, 계속 고용제도의 도입 중 하나의 조치 (고령자 고용 확보 조치)를 강구하도록 의무화하고 있다. 2019년 현재, 65세까지 고용 확보 조치가 되어 있는 기업이 99.8%에 달하고, 65세 정년 기업도 17.2%이며, 66세 이상 일할 수 있는 제도가 되어 있는 기업도 30%에 육박하고 있다.

이를 고려해 보면 우리 기업도 고령 인력을 최대한 활용하고 함께 일하는 상황이 지속할 것으로 전망할 수 있다. 따라서 여러 연령층과 세대 간 인력이 함께 일하고 성과를 거둘 수 있는 융합적 조직운영 방식이 필요하다.

▬▬▬ 고령화 사회 기업의 고령인력 관련 조직운영 이슈

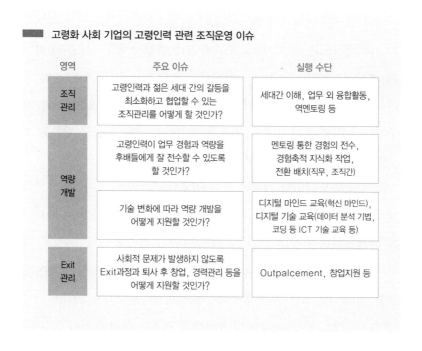

영역	주요 이슈	실행 수단
조직 관리	고령인력과 젊은 세대 간의 갈등을 최소화하고 협업할 수 있는 조직관리를 어떻게 할 것인가?	세대간 이해, 업무 외 융합활동, 역멘토링 등
역량 개발	고령인력이 업무 경험과 역량을 후배들에게 잘 전수할 수 있도록 할 것인가?	멘토링 통한 경험의 전수, 경험축적 지식화 작업, 전환 배치(직무, 조직간)
	기술 변화에 따라 역량 개발을 어떻게 지원할 것인가?	디지털 마인드 교육(혁신 마인드), 디지털 기술 교육(데이터 분석 기법, 코딩 등 ICT 기술 교육 등)
Exit 관리	사회적 문제가 발생하지 않도록 Exit과정과 퇴사 후 창업, 경력관리 등을 어떻게 지원할 것인가?	Outpalcement, 창업지원 등

하버드비즈니스리뷰가 세대 간 성향인식에 대한 최근 조사를 보면 한 조직 내 젊은 직원(18~29세), 중년 직원(33~50세), 고령 직원(51~84세)으로 나누어 세대 자신과 서로에 대한 인식을 살펴보았다. 그 결과 고령 직원에 대한 선입견은 "책임감 있다" 등 긍정적이지만, 고령 직원

들은 다른 세대 직원들이 자신에 대해 "지루하다, 고집이 세다"등 부정적으로 인식할 것으로 생각했다. 따라서 세대 간 공통의 목표를 강조하는 방식이 중요하다. 이를 위해 교육 과정이나 평상시 상호 코칭으로 상대방의 관점을 수용하기(역할 바꾸기, 반대 입장에서 이야기해 보기), 여러 세대 구성원과 협력하기, 연령별 직원들과 이야기해 보기 등의 실습을 해 볼 필요가 있다.

미국의 가장 일하기 좋은 100대 기업 상위권을 지키고 있는 자포스의 3대 키워드는 '마주치고, 서로 배우고, 연결시켜라'이다. 구성원들 간, 세대 간에 이해를 높이고 협력하자는 취지의 슬로건인데, 단순히 키워드에 그치지 않고 조직과 공간의 운영에 반영하고 있다. 서로 마주치는 횟수를 늘리기 위해 건물에 진입하는 문을 하나로 만들었고, 우연히 만나더라도 대화하고 서로 배울 수 있는 문화를 조성했다.

최근 글로벌 리더십 컨설팅 회사 DDI가 관리직 2만 5천 명 이상의 세대별 승진율을 분석한 결과에 따르면 밀레니얼 세대가 앞서 나가는데 반해 X세대는 상대적으로 조직 내에서 소외되고 있다. 5년간 1회 이하 승진률이 X세대 관리직은 66%로, 밀레니얼 세대(52%)와 베이비부머 세대(58%)보다 높다. X세대는 1960년대 후반에서 1970년대에 태어난 세대로 현재 40대 50대 초반이기 때문에 조직 내에서 중간 융합자로서 역할이 소외되고 있다는 점에서 개선이 필요하다.

X세대는 밀레니얼 세대만큼 디지털 작업에 능하여 디지털 격차를 줄이는 데에도 중요한 역할을 하고 있다. 또한, 조직 내부의 전통적 리더십 측면에서도 베이비부머와 같이 공감능력을 발휘하고, 실행을 독려하여 성과를 내는 소위 "낀대" 리더로서 융합의 촉매제 역할을 잘

해낼 수 있으므로 이들의 리더십 발휘를 강화할 필요가 있다. 세대 간 상호 멘토링의 좋은 사례로 세계적 호텔리어 칩 콘리가 에어비엔비에 합류하면서 겪었던 경험담을 생각해 볼 필요가 있다. 칩 콘리는 기존 호텔리어의 대가이며, 가장 차별화된 호텔, 가장 혁신적인 호텔리어로서 호텔 업계의 신화였는데, 에어비앤비의 밀레니얼 공동창립자 브라이언 체스키의 사내 멘토로 합류하게 됐다. 이전까지 한 번도 IT 회사에서 일한 적이 없었고, 공유 경제는 물론 우버나 리프트 앱을 핸드폰에 깔지도 않았었다. 특히 27세의 로라 휴즈와 함께 일하게 되었는데, 그녀와의 멘토링 관계를 통해 그는 밀레니얼로부터 DQ디지털 지능를 로라는 그로부터 EQ감성지능를 배울 수 있었다고 회고하였다.

GE는 세대간 상호 이해할 수 있도록 '역멘토링' 정책을 공식적으로 도입하였다. 주니어 직원이 1:1 방식으로 시니어 관리자들에게 최신 트렌드나 IT 기기 사용법을 알려주는 것으로, 이해 속도에 맞도록 차근차근 하나씩 교육하는 방법을 정착하고 있다. 영국 슈퍼마켓 체인점인 세인즈버리에서도 시니어 직원을 위한 최신 직무기술 교육을 제공하는데, 어떤 교육 과정이 적합한지 스스로 판단해 골라서 들도록 하고 개인에게 맞는 속도로 교육하였다.

기술과 경험의 전수가 가능한 분위기 마련

일본 기업 구성원 중 고령 인력이 담당하는 업무 내용을 살펴보면, 정년 전과 동일한 업무와 책임을 담당(39.5%)한다는 응답과 함께 동일한 업무를 담당하지만, 책임 수준은 낮은 업무를 담당(40.5%)한다는 의견이 엇비슷했다. 더 나아가 65세 이후에도 일을 계속할 수 있는지 기업의 인사담당자들에게 물어본 결과 '65세 이후에도 희망하면 특정 기준 이상이면 업무수행이 가능하다'(55.5%)는 응답과 '희망하면 전원 업무수행이 가능하다'(10.4%)는 응답이 70%에 육박했다. '65세 이상은 일하기 어렵다'(29.6%)는 응답은 상대적으로 적었다. 65세 이상 고령자의 담당 업무에 대해 '전문적·기술적인 작업'(40.1 %)이라는 응답이 가장 높았다. 시니어 인력의 업무수행을 포함하여 축적된 경험을 어떻게 전수할 지 좀 더 생각해 볼 필요가 있다.

피터버그 美시간대 교수는 현장관리자, 인사담당자, 노동자대표 등 인터뷰를 통해 숙련 근로자의 기술 전수와 관련된 이슈를 살펴보고, 몇 가지 해법을 제시했다. 고위 경영진 입장에서는 숙련 근로자가 대규모 은퇴하는 상황에 이르더라도 당장 인력 규모가 크게 달라지지 않고, 신규 인력으로 보충하면 된다고 생각한다. 하지만 현장 관리자들은 부서 내 시니어가 은퇴하면 기술적 문제를 어떻게 해결할지, 조직 내 사기가 꺾이지 않을까 고민한다는 점을 주목했다. 따라서 우선 몇몇 고령 노동자들을 주간 근무 부서에 배치하여 젊은 후배 직원을 교육하도록 하거나 근로시간을 단축하여 계속 근무할 필요가 있다. 이를 위해 시니어 계약제, 근로시간 계정제 등을 활용할 수 있다.

특히 비공식적인 다세대 프로젝트 팀을 구성해 볼 수 있다. 이 경우 젊은 직원이 배울 수도 있고, 시니어 입장에서 자신의 기술을 가치 있게 생각하는 문화를 만들 수 있다. 또한 직원들이 취득한 자격증이나 수료한 교육 프로그램을 모니터링하여 필요한 기술인력을 내부에 재배치하거나, 기술 유출을 사전에 예방하는 데에 도움이 된다.

일본 산업 기자재 제조업체 '후지 엔지니어링'은 고령층과 청년층을 섞어 6명 단위로 팀을 꾸렸다. 이를 통해 주니어 직원들은 자연스럽게 시니어 직원들과 소통할 수 있는 기회를 가지게 되고 '암묵적 지식'이 공유되면서, 시니어 직원들의 경험과 연륜이 인정되는 문화가 형성되었다. 일본 미쓰비시 중공업의 경우 사내 '기능학원'을 설립하여 숙련된 시니어 기능공을 강사로 초빙했다. 시니어 직원들이 후배 주니어들에게 기술적 노하우를 전수하는데, 주니어들은 여러 시니어들과 대화를 많이 나누게 되면서 그들을 인정하고 존중하는 문화 조성에 더욱 관심을 기울였다.

고령인력의 새로운 기술을 개발하고, 정보통신기술을 활용하기

최근 스미토모 상사는 비행 로봇드론, 인공 지능AI, 화상 분석 기술을 활용하여 건설 현장의 작업을 자동화하는 기술혁신을 추진하고 있다. 일본의 건설 현장도 취업자의 고령화로 인해 일손 부족이 문제가 되고 있는 상황인 터라, 건설 현장의 공정 진척 상황을 점검하고, 건축 자재의 운송 현황을 분석하고 확인하는 업무 등에 정보통신기술을 활용하는 이용기술을 개발하기도 한다.

일본 스미토모화학은 로봇을 도입하여 근로자의 노동 생산성을 끌어울리려는 계획을 수립하고, 근로자를 보조하는 산업용 로봇의 도입을 추진했다. 전자 기업 파나소닉이 개발한 외골격 로봇 '어시스트 슈트'를 도입해 운용하고 있다. 특히 작업자들 중에 원료의약품을 담은 원통 용기를 옮길 때는 근력을 보조하여 최대 15kg의 힘을 내는 로봇을 허리에 착용하게 했다.

도쿄공항교통은 하네다공항에서 로봇 벤처기업 사이버다인이 개발한 로봇 슈트 '할'을 사용하고 있다. 직원들이 로봇 슈트를 활용하면 공항 버스에서 짐을 내릴 때, 허리에 가해지는 근골격계 부담을 최대 40% 줄일 수 있다.

더 나아가 일본 시미즈건설은 근로자의 용접 작업을 직접 대신할 로봇을 개발하여 적용했다. 이들 용접 로봇 "Robo-Welder"와 천장 보드의 나사 고정 작업할 "Robo-Buddy"를 설비에 포함하여 100개의 현장에 도입하고 총괄 연계 관리체제를 함께 구축했다. 예컨대 Robo-Welder는 철골 용접 부위의 홈 형상을 레이저 형상 측정으로 인식하고, 6축의 팔을 자유자재로 움직여서 용접 작업을 한다. 이들 로봇 도입에 의한 인력 대체 비율은 30층 규모의 빌딩 건설 현장에서 대체로 80%의 작업을 대체 가능한 것으로 추산된다. 시미즈건설이 보유한 로봇을 모두를 적용할 경우 공사 전체 규모에서 1백 명당 한 명 정도의 인력을 대체할 것으로 본다.

고령인력 은퇴 후 경력을
어떻게 관리할 것인가?

　일본제철도 노동력 인구가 감소하고 연금 지급을 개시하는 연령이 상승함에 따라 정년 연령을 65세로 높이는 방안을 구체화하는 중이다. 또한 JFE제철도 60세 이상 근로자 중에 희망자 중에 전원을 단계적으로 65세까지 일할 수 있도록 제도를 정비하고 있는데, 풀타임 근무 형태뿐만 아니라 파트타임 근무 방식도 포함하여 검토 중이다.

　또한 시니어 세대는 팀워크를 중시하여 화합의 분위기를 형성하고, 오랜 경험을 통해 하나의 아이디어를 실행할 수 있는 대안으로 만드는 데 익숙하다. 노키아는 2011년 시니어를 대상으로 '브리지 프로그램'을 만들어서 역량있는 장년층의 창업을 지원하기 시작했다. 3년간 글로벌하게 약 1만 8천 명이 참여하여 1000개 이상의 스타트업을 창업하였고, 핀란드에서만 약 5천 명이 400개 이상의 스타트업을 만들었다. ICT분야가 40% 수준이고, 전문서비스와 컨설팅 분야도 30%에 달한다. 프로그램의 만족도는 85%에 달할 정도이다.

　P사의 경우, 현장직의 재채용은 제철소 현장의 기술과 노하우를 전수하고 우수 인력의 역량을 적극적으로 활용하기 위해 실행하고 있다. 교대근무하는 조업 직무와 현장 정비를 직접 수행하는 정비직무를 대상으로 재채용을 실시하고 있다. 연간 계약을 원칙으로 하고 있으며, 경우에 따라 3~6개월 단위로 추가하여 연장할 수 있다. 다만, 직무 연한을 고려하여 최대 2년간으로 제한하고 있다.

시니어 직원들 입장에서는 은퇴를 한 이후에 다른 일자리를 찾는 경우가 많으며, 사전에 계약 연장이 결정되면 응할 생각을 갖고 있다. 직원들 생각에는 경우에 따라 실력있는 선배가 함께 일하면 좋겠다는 입장이다. 한편 퇴직 인력을 대상으로 온라인 네트워크를 운영하여 퇴직자들에 여러 가지 정보를 제공하는 등 좋은 반응을 얻고 있다.

퇴직 초기에는 상당한 불안감을 가질 수 있으며, 좋은 기술인력을 우군으로 확보할 경우, 회사 입장에서는 경쟁력을 높일 수 있는 기회가 될 수 있다. 홈페이지를 통해 우선 경조사, 회원 소식을 공유함으로써 회사가 지속적으로 도움을 주고 있다는 인식을 가질 수 있다. 더 나아가 일자리 정보를 제공해 주거나 이러닝 등 개인 역량개발을 위한 실질적인 도움을 줄 수도 있다. 교육 측면에서는 스타트업계 최고 수준의 창업기본 교육과 맞춤형 창업지원을 위해 관련 트렌드 정보를 함께 제공하고, 이외에도 어학, 리더십 등 평생교육도 지원해 준다.

지금까지 고령사회를 지나 초고령시대로 향해 가는 한국 기업의 현주소를 확인해 보고 조직운영의 개선 아이디어를 검토했다. 기업 내 고령인력의 정년연장, 직급체계, 보수체계 등도 이슈이나 조직 내에서 시니어도 함께 일하는 기업문화가 마련되지 않을 경우, 오히려 큰 부담으로 작용할 수도 있다. 모쪼록 산업 성장을 견인했던 시니어 세대가 자신의 경험과 노하우를 발휘할 수 있는 분위기를 통해 우리 기업들이 실력을 발하길 기대해본다.

신입사원 채용과
조기 전력화

바늘귀보다 좁다는 취업 관문을 뚫고 회사에 들어온 지 1년이 채 되지 않아 그만두는 신입사원이 늘고 있다. 경영자총협회의 2015년 신입사원 채용 실태 조사 결과를 보면, 1년 내 퇴사율이 2007년 20.6%에서 2010년 15.7%로 뚝 떨어졌다가 2012년 23.6%로 급증하더니 2014년 25.2%로 상승세를 이어갔다. 글로벌 금융위기 이후, 불안정한 직장 여건이 다소 개선된 틈을 타 기업에서 젊은 주춧돌이 빠져나가고 있다.

2015년 취업 경쟁률이 평균 32 대 1로 2년 전보다 10% 이상 증가한 데 비춰 보면, 신입사원의 이직은 취업준비생들에게는 그저 사치로 느껴질 뿐이다. 일본의 신입사원들도 상황은 엇비슷하다. 일본 크로스마케팅사의 2015년 조사에 따르면, 신입 3년 차까지 약 5명 중 1명이 이직을 경험했다고 한다.

우리 기업의 젊은 피, 신입사원들이 조기 전력화되지 못하고 퇴사하게 되면 어떤 결과를 가져올까? 개인으로서는 좋은 기회를 버리게 되고, 기업으로서는 인재를 채용하고 육성하는 데 투자한 비용을 공중에 날려버리게 된다. 인사담당자는 인재를 확보하려면 신입사원이 이직하는 원인을 분석하고, 개선책을 도모해 투자와 관리에 나서야 한다.

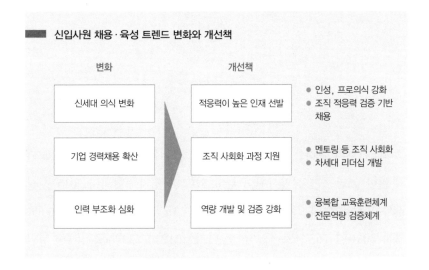

■■■■ **신입사원 채용·육성 트렌드 변화와 개선책**

변화	개선책	
신세대 의식 변화	적응력이 높은 인재 선발	● 인성, 프로의식 강화 ● 조직 적응력 검증 기반 채용
기업 경력채용 확산	조직 사회화 과정 지원	● 멘토링 등 조직 사회화 ● 차세대 리더십 개발
인력 부조화 심화	역량 개발 및 검증 강화	● 융복합 교육훈련체계 ● 전문역량 검증체계

신입사원 조기 정착을 방해하는 요인

변화 1 ● 신세대 개인주의 팽배

국내 기업은 사회의식 변화가 우리보다 20년 정도 앞서 일어난다는 일본의 신입사원 의식 변화 추세를 반면교사로 삼을 수 있다. 최근 일본 크로스마케팅사의 2015년 조사 결과에 따르면, 1년 차 신입사원은 '재미와 보람'이라는 가치를 지향한다. 2, 3년 차 직원들은 재미와 더불어 일과 삶의 균형, 경력과 소득도 중시한다. 특히 일본의 1년 차 신입사원이 이직할 때는 경력이나 복리후생을 고려하기보다 '하고 싶은 일'을 찾아가려는 의식이 높다.

상황이 이렇다 보니 직장생활의 의미를 일에서 찾는 경우는 그리 높지 않다. 일본 마이네비컨설팅사의 2015년 조사에 따르면, 일본 신입사원은 일하는 데 있어 인간관계(63%), 즐거움(41%)을 중요하게 여겼다. 도전(40%)과 성공, 지위(35%)를 추구하는 경향은 상대적으로 낮았다. 결국 직장생활에 대한 기대감은 42%로 감소했고, 개인생활을 우선시한다는 생각은 2011년도 43%에서 5년 만인 2015년도에 처음으로 50%를 넘어 53.3%를 차지했다. 퇴근하고 회사 직원과 시간을 보낸다는 응답은 20%에도 미치지 않는다. 일본 신입사원에게 직장생활은 어느새 뒷전으로 밀려나버린 것이다. 우리에게도 그리 머지 않은 이야기다.

우리 기업 구성원의 가치관도 경제위기를 거치면서 크게 변화된 모습을 보인다. 2006년과 1995년 직원들의 가치관을 비교 조사한 결과, '집단주의', '비공식주의', '혁신주의', '낙관주의' 성향이 모두 감소했다. 한국 직장인의 가치가 1997년 IMF 금융위기 이후 글로벌스탠더드가 확산되면서 서구화 양상을 보이는 것이다. 조영호 교수가 삼성·LG·SK·현대를 중심으로 IMF 이전 시기인 1995년과 2006년에 구성원의 가치관 변화를 조사한 결과, 한국적 사고방식의 특징이 모두

약화되고 서구적 기업문화로 변화한 모습을 보였다. '회사 동료들의 의견에 따른다'와 같은 집단주의적 가치는 3.08(5점 만점)에서 2.87로 내림세를 보였다. 반면 '노사문제는 별문제가 없을 것이다'와 같은 낙관주의는 2.68에서 2.24로 가장 크게 하락하고, 직무몰입(3.62 → 3.53)과 조직 애착(3.92 → 3.73) 모두 감소세를 보여 개인주의적 성향이 높아졌다.

결과적으로 신세대 개인주의 의식이 강해지면서 신입사원이 직장생활에 적응하지 못해 퇴사하는 경우가 늘고 있다. 경영자총협회의 2015년 조사에 따르면, 1년 내 신입사원 퇴사 원인으로 조직 및 직무 적응 실패(2012년 43.1% → 2014년 47.6%), 급여 및 복리후생 불만(23.4% → 24.2%), 근무지 및 근무환경 불만(14.2% → 17.3%)으로 각각 증가하는 모습을 보인다.

변화 2 ● 기업 내 경력채용 확산

우리나라 신입사원 공개채용의 역사는 삼성의 채용과 궤를 함께해 왔다. 1957년 국내 최초로 신입사원 공채를 한 이후, 1993년 여성 공채 도입, 1995년 '열린 채용', 2005년 대학생 인턴제도 도입이 바로 삼성그룹에서 비롯되어 국내 대부분 기업에 확산했다. 정기공채는 채용과정의 외압을 최소화하고, 공정한 사회 분위기를 조성하는 데에도 한몫했다. 공채는 회사에 대한 충성도를 높이는 것은 물론 기수별 동기모임으로 거대한 비공식 협업체계를 활성화하는 순기능으로 작용해 왔다. 최근 들어, 전문성을 갖춘 스타급 인재를 통해 성과를 내기 위해 경력채용이 확산하면서 공채는 오히려 조직 내 순혈주의 문화와 위계적 관료 조직을 만들어내는 문제점으로 인식되기도 한다.

경영자총협회의 2015년 조사를 살펴보면, 수시채용만 진행하는 기업 55%에 정기와 수시채용을 병행하는 기업 38%, 모두 93%의 기업이 채용방식을 수시채용으로 바꿨다. 경력채용이 활성화되어 그만큼 신입사원이 쉽게 이직할 수 있는 여건이 된 것이다. 특히 대기업 신입사원의 직무능력을 평가해보면 우수 신입사원의 채용 경로로 정기채용(44.4%)보다 수시채용(55.6%)이 높다 보니, 인재를 확보하려면 경력채용을 중시하게 된다. 대기업의 26%는 정기채용을 축소하고, 수시채용 비율을 확대할 의지를 보이는 만큼 인재를 확보하기 위한 경쟁이 과열되고 있다.

정기공채로 선발된 인재는 조직 적응력이 뛰어나다는 평가(73%)와 인성 및 태도가 우수하다는 평가(86%)가 훨씬 높다. 경력 수시채용이 확대됨에 따라 조직 적응력, 인성, 태도가 상대적으로 낮은 사원이 다수를 차지하면서 신입사원의 조직 내 부적응과 불협화음으로 인해 이직 가능성이 커지게 되는 것이다.

변화 3 ● 인재 부조화 심화

기업이 원하는 인재와 신입사원이 원하는 직무 사이에 인식의 차이가 커지고 있다. 미국 기업들도 신입 직원들의 역량 부족으로 인해 고민이 많다. 미국인사관리협회의 2014년 조사에 따르면, 기업이 평가하기에 직원들의 문제해결 능력(40%), 프로의식과 윤리 인성(38%), 리더십(34%), 팀워크(25%) 등 여러 가지 역량 수준이 미흡하다고 나타났다.

반대로 일본 크로스마케팅사의 최근 조사에서도 '희망하는 회사나 업무가 아니다'라는 비율이 전직 의사가 없는 신입사원은 42.8%에 그쳤지만, 1년 내 퇴사한 신입사원은 66%에 달하고 있다.

우리도 문화체육관광부의 한국인 의식과 가치관 조사에서 '직장을 선택할 때 가장 중요한 것'을 물었을 때 2001년에는 보수와 급여를 꼽는 국민이 43%에 달했으나, 2015년에는 20%로 급락했다. 반면 '직장의 안정성'과 '개인의 적성' 등 적합한 직장에 대한 요구는 2001년 39%에서 최근 84%로 두 배 이상 증가했다. 자신의 적성과 가치관에 적합한 직장이나 직무가 아니라고 생각하는 신입사원은 이직을 도모하게 되는 것이다.

신입사원의 퇴사 예방과
조기 전력화하기 위한 아이디어

신입사원의 부적응 현상, 능력 위주의 경력채용 확산, 직장과 직무의 불일치로 인한 이직 등을 미리 차단하고 조직 적응력을 높이고자 기업들은 큰 노력을 기울여왔다. 대부분 기업은 신입사원 집체교육을 정교화하고, 1년 이상 여러 사업부 현장을 경험하게 하며, 훌륭한 선배를 멘토로 선정하는 등 다양한 육성과 적응과정에 투자와 정성을 쏟아 정착률을 높여왔다.

그러나 과연 막대한 교육비와 시간, 그리고 선배들을 투입해 제대로 성과를 거두고 있는 것인지 의문을 갖는 경영자들도 많다. 2013년까지 우리나라 기업에서 사원으로 근무했던 마이클 코켄^{Michael Kocken}은 신입사원 연수는 낭비일 뿐 아니라 오히려 이직률을 높일 수 있음을 경고하고 나섰다. 물론 문화 차이에서 오는 편견일 수도 있지만, 코켄은 종교 수양과 비슷한 합숙교육은 동기 간의 유대감을 느끼는 데에는 도움이 되지만, 직무와 관계없는 의식교육이 오히려 스트레스만 쌓는다고 일침을 놓았다. 변화된 의식과 정보통신기술로 무장한 신입사원을 오히려 천편일률적인 교육으로 옭아매는 데 돈을 쏟아붓고 있는 것은 아닌지 되새겨볼 일이다. 이제 신입사원을 이직하게 만드는 원인을 살펴보며 대응방안을 제시해본다.

방안 1 ● 조직 적응력이 높은 인재를 뽑아라

조직생활에 거부감이 적고, 소명의식이 높은 인재를 뽑아야 한다. '인사가 만사'라는 격언은 제대로 된 사람을 선발하는 것이 매우 중요하기에 생겨난 말이다. 기업이 개인의 인성교육에 투자하는 것은 비효율적일 수밖에 없다. 기업들이 인성 면접의 비중을 늘리고, 역사 소양과 글쓰기 능력 등을 채용과정에 추가하는 것도 기본 소양이 중요하다고 보기 때문이다.

미국 기업들도 직원들의 프로의식을 매우 중시하고, 근무규칙 등 직업윤리를 준수할 것을 강도 높게 요구한다. 미국 요크대학교에서 실시한 프로의식에 대한 다년간의 조사를 살펴보면, 신입사원 1년 차의 직업의식이 미흡하다는 인식 수준이 2009년 39%에서 최근 49%로 수직 상승하고 있다. 근무윤리 부족 수준도 45%의 응답자가 문제라고 지적했다. 심지어 직장에서 버릇없는 태도(87%), 자기 주도성 부족(72%), 업무 주인의식 부족(70%), 힘든 업무 회피(66%), 프로

수준의 업무품질 미달(60%) 등 신입사원의 인성에 대한 지적은 동서
양이 따로 없다.

인성을 제대로 갖춘 인재를 뽑기 위한 기업들의 노력도 눈물겹다.
모토로라는 역량면접을 통해 가치관이나 품성, 책임감, 창의성, 판단
력 등 후천적으로 바뀌기 쉽지 않은 '소프트 스킬Soft Skill'을 평가한다.
두산그룹은 바이오데이터 서베이Biodata Survey 기법을 통해 서류면접
에 통과한 지원자를 대상으로 그동안 살아오면서 어떤 경험을 했는지
검사해 일하는 데 적합한 인성을 갖추고 있는지 측정하기도 한다. 직
업능력개발원이 2015년 신입사원의 소명의식과 직장 적응 수준을 조
사한 결과, 소명의식이 높을수록 직무 만족도가 높고, 이직 의도는 낮
았다. 앞으로 인성검사 수준을 넘어, 소명의식, 주인의식 등 직업의식
을 통해 조직 적응력이 높은 인재를 가려내는 것이 조기 퇴사를 예방
하는 중요 수단이라 할 수 있다.

방안 2 ● 리더들이 조직 사회화 적응을 도와라
일본 기업 역시 퇴사로 인해 골머리를 앓고 있다. 소니생명보험의

'일본 직장인 1, 2년 차 의식조사'에 따르면, 선배나 상사의 말 한 마디에 신입사원의 동기부여가 심하게 요동친다고 한다. 특히 일하기 싫게 만드는 말로 "이런 식으로 일하는 것은 아니잖아"(37%), "너는 자유로운 신세대구나"(34%), "일할 생각이 있는 거야?"(32%), "내가 어렸을 때는 OO이었는데"(25%)를 꼽았다. 일하고 싶게 만드는 선배의 말로는 "다음부터는 이렇게 해볼까?"(37%), "곤란한 일이 있으면 언제든 상담해줄게"(28%), "열심히 해냈구나"(27%), "책임은 내가 질게"(22%) 순이었다.

고용정보원이 신입사원의 적응과정에 관해 연구한 결과, 조직 사회화 전략이 잘 세워져 있을수록 조직 적응력이 높아진다고 한다. 업무에 대한 자신감이 높은 신입사원이 회사에 대한 일체감과 몰입도가 높았다. 좋은 멘토가 있어도 업무 자신감과 적응력이 높아진다고 한다.

재미와 배려의 문화로 유명한 사우스웨스트항공사의 이직률은 4.6%로 낮지만, 이직자 대부분이 신입사원이다. 그러나 사우스웨스트항공사는 신입사원 교육보다는 임원과 중간 리더의 리더십이 이직 요인이라 간파하고, 리더십 개선에 착수했다. 임원들이 직원들의 목표 수립과 코칭을 제대로 하도록 사내대학에서 집중교육을 했다. 대부분 기업이 평가를 위해 1년에 한 번 정도 성과 피드백을 하는 데 그치지만, 이 회사는 '목표는 무엇인가?', '향후 2년, 3년, 5년의 계획은 무엇인가?' 등을 임원이 나서서 직원들을 구체적으로 자주 지도한다. 사우스웨스트항공은 이렇게 코칭을 통해 리더를 육성함으로써 직원들의 무분별한 퇴사를 최소화했다.

방안 3 ● 시의적절한 교육훈련을 효율적으로 지원해라

대졸 초기 경력자의 조직 적응 요인에 대한 연구 결과를 살펴보면, 조직 소속감과 명확한 역할을 부여할수록 직무 만족도와 조직 몰입도가 높아진다고 한다. 소명의식에 관한 직업능력개발원의 연구에서도 교육훈련을 시행·지원하는 기업의 신입사원이 소명의식과 직무 만족도가 높고, 이직 의도는 낮아진다고 한다. 소명의식이 높은 신입사원 비율이 교육훈련을 시행·지원하는 기업에서는 18.7%로 나타났으나, 교육훈련 미시행·미지원 기업에서는 13.6%로 5.1% 낮게 나타난 것이다.

그러나 우리 기업은 신입사원 교육에 대한 투자를 점점 줄이고 있다. 2008년 글로벌 금융위기 이후, 신입사원 교육훈련 기간도 1.2개월 정도 감소했고, 교육비도 삭감했다. 교육훈련의 효과는 직무능력 향상

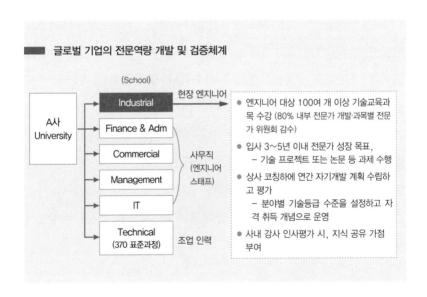

글로벌 기업의 전문역량 개발 및 검증체계

(34%), 조직 적응력 개선(25%)으로 도움이 된다는 반응이다. 그러나 신입사원이 업무능력을 발휘하기 이전에 퇴사한다는 응답이 80%에 달한다. 교육 효과가 발생하기도 전에 퇴사하는 현상을 개선해야만 교육훈련 비용을 회수할 수 있다.

인턴제도 등 수습사원 제도를 활용하는 기업이 70%에 달해 광범위하게 교육훈련 및 조직 적응의 수단으로 활용하고 있음을 알 수 있다. 반면 수습사원 제도 활용의 이유가 주로 '능력과 자격 검증'(50%), '직무교육 필요'(13%)로 대체로 업무 관련 사항에 치우쳐 있다는 점은 다소 아쉽다.

신입사원 교육훈련을 위해 멘토링, OJT, 혁신 과제 수행 등 다양한 방법론을 동원할 수 있는데, 대부분 글로벌 기업은 현장에서 적용되고 있는 직무별로 사내 전문가들이 교재를 개발해 교육을 수행하고, 일정 등급을 부여하는 자격제도를 운영하기도 한다.

우리 기업의 경영자와 인사담당자들도 신입사원이 정착할 수 있는 근무 여건과 리더십을 단련할 수 있는 프로그램을 개발해나가야 할 것이다.

경력사원 핵심인재
채용 및 유지전략

잡코리아에서 2017년 상반기 채용 공고를 분석한 결과에 따르면, 2016년 상반기보다 신입채용은 1.6% 늘고, 경력채용은 8.2%나 줄었다. 과거 삼성이 스타급 외부 인재를 채용하던 데 이어 경력직을 채용하느라 열을 쏟았던 것과는 대조적이다. 반면 최근 경력채용을 경험한 대기업의 경우, 내부 인재를 육성하기 위한 인사체계를 더욱 강화하려는 움직임을 보인다.

상황이 이렇다 보니, 경력사원이 신입사원 모집에 지원하는 경우를 경험한 기업들도 10곳 중 8곳에 이른다. 경력직으로 들어갈 수 없다면 신입사원으로라도 들어가려는 사람들의 의지가 반영된 것이다. 물론 2년 차 미만이 75%에 달해 신입이나 다름없는 경력직이긴 하나, 일반 기업 채용과정에서 신입과 경력의 경계가 가면 갈수록 모호해지고 있다.

고용정보원의 조사 결과만 보더라도 그렇다. 경력직 구인 비중이 2011년 52.5%에서 2016년 78.6%로 증가했지만 '1년 이상~2년 미만의 경력직' 선호 현상이 뚜렷하다. 기업이 소위 중고 신입을 선호하는 이유는 '생산성 제고', '기존 사업의 경쟁력 강화', '신규사업 개발 및 진출', '교육훈련 및 인건비 절감' 등이다. 기업 스스로 인력관리의 효율성을 높이고자 경력직을 별도로 모집하기보다는 신입과 병행해 채용하는 경우가 대다수(76%)다. 경력 구인 현상의 변화는 채용 전형에도 반영되어 정기공채와 수시채용의 비중이 다수를 차지하고, 특별채용이나 스타급 경력채용에 헤드헌팅을 활용하는 경우는 10%도 넘지 못한다.

높은 채용의 벽을 넘기 위해 신입채용이나 수시채용을 통해 입사한 경력사원으로서는 성장 욕구를 회사에서 어떻게 충족시켜주느냐가 직무 매력도와 직결된다. PWC컨설팅이 서구 기업의 신세대 신입사원에게 직무 매력도를 높여주는 요인에 관해 물어본 결과 '향후 경력개발 기회(52%)'와 '우수한 교육훈련 프로그램(35%)'이 가장 중요하다고 응답했다.

경력채용이 활성화되고 경력직 입사자의 경력관리가 주요 인사 과제로 떠오른 만큼, 실제 사례로 포스코그룹은 어떤 프로그램을 통해 경력직 입사자를 교육시키고, 전문가로 성장시키고 있는지 살펴보고자 한다.

경력사원의 적응력을 높이고,
사업과 직무에 대한 이해도 제고

포스코그룹에 입사한 경력사원은 9박 10일의 입문 교육과정에 참가하게 된다. 주요 내용은 포스코그룹의 이해, 변화관리와 적응을 위한 역량 배양, 제철소 견학과 선비문화수련 등이다. 포스코 직원으로서의 소양과 기본기를 다질 수 있는 프로그램들이다.

인재창조원에서 진행하는 오프라인 교육과 함께 포스코그룹의 윤리경영을 이해할 수 있도록 사전에 e캠퍼스에 접속해 '글로벌 포스코 윤리경영'을 수강하고 수료해야 한다. 포스코그룹 창업사를 다룬 책도 미리 나눠준다. 일종의 독서 교육으로 사전 이해도를 높여 포스코 정신을 체화하기 위함이다.

경력사원의 조직 적응은 개인의 역량만으로는 한계가 있기 때문에 '경력사원의 조직 적응 사례'를 제출하는 과제도 수행한다. 현 조직에서 겪고 있는 애로사항과 향후 예상되는 어려움뿐만 아니라 동료들에게 받고 싶은 도움 등에 관한 내용을 작성해보면서 적응과정의 장애 요인을 명확히 인식하고, 개선책을 탐색한다.

10일간의 본 교육과정은 크게 네 개 모듈로 구성되어 있으며, 조직 내 정착과 그룹 경영에 대한 이해를 바탕으로 창업과정과 향후 비전 및 사업에 대해 이해할 수 있는 체험식 교육으로 구성되어 있다.

우선 Compliance 모듈에서는 조직정착 전략 워크숍을 통해 조직 내부에서 어떤 방식으로 관계를 맺고, 업무를 수행해야 할지 개인별 전략을 수립할 수 있도록 생각하는 시간을 부여한다. 역지사지를 통해 관계

포스코그룹 경력사원 입문 교육과정(요약)

M1. Compliance	M2. Clarification	M3. Culture	M4. Connection

● 센터장과의 대화
● 역지사지 포럼연극
● 선비문화수련(1박 2일)
● 조직 정착 전략 워크숍
	● 그룹 시너지 경영
	● 선배와의 대화
	● 포스코 경영전략 시
	  뮬레이션(8시간)
		● 창업정신과 역사
		● 핵심가치
		● 비전 및 경영이념
		● 제철공정의 이해
		● 제철소 견학
		● 방사가속기 견학
		● 퀴즈 '나는 포스코人
		  이다'
			● 감사 나눔
			● 업무 몰입과 자기조절
			● 산림 치유 체험
			● 비즈니스 매너

자료: 포스코인재창조원

에 대한 고민뿐만 아니라, 기업 내 리더로서 어떤 역할을 해야 할지 전통적 리더의 롤모델로 선비의 사상과 역할에 대해 학습하게 된다.

Clarification 모듈은 그룹의 면모를 갖춰나가고 있는 포스코그룹의 현황을 이해하고, 포스코식 경영전략 시뮬레이션 프로그램을 통해 사업의 기본기와 업무 수행 과정에서 사업가로서 문제해결과 의사결정에 직면했을 때 무엇을 해야 할지 이해할 수 있도록 도와준다.

Culture 모듈에서는 포스코 그룹의 과거 창업정신과 역사를 배우면서, 포스코인으로서 갖춰야 할 핵심가치에 대해 배우고, 사업적 기반인 제철사업의 발전과정을 견학하면서 포스코 문화의 뿌리를 체험할 수 있도록 구성되어 있다.

마지막으로 Connection 모듈에서는 포스코 그룹의 조직 내 관계를 형성하는 감사 나눔 활동에 대해 체험하고 업무 몰입과 비즈니스 매너를 통해 동료나 상사와 적절한 관계를 형성하고 직업인으로서 태도를 정착시킬 수 있도록 배려하고 있다.

포스코 경력사원 입문교육은 신입사원 교육의 틀 안에서 진행하지만, 기존 타사 경력에서 포스코 경력으로 자연스럽게 이행할 수 있도록 조직 내 사회화 과정을 스스로 탐색하는 과정과 프로그램으로 구성되어 있다는 점이 특징이라고 할 수 있다.

전문가와 리더의 이중경력경로를 통한 경력 개발

포스코는 전 구성원이 리더로서 성장할 뿐만 아니라, 전문가로 성장할 수 있도록 이중경력경로Dual Career Track가 마련되어 있다. 일반적인 이중경력경로와 포스코의 경력 개발 제도의 차별화된 부분을 이해하려면 PWSProject-based Working System; 프로젝트를 기반에 둔 일하는 방식를 이해해야 한다.

일반적으로 기업의 리더는 부서를 맡아 재무적 성과지표를 달성하는 책임을 지고 조직을 관리해 성과를 창출한다. 예컨대 마케팅 부서장은 영업사원을 독려해 영업매출과 수익을 달성함으로써 역할과 책임을 수행하는 것이다. 반면 '프로젝트 일하는 방식'은 수익성 향상과 정성적 개선 목표를 달성하기 위한 프로젝트 과제를 발굴해 이를 수행하고, 그 결과 탁월한 성과를 창출할 수 있도록 프로젝트 수행에만 전임하는 방식을 취한다. 프로젝트 수행 결과 기대 이상의 재무적 성과를 거두면 초과이익을 산정해, 성과보너스인 '특별보상'을 받을 수 있도록 연계한다. 기존의 전문가들이 연구개발이나 혁신업무를 수행

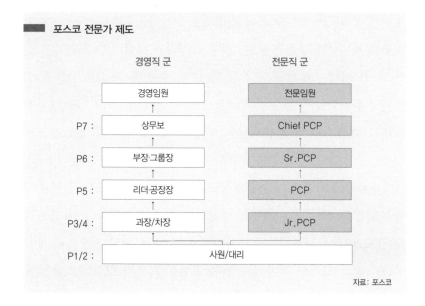

■■ 포스코 전문가 제도

	경영직 군	전문직 군
	경영임원	전문임원
P7 :	상무보	Chief PCP
P6 :	부장·그룹장	Sr.PCP
P5 :	리더·공장장	PCP
P3/4 :	과장/차장	Jr.PCP
P1/2 :	사원/대리	

자료: 포스코

하는 일에 몰입하는 데에 그치지만 포스코의 전문가 제도는 재무적 성과를 창출해 동기를 부여받을 수 있도록 설계되어 있다.

프로젝트 일하는 방식의 도입을 통해 포스코의 신입 및 경력사원들은 경영을 담당해 재무성과를 창출하는 '경영 리더' 경력과 프로젝트 수행을 통해 성과를 창출하는 '포스코 전문가 제도PCP; POSCO Certified Professional' 경력으로 승진하는 비전을 목표로 경력을 개발할 수 있다.

포스코의 PCP는 각 직급에서 미래 경쟁력의 근간이 되는 핵심 기술과 사무 분야의 전문가를 체계적으로 육성하고자 만들어졌다. PCP는 리더 경력에 상응하는 수준의 대내외 처우를 받는다. 해당 분야 PJT(특별보상을 목표로 하는 사내 혁신 프로젝트)를 주도적으로 수행할 수 있는 사내 최고 수준의 전문역량을 보유한 구성원 중에 전문성을 보유한 직원들의 심사를 통해 선발하고 전문가군으로 육성해 나간다. PCP는 재무성과 창출을 위한 PJT를 수행하는 것이 기본 역할이며 연간 한 건 이상 수행해야 한다. 주니어 PCP는 향후 PCP로 성장할 수 있는 전문역량을 갖춘 인재 후보들이며, 시니어 PCP와 Chief PCP는 국내외 최고 수준의 전문역량을 보유한 부서장급 전문가로 인정받는다.

경력사원이 기업에 입사해 정착하지 못하는 이유는 조직 내 적응이 어려울 뿐만 아니라, 내부에서 성장하는 데에 어려움을 겪기 때문일 것이다. 2017년 잡코리아의 조사에서도 '퇴사 후 이전 직장으로 재입사하는 것을 고려한 적이 있다'라는 물음에 72%가 그렇다고 응답했다. 친숙한 조직문화와 근무환경, 빠른 업무 적응력을 고려하면, 이 조사 결과는 그리 놀랄 일은 아니다. 경력사원이 정착할 수 있도록 조직 적응력을 높여주기 위한 교육훈련 프로그램뿐만 아니라, 내부에서 성장할 수 있는 길을 보여주는 것은 매우 중요한 인사관리 제도다.

포스코는 경력사원에게 부서장으로 성공하지 못하더라도 그간 쌓은 경력과 노하우를 활용해 전문가로 성장할 수 있는 길을 열어주어 조직 내부에 정착할 수 있도록 도와주어야 한다는 점에 주목하고 있다.

지금까지 경력사원 관리의 핵심 이슈인 조직 내부 정착을 위한 교육훈련 프로그램과 조직 내 성장을 위한 경력 경로에 대한 포스코의 인사관리 방식을 사례로써 설명해보았다.

경력사원 채용과 정착을 위한 관리제도는 대기업뿐만 아니라, 경력사원 채용 비중이 높은 중견 및 중소기업에서도 고민해야 할 과제다. 향후 경력사원에 대한 인사 지원은 일차적인 입문교육 프로그램 수준에 그치지 않고, 내부에서 성장할 수 있는 다양한 경력 개발 비전을 제시할 수 있을 때 향상될 것이다. 모쪼록 포스코의 경력사원 관련 교육 프로그램과 경력 개발 제도가 우리 기업의 인사관리를 개선하는 데 도움이 되길 기대해본다.

기업은 혁신 리더를
어떻게 육성하는가?

리더십 평가 전문기관 DDI의 2016년 조사에 따르면 X세대 리더보다 밀레니얼 리더들의 고객만족역량과 조직 적응력이 다소 높다. 그러나 미래 혁신을 주도하기 위해 작업 표준을 준수하고, 주요한 업무 및 조직 이슈에 대해 의사결정하며, 중장기적인 전략기획을 세우고 조직 간 조정하는 역량은 미흡해 개선이 시급하다는 진단을 내린다. 특히 부하를 육성하고 직원의 역량을 개발하는 코칭 역량이 뒤처져 동료와 부하직원을 끌고 가기에 역부족이라는 평가다.

상황이 이렇다 보니, 글로벌컨설팅사 PWC가 2017년 진행한 미국 기업 경영자 설문조사에서 조직 내 중책을 감당할 수 있는 리더가 22%에 불과하며, 리더로 세울 만한 고성과 인재가 24%로 4분의 1에도 미치지 못해 조직 운영에 차질을 빚을 수 있다고 한다. 당장 33%의

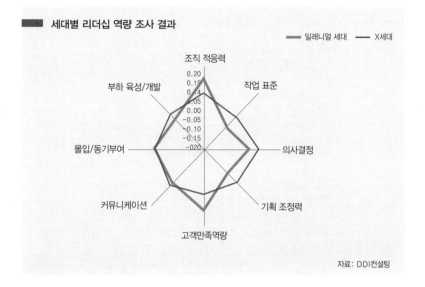

■■■ 세대별 리더십 역량 조사 결과

━ 밀레니얼 세대 ━ X세대

조직 적응력

부하 육성/개발   작업 표준

0.20
0.15
0.10
0.05
0.00
−0.05
−0.10
−0.15
−0.20

몰입/동기부여   의사결정

커뮤니케이션   기획 조정력

고객만족역량

자료: DDI컨설팅

기업은 일선 간부 역할을 담당할 시니어가 부족하며, 5년 이내에 50% 의 기업들도 리더 부족난에 시달릴 것을 걱정하고 있다.

저성장기에 기업은 정보통신기술과 기존 사업을 융합해 혁신적인 대안의 제품과 서비스를 창출해야 고객의 눈길을 끌고 새로운 성장사 업을 창출할 수 있다. 이제 4차 산업혁명과 같은 혁신을 도모해야 하 는 기업의 리더는 여러 분야의 문제를 통합적으로 해결하는 융합적 문제 해결력과 기획력을 갖춰야 한다. 기업 혁신의 중책을 맡게 될 차 세대 리더를 제대로 육성하려면 밀레니얼 세대와 신세대 직원의 마인 드를 고려해 새로운 리더십 파이프라인을 구축해야 한다.

방안 1 ● 핵심인재 프로그램의 체계적인 준비와 실행
선진기업들은 경쟁력 있는 인재를 조기에 파악해 육성하기 위한 소위

■■■■ 밀레니얼 리더십 파이프라인 체계의 특징

	과거에는	앞으로는	리더십 프로그램
리더십 인력구조	• 베이비붐 세대 리더 • X세대 리더	• 밀레니얼 리더	• 리더 세대교체
리더십 중점	• 임원과 고성과 리더 육성에 초점	• 전 계층 리더십 개발 • 밀레니얼 리더 육성 중시	• 핵심인재 프로그램
리더십 개발	• 개별 리더 육성을 위한 전통적 교육 프로그램	• 기능부서별 잡로테이션 등 경험을 통한 육성	• 리더후보 육성회의
리더십 평가 분석	• 교육 프로그램 이수 성적	• 리더십 스킬과 역량 분석 및 예측	• 다면적 역량평가 도구 • 인사 빅데이터 분석

'핵심인재Top Talent' 프로그램을 제도적으로 준비해 실행하고 있다. 물론 우리 기업들도 1990년대부터 핵심인재 육성체계라는 이름으로 계층별로 우수 인재를 가려내어 해외 MBA에 보내거나, 지역전문가로 육성하는 제도를 운용하기도 했다. 그러나 조직 내에 인재를 별도로 구분하는 데 익숙지 않고, 오히려 내부에서 견제를 받거나 이끌어주던 임원이 바뀌면 우수 인재 후보자도 인위적으로 변경하다 보니, 유명무실해지곤 하는 문제가 발생했다.

반면 글로벌 기업은 인재 풀Pool을 구성하고 조직 대내외적으로 인정받을 수 있도록 분위기를 조성함으로써 핵심인재를 육성해내는 중요한 제도로 자리 잡게 했다. 예를 들어, 애플의 경우 스티브 잡스가 'The Top 100'을 선정해 인재를 주요 전략회의에 참여하도록 공식화했다. 이로써 애플은 주기적으로 성과 수준과 역량을 평가해 지속해서

글로벌 기업의 리더십 평가기법 비교

구분	자기평가 (Self-assessment)	360도 다면평가 (360 Multi-rater)	구조화된 인터뷰 (Structured Interview)	평가센터 (Assessment Center)
주요 특징	● 잠재력, 특성(traits) 등 가장 효율적인 진단법 ● 과학적 검사 도구 및 표준 준거 (Standard Norm) 비교를 통한 타당도 제고 ● 미래 리더십 성공에 대한 예측력 확보	● 개인의 과거 성과, 역량, 비윤리성(derailer)에 대한 평판과 인식을 평가 ● 주변 관찰자들의 평가 결과로 주의를 환기하고, 육성/개발 니즈 제시 ● 사후 설문조사 실시해 비교/모니터링 필요	● 외부 전문가 그룹에 의한 인터뷰 실시 ● 특정 업무 관련 경험을 토대로 차기 포지션에 대한 적합도 판단 ● 다수 평가자의 인터뷰를 통해 편견 제거 및 예측력 제고 필요	● 미래 역할을 담은 업무/역할 시뮬레이션 과제 수행을 제시해 대응 방안 도출 ● 외부 전문가 평가위원이 대처 행동을 관찰해 차기 포지션에 대한 적합도 파악 ● 시뮬레이션 과제의 품질에 따라 예측력 좌우
장점	● 비용 효율성이 가장 좋음		● 외부전문가 객관성 확보 ● 예측력이 높음 ● 시뮬레이션 방식보다 낮은 비용 예상	● 외부평가위원 객관성 확보 ● 예측력이 가장 높음
단점	● 인터뷰나 시뮬레이션보다 낮은 예측력 ● 차기 포지션에 대한 준비도를 높이는 데 주로 활용		● 자기평가/다면평가보다 높은 비용	● 개발 기간 장기간 소요 ● 높은 비용 필요

자료: 콘페리헤이그룹

성장할 수 있는 체계를 구축했다.

　글로벌 기업들은 핵심인재 리더십 제도를 안정화하는 데 있어 무엇보다 인재의 선발과 육성과정에 외부 공인 인증기관의 평가를 통해 특정 임원의 인맥에 좌우되지 않도록 하는 데 공을 들였다. 존슨앤드존슨Johnson & Johnson은 핵심인재에 대해 외부 인사전문기관을 통해 연 1회 또는 2년에 한 번 주기적으로 리더십 잠재력 평가, 리더십 자기평가, 학습능력 평가, 시뮬레이션 면접, 비즈니스 발표 등 다면적 역량평가를 제도화했다. 결과적으로 핵심인재 대상의 진단, 육성, 분석 및 인사결정체계가 투명해지고 공정해짐에 따라 핵심인재의 선발과 관련된 특혜 논란이 최소화되는 효과를 거뒀다.

방안 2 ● '리더후보 육성회의' 제도화

글로벌 HR조사기관 ECB의 2016년 조사에 따르면, '차기 리더 중 핵심업무를 맡게 되는 비율'이 10%에도 미치지 못하고, '개인의 특성과 성향을 고려하지 않고 직무를 부여하는' 비율이 63%에 달한다고 한다. 그러다 보니 리더로서 역할을 제대로 해내지 못하고 실패하는 경우가 자주 발생한다는 것이다. 우리 기업에서도 한 분야에서 실적을 냈다고 해서 중책을 맡겼더니, 제대로 업무 성과를 달성하지 못하는 경우가 빈번해 결국 좋은 인재가 제대로 정착하지 못하게 된다.

선진기업들은 리더 육성의 실패를 최소화하기 위해 '리더후보 육성회의'를 속속 도입하고 있다. 글로벌 제약회사 노바티스Norvatis는 일선 관리자 리더십 진단 프로그램을 20년째 운영하는데, 리더십 잠재력 평가를 통해 다방면의 인적 역량을 확인한 후 가장 적합한 업무와 직책을 부여하기 위해 노력한다. 리더후보 육성회의를 실시해 임원과 산하 부서장이 해당 리더의 역량평가 결과를 근거로 어떤 업무와 어떤 부서를 맡기는 것이 좋을지 전환 배치 방안을 의논한다. GE의 성과평가 세션처럼 임원과 부서장이 리더 한 명 한 명에 대해 업무실적 평가를 하듯, 개인별로 다음 연도에는 어떤 업무와 팀을 맡길지 의논한다. 필요에 따라 해당 리더가 업무와 팀을 맡기 전에 갖춰야 할 기술과 역량을 충분히 습득하도록 교육 프로그램을 추천하기도 한다. 노바티스는 연간 2만 5,000회 정도의 리더후보 육성회의를 개최했고, 이를 위해 부서장 3,000명에게 멘토링 기법을 연수하는 등 공을 들인다.

방안 3 ● 리더를 육성하기 위한 정보분석 시스템 구축

경영자가 제대로 리더를 육성하려면 CEO와 각 부문의 임원들이 리더 후보에 관한 정보를 정확히 알고 있어야 한다. 부서의 리더라는 중책을 맡길 만한지에 대해 인사상 의사결정을 하려면 핵심인재를 가려낼 수 있을 만큼, 과거 업무상 경력, 업무역량을 평가한 결과, 육성계획과 함께 부서장이 자신의 승계 후보로 관리하고 있는지, 고성과 인재로 볼 만한 업적을 달성했는지 등 주요한 정보를 체계적으로 파악할 수 있어야 한다.

기업의 핵심인재로서 리더십 파이프라인을 구성하게 될 사람을 제대로 선발하려면, 인사담당자는 수첩과 직관에 의존하기보다 다면적인 인사정보를 통합해 한눈에 개인별 경험과 정량·정성적 평가 결과를 검토해볼 수 있는 인사 시스템을 구축해야 한다.

인사 정보 시스템 선도업체인 오라클의 조사 결과를 보면, 경영진이 활용하고 싶은 정보 수준보다 데이터 분석력이 크게 떨어진다는 인식이다. 예컨대 핵심인재와 주요 직책자의 이직 가능성에 관해 필요한 정보 수준은 77%인데, 인사 데이터가 제공하는 수준은 23%에 불과하다 보니 경영진은 인사 데이터에 불만족할 수밖에 없다.

이외에도 핵심인재 육성 프로그램 정보, 역량, 육성 계획과 목표 등에 대한 인재 프로파일 정보도 데이터 분석 수준이 크게 미흡하다는 인식이다. 경영진이 인재 정보를 체계적으로 분석해 유능한 리더십을 발굴하고 배치할 수 있는 인사 분석 역량을 구축해야 할 이유가 바로

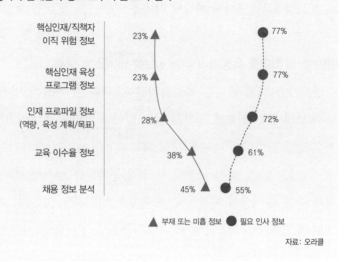

경영자의 인재관리 정보 요구 수준 조사 결과

항목	부재 또는 미흡 정보	필요 인사 정보
핵심인재/직책자 이직 위험 정보	23%	77%
핵심인재 육성 프로그램 정보	23%	77%
인재 프로파일 정보 (역량, 육성 계획/목표)	28%	72%
교육 이수율 정보	38%	61%
채용 정보 분석	45%	55%

▲ 부재 또는 미흡 정보 ● 필요 인사 정보

자료: 오라클

여기에 있다.

중국 후한 말기 삼국의 혼란을 평정한 조조는 인재를 잘 등용하기로 유명하다. 조조는 신분과 지위, 용모를 따지지 않고 능력이 있으면 인재로 삼았다고 한다. 조조의 인사철학은 "치평治平은 덕행德行을 존경하고, 유사有事는 공능功能을 칭찬한다"라는 그의 말로 대변된다. 태평성대에는 덕이 있는 사람이 필요하지만, 난세에는 위기를 돌파할 수 있는 능력과 책임이 있는 지도자를 중용해야 한다는 의미다. 2017년 세계경제포럼에서는 4차 산업혁명 시기에 디지털 기업으로 변신을 주도할 수 있는 '소통과 책임의 리더십Responsive & Reponsible Leadership'에 대해 논의했다. 경제 성장이 더디고, 글로벌 기업 간의 경쟁이 치열해지는 이 시기에 우리 기업들이 책임 있는 리더십 파이프라인을 체계적으로 구축해 경쟁력을 강화할 필요가 있다.

제4장

AI - 로봇 - 스마트워크

-

사람과 AI, 로봇이 함께 일하는 방식의 혁신

AI가 직원과 관리자를
대체할 수 있을까?

18세기 2차 산업혁명은 수력을 활용하던 면방직 공장들이 증기기관을 활용하여 공장 입지의 자유도가 높아짐에 따라 확산되었다. 수량이 많은 강가에 위치했던 공장들은 숙련된 근로자들이 모여 사는 도시에 집중되었다. 대규모 공장들이 밀집한 공업단지들이 등장하면서 노동생산성은 급격히 높아졌고, 대량생산이 가능해졌다. 제임스 와트의 증기기관을 산업혁명의 상징처럼 숭배하는 이유이다. 20세기 마차를 대체한 포드의 자동차 대량생산, 에디슨의 전구, 벨의 전화기, IBM의 컴퓨터, 스티브 잡스의 스마트폰 등 노동생산성을 획기적으로 혁신하는 계기들이 이어져왔다. 이제 AI가 그 바톤을 이어받을 차례가 되었다.

증기기관이 공장에 도입되었다고 해서 모든 생산이 자동화되기 어려웠고, 여전히 생산 공정에 따라 복잡한 근로자의 물리적 작업이 필요했다. 산업이 고도화될수록 대량생산이 실현되었지만, 되려 숙련 근로자는 항상 부족했다. AI도 만능이 아닐 것이 분명하다. 소프트웨어 코딩의 상당 부분이 자동화되겠지만, 여전히 프로그램의 개념설계와 주요 알고리즘은 전문가의 손길이 필요하다. 마차를 대체한 자동차도 여전히 운전사의 주도적인 조정기술이 필요하듯이, AI도 다수의 정례적인 보조적 코딩 활동을 자동화할 것이기 때문에 주도적인 전문가의 보조적 업무를 대체하게 될 것이다.

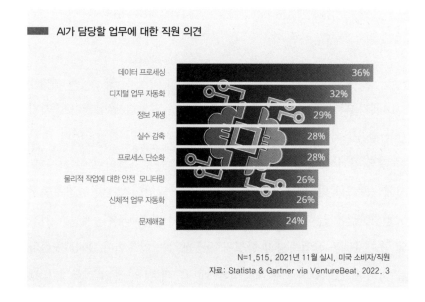

AI가 담당할 업무에 대한 직원 의견

업무	비율
데이터 프로세싱	36%
디지털 업무 자동화	32%
정보 재생	29%
실수 감축	28%
프로세스 단순화	28%
물리적 작업에 대한 안전 모니터링	26%
신체적 업무 자동화	26%
문제해결	24%

N=1,515, 2021년 11월 실시, 미국 소비자/직원
자료: Statista & Gartner via VentureBeat, 2022. 3

글로벌 IT조사기관 가트너가 미국의 근로자를 대상으로 AI가 어떤 업무를 담당하게 될 것인지 물어보았다. 데이터 처리와 코딩 등 디지털 업무의 자동화가 대체될 업무 상위권에 랭크되었고, 안전관리,

물리적인 공정작업 등은 여전히 사람의 역할이 많을 것으로 봤다. 문제해결은 하위권이다. 과연, AI는 직장에서 직원을 대체할 수 있을까에 대한 분위기는 아직 절반의 미완성이 아닌가 싶다. AI전문기관 Beautiful.ai의 조사에 따르면 직원을 대체할 수 있을 것으로 보는 관리자는 40% 수준에 그친다. 아직 대체하기 어렵거나 "글쎄"라고 고개를 갸우뚱하는 관리자가 여전히 우세하다.

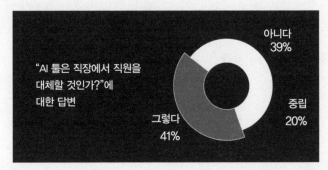

AI가 담당할 업무에 대한 직원 의견

"AI 툴은 직장에서 직원을 대체할 것인가?"에 대한 답변

아니다 39%
중립 20%
그렇다 41%

자료: Techspot & Beautiful ai, 2024.3

여러 기관들이 분석한 보고서를 살펴보면 생성형 AI가 미국의 일자리를 대체할 가능성은 현재진행형이다. 한 보고서는 2030년까지 미국 일자리 200만 개 이상이 생성형 AI로 대체될 것으로 봤다. 상황이 이렇다 보니 근로자 입장에서는 걱정이 이만저만 아니다. 관리자의 48% 정도는 AI가 성능이 개선되면 다수의 직원을 대체하게 되어 기업의 이익이 증가할 것으로 예측했다. 45%의 관리자는 AI 도구를 도입하

여 직원의 급여를 낮추는 기회로 활용할 수 있다는 의견을 제시했다. 결국 60% 이상의 관리자들은 AI 도입으로 직원들이 실직할 수 있고, 직장에서 몸값이 떨어질 것이라며 걱정하는 마음을 토로했다.

관리자들도 걱정이 많다. 직원들의 조사 결과를 보면 64%의 직원들은 생성형 AI를 활용한 관리시스템이 경험이 풍부한 인간 관리자와 비슷하거나 더 나은 결정을 내려준다는 의견을 보인 것이다.

생성형 AI가 수행하는 업무와 관리시스템에 대한 믿음이 확고하지는 않지만, 앞으로 직원과 관리자를 대체해나갈 것이라는 암울한 분위기가 퍼져나가고 있다. 당장은 보조적인 역할을 하겠지만 누가 알겠는가? 소리 소문 없이 시스템이 우리 일자리를 바꿔나갈 것이라는 변화의 방향성은 점점 더 정해진 미래가 되고 있다.

로봇화의 숙제,
돕는 로봇과 대체하는 로봇

인구 문제로 발생하는 인력 이슈의 대안으로 로봇이 급부상하고 있다. 글로벌 로봇시장은 2023년에만 460억 달러에서 매년 15% 이상 성장하여 10년 후에는 1,700억 달러에 이를 전망이다. 로봇은 산업현장에서 인력 부족 문제의 해결사를 자처하고 있다. 작업의 자동화를 통해 생산성도 높일 수 있고, 산업안전 측면에서도 고위험 고부하 작업을 지원한다. 무엇보다 비용절감에 목마른 기업 입장에서는 선택지 1번이 될 수 있다.

로봇화는 인력이 적은 국가가 적극적일 것이라는 상식을 깨뜨리고, 중국의 산업로봇 도입 속도는 말 그대로 상전벽해이다. 로봇 근로자 밀도는 근로자 1천 명당 산업로봇의 수로 표현되는데, 산업의 로봇화 수준을 대표한다. 중국의 로봇 근로자 밀도는 2017년 97에서 2022년

392로 5년 만에 4배 가까이 껑충 뛰었다. 로봇 강국인 일본을 따라잡고 독일을 추월했을 것으로 추정된다. 절대적인 산업용 로봇 설치 규모(2022년)도 중국이 29만 대 수준인 데 반해, 일본(5만), 미국(4만), 한국(3만) 수준으로 절대 강자이다. 물론 로봇화 밀도는 한국이 단연 압도적으로 세계 1위이다. 로봇 근로자 밀도는 1천 수준을 뛰어넘고 있으며 산업 자동화에 있어 양적 수준은 타의 추종을 불허한다.

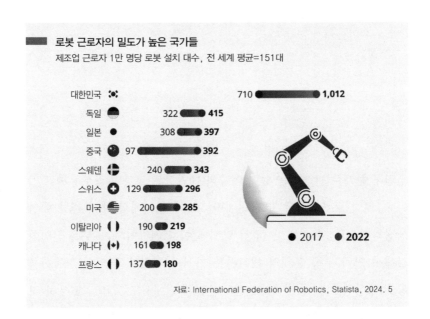

로봇 근로자의 밀도가 높은 국가들
제조업 근로자 1만 명당 로봇 설치 대수, 전 세계 평균=151대

국가	2017	2022
대한민국	710	1,012
독일	322	415
일본	308	397
중국	97	392
스웨덴	240	343
스위스	129	296
미국	200	285
이탈리아	190	219
캐나다	161	198
프랑스	137	180

자료: International Federation of Robotics, Statista, 2024. 5

로봇이 설치된 산업군을 살펴보면 어떤 직무를 대체하고 있는지 이해할 수 있다. 국제로봇협회IFR의 조사에 따르면 부문별 산업용 로봇 설치 대수는 전자/전기 분야가 약 14만 대로 1위이며, 간발의 차이로 자동차 산업(13만7천 대)이 2위를 차지했다. 금속/기계(6만4천 대), 플라스틱/화학(2만5천 대), 식품(1만2천 대) 순위를 기록했다. 제조업 중

조립 분야가 산업용 로봇의 설치와 운영이 용이하며, 비용 효율성도 높은 것으로 볼 수 있다.

최근 서비스용 로봇의 증가세가 산업용을 압도한다. 로봇 시장 규모는 2021년부터 서비스용 로봇이 산업용 로봇을 추월했다. 산업용 로봇 시장이 137억 달러 수준인데, 서비스용 로봇이 195억 달러로 더 높은 비중을 차지했다. 장기적으로 봐도 2026년 산업용 로봇 시장이 166억 달러 수준인데 서비스용 로봇 시장은 475억 달러로 두 배 수준의 규모로 성장을 전망한다.

산업용 로봇뿐만 아니라 서비스용 로봇의 보급이 확산됨에 따라 일자리를 대체하는 규모도 상당할 것으로 예측할 수 있다. 맥킨지의 조사에 따르면, 식당에서 음식을 접대하는 젊은 직원 80만 명 수준이 자동화로 대체될 수 있으며, 유통영업직은 56만 명, 계산원 54만 명 수준이 자동화의 물결에 휩쓸릴 것이라 한다. 사무지원 부문의 시니어 직원(47만 명), 재무/회계/감사 등 지원업무의 대체 수준도 44만 명 수

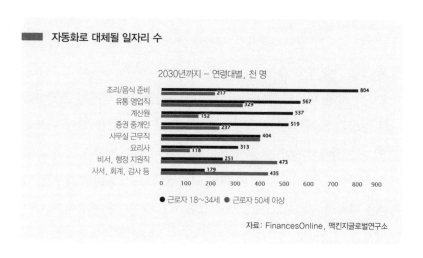

자동화로 대체될 일자리 수

2030년까지 - 연령대별, 천 명

조리/음식 준비 804 / 217
유통 영업직 567 / 329
계산원 537 / 152
증권 중개인 519 / 237
사무실 근무직 404
요리사 313 / 118
비서, 행정 지원직 473 / 251
사서, 회계, 감사 등 435 / 179

● 근로자 18~34세 ● 근로자 50세 이상

자료: FinancesOnline, 맥킨지글로벌연구소

준으로 예외는 아니다. 문제는 젊은 스탭이 필요한 일자리의 감소가 뚜렷하다는 점이다. 식당, 유통매장, 계산원으로 일하는 젊은 일자리들이 위험하다는 점이 주목된다.

글로벌 컨설팅사 맥킨지는 세계에서 자동화로 대체되는 일자리 수가 2030년에 8천5백만 명에 달하며, 이로 인해 미국에서만 3천9백만 명의 일자리가 사라질 수도 있다고 전망한다. 그러다 보니 세계경제포럼은 최근 〈일자리의 미래〉라는 보고서에서 팬데믹 이후에도 자동화의 도입이 중단되기보다는 지속되었으며, 자동화된 직무는 계약직으로 대체하거나 장기적으로 아웃소싱해 나감으로써 일자리가 사라질 수 있다는 시나리오를 제시했다. 기업 경영진의 43%가 기술통합과 적용을 통해 인력감축을 추진할 의사가 있다고 응답했으며, 중복된 인력 6.4% 정도는 줄일 수 있다고 인식하고 있다.

로봇과 자동화는 디지털 전환의 핵심이다. 빅데이터 분석, IOT^{사물인터넷}, 사이버 보안, 클라우드 컴퓨팅 등 디지털 기술을 전환에 가장 많이 사용한다. 이외에 전자상거래, 텍스트/이미지/음성처리기술, 인공지능뿐만 아니라 전력저장기술, 증강현실, 블록체인 등이 기업 자동화를 촉진할 기술로 꼽혔다.

로봇과 AI를 활용한 자동화가 결합된다면 일자리 대체의 가능성은 가히 상상을 넘어선다. 물리적 노동과 함께 정신노동을 함께 대체할 수 있다는 점에서 향후 노동시장에 몰고 올 파고는 높고 단단하고 장기적일 것이다. 따라서 기업과 개인 모두 업무 고도화를 통해 사람의 역할을 명확히 정의하고, 새롭게 필요한 스킬과 지식을 학습하게 된다면 새로운 일자리로 전환하는 기회를 잡을 수도 있다.

길거리 간판을 그리던 손재주 좋던 장인들이 사라지긴 했지만, 여전히 컴퓨터 사이닝 프로그램을 활용하여 간판을 인쇄하는 모습으로 바뀌었다. 손재주가 없는 일반인이라도 컴퓨터로 선명한 사진을 인쇄할 수 있다. 로봇과 자동화는 일 자체를 없애지 않는다. 다만, 일하는 작업장의 풍경이 바뀔 뿐이다.

일자리의 미래는
밝은가, 어두운가?

매년 새해가 되면 세계 경제인은 스위스 다보스에 모여 토론의 시간을 갖는다. 세계 경제의 미래를 예측하고 협력할 방안을 논의한다. 1971년부터 시작한 유럽경영포럼European Management Forum이 1974년부터 참석 대상을 전 세계로 확장했으니, 50여 년의 역사를 가진 셈이다. 세계화의 역사와 일맥상통한다. 최근 그 영향력은 다소 의심받고 있지만 여전히 세계 경제/경영 인사들은 이 모임에서 교류하는 것을 자부심으로 삼고 있다.

세계경제포럼은 매년 〈일자리의 미래Future of Jobs〉라는 보고서를 발표해왔다. 이는 일자리에 대한 다양한 관점과 시선을 담론으로 토론할 수 있는 교과서가 되었다. 최근 보고서에서 각광받는 Top10 스킬을 언급했다. 창의적 사고(1위)와 분석적 사고(2위)가 우선순위가 되었다. 기술 문해력(3위)과 AI & Big Data(7위) 등 기술적 스킬이 뒤를 이었다. 호기심과 평생학습(4위), 회복탄력성/유연성/민첩성(5위), 동기부여(8위)도 중요시되었다. 인간과 기계의 경계선에서 발현되는 인간고유의 스킬들이 여전히 상위권을 차지했다. 다시 살펴보면 기계로 대체할 수 없는 인간만의 고유한 역량이 경쟁력을 좌우할 것이라는 믿음이 바탕에 깔려 있다.

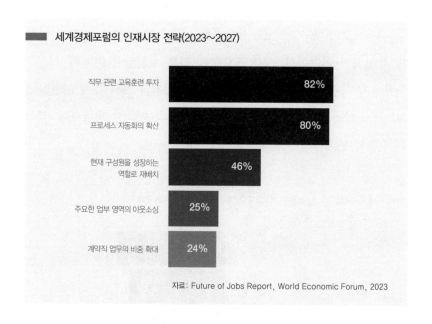

■ 세계경제포럼의 인재시장 전략(2023~2027)

직무 관련 교육훈련 투자 82%
프로세스 자동화의 확산 80%
현재 구성원을 성장하는 역할로 재배치 46%
주요한 업부 영역의 아웃소싱 25%
계약직 업무의 비중 확대 24%

자료: Future of Jobs Report, World Economic Forum, 2023

인간적인 세상이 유지될까? 상황은 녹록지 않다. 세계적인 경제/경영인들은 사람에 대한 투자에 있어 전환기를 맞고 있다고 진단했다. 근로자에 대한 교육훈련(82%)이 여전히 중요하다고 생각하지만, 한편으로 자동화 프로세스를 확산해야 한다(80%)는 언급도 매우 위력적이다. 생성형 인공지능을 채택하여 은행원, 계산원, 사무원, 회계원의 업무에 막대한 영향을 미칠 것이라는 생각이 지배하고 있다(75%). 산업용 로봇과 휴머노이드의 도입도 위협적일 것이라고 논의하고 있다.

산업전환의 시대가 도래했다는 데 동의하지 않는 경영인은 거의 없다. 그래서 스킬과 인적 역량의 개발이 중요하다는 인식을 갖고 있다. 더 많은 자동화가 이루어지고, 산업로봇뿐만 아니라 인간을 닮은 휴머노이드 개발에도 활발한 투자가 이루어지고 있다. 반면 산업전환을 가로막는 장애요인으로 직원의 인식과 스킬을 장벽으로 생각하는 사람들도 늘고 있다. 지역 노동시장에서 스킬 격차가 심하고(60%), 인재를 유치하기 어려워서(53%) 필요한 변화를 이끌만한 인재와 스킬을 확보하기 어렵다고 생각한다. 낙후되고 경직된 규제의 틀이 여전하고(42%), 조직의 장들조차 스킬 격차가 심각하다(37%)고 생각하니, 적절한 수준의 변화를 이끌어내기 쉽지 않다.

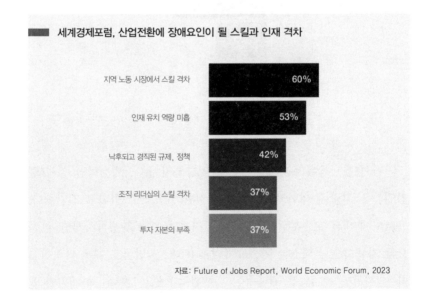

█████ 세계경제포럼, 산업전환에 장애요인이 될 스킬과 인재 격차

지역 노동 시장에서 스킬 격차	60%
인재 유치 역량 미흡	53%
낙후되고 경직된 규제, 정책	42%
조직 리더십의 스킬 격차	37%
투자 자본의 부족	37%

자료: Future of Jobs Report, World Economic Forum, 2023

녹색전환Green Transformation에 대해서는 훨씬 긍정적이고 낙관적이다. 빅데이터 분석가(65%)와 인공지능 전문가(49%)의 성장을 긍정적으로 보기도 하지만, 오히려 인공지능으로 인해 일자리가 줄어들 것이라는 시각도 나타났다(23%). 녹색전환(54%)과 기후변화 적응(48%)으로 인해 일자리가 창출될 것이라는 응답에 비해 일자리가 감소할 것이라는 부정적인 인식은 5% 미만이다. 지속가능 전문가, 태양광, 신재생에너지 기술자들의 일자리는 성장할 것이라는 긍정적인 낙관론이 확산되는 분위기이다.

미래의 일자리는 밝다. 기술로 인해 인간의 물리적 작업이나 일반적인 지원 업무들이 대체될 것이라는 예측에도 불구하고 미래의 일자리는 성장할 것으로 생각한다. 다만, 조건이 있다. 앞으로 절반 가까운 직원들은 교육을 받아야 한다(44%). 인재들이 필요한 교육을 받아 적절한 스킬을 배양해야 한다. 3개월 이상의 교육 개발이 필요하다는 응답이 75%에 달한다. 인력개발을 통해 변화하는 일자리 환경을 지킬 수 있어야 한다.

직원들도 공부해야 하지만 임원과 경영진도 예외는 아니다. 인공지능 기술로 무장한 직원들에게 가장 적합한 업무지시와 질문을 던지기 위해서라도 리더들은 교육을 받아야 한다. 역사의 위대한 현자인 공자는 군주가 먼저 공부를 해야 한다는 점을 항상 되뇌었다. 논어의 첫 장이 바로 '학이學而'편이고, 그다음 제2편이 '위정爲政'편이다. 군주가 스스로 배운 다음에야 정사를 펼칠 수 있다는 단순한 진리이다. 산업의 전환을 바라는 경영자는 먼저 스스로 배움을 더해야 할 것이다.

산업 4.0 시대,
인간의 자리는 어디인가?

1936년 개봉한 영화《모던 타임즈》를 기억한다면, 공장 컨베이어벨트에서 나사못을 조이는 일에 열중한 찰리 채플린Charles Chaplin을 떠올릴 것이다. 찰리는 온종일 나사못만 조이다 보니 강박증에 걸려 무엇이든 조이려 했고, 급기야 실수를 연발하며 해고당하고 만다. 이 영화는 반복 작업을 하는 공장 노동자의 모습을 재현해 현대인의 직장생활을 바로 보여줌으로써 큰 공감을 일으켰다.

그로부터 꼭 80년이 지난 2016년 세계경제포럼은 '4차 산업혁명'을 주제로 개막하면서 '일자리의 미래The Future of Jobs'라는 보고서를 발표했다. 바야흐로 대량생산 조립공정으로 대변되는 2차 산업혁명과 컴퓨터가 만들어낸 3차 정보산업혁명을 넘어 스마트팩토리가 이끄는 4차 산업혁명의 시대가 도래한 것이다.

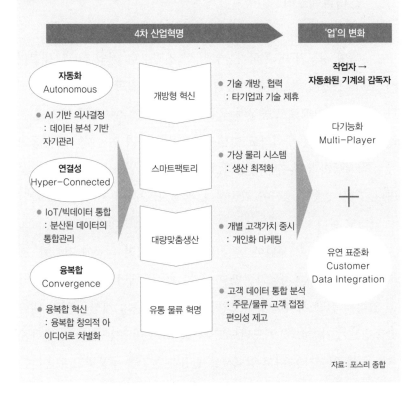

자료: 포스리 종합

그로부터 불과 몇 개월이 지나지 않아 기계와 인간의 역사적인 대결이 펼쳐졌다. 구글이 만든 인공지능 바둑 프로그램 '알파고AlphaGo'가 이세돌과 겨룬 바둑 대국은 전 세계인의 주목을 받으며 인간의 달 착륙에 비견되는 세기적인 사건으로 각인됐다. 이제 인공지능이 우리의 일자리를 대신할 것이라는 데 이견을 다는 사람이 별로 없을 정도다.

4차 산업혁명과
스마트팩토리

독일 정부가 미래 국가산업의 한 전략으로 '산업 4.0'을 내걸면서 소위 '스마트팩토리'를 애플의 아이폰에 비견할 혁신으로 주목했다. 지멘스의 암베르크 공장에 구현된 스마트팩토리는 각종 센서를 통해 공정 데이터를 수집하고 빅데이터를 분석하며 인공지능을 활용한 공정의 자동화와 전후방 공정의 초연결성으로 생산성을 높인다. 더군다나 고객 맞춤형 생산이 가능하며, 품질 불량까지 획기적으로 줄일 수 있다고 한다.

최근 아디다스가 동남아 공장을 철수하고 되려 독일에 건설한 '스피드팩토리'에서는 자동화뿐만 아니라, 개인 고객이 주문한 발의 모양을 입력해 신발 하나하나의 모양을 소비자 고유의 개성을 살린 대량 맞춤생산이 가능하다. 맥도날드도 자동화 로봇이 주문을 받고, 아마존은 드론과 인공지능 비서 알렉사를 활용해 물건을 주문받고 배송하는 공정을 무인화하려고 한다.

4차 산업혁명은 자동화, 연결성, 융복합이라는 키워드를 통해 기업의 전체 가치사슬의 효율성을 높일 뿐만 아니라 소비자 개인의 요구에 맞춰 대응할 수 있는 혁명적인 변화를 예고하고 있다. 이 과정에서 기업의 작업자Worker들은 자동화된 기계의 감독자로서 역할이 바뀔 뿐만 아니라, 소비자의 다양한 요구에 맞춰 작업하는 유연한 공정을 주도하게 될 것이다.

작업자에서 감독자로?
정보통신기술 혁신이 가져온 업무 변화

우리는 스티브 잡스를 21세기 인류의 삶을 바꾼 스마트폰의 발명가로 기억한다. 그러나 정작 그가 전에 없던 새로운 기술을 발명해낸 것인지에 대해서는 의문을 품곤 한다. 스티브 잡스를 기존에 있던 터치스크린 기술과 이동전화를 결합한 융복합 제품 기획자로 보는 시각도 상당하다. 과거 인류 역사의 혁명을 가져온 발명은 새로운 기술보다는 당대의 인접 기술들을 조합해 새로운 쓰임새를 만들어낸 경우가 대부분이다.

기술의 융복합 관점에서 4차 산업혁명의 핵심인 '스마트팩토리'를 들여다보자. 우선 로봇과 증강현실Augmented Reality을 융합해 육체적 작

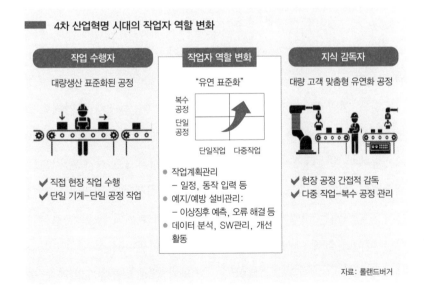

4차 산업혁명 시대의 작업자 역할 변화

작업 수행자	작업자 역할 변화	지식 감독자
대량생산 표준화된 공정	"유연 표준화"	대량 고객 맞춤형 유연화 공정

복수 공정 / 단일 공정 / 단일작업 다중작업

✔ 직접 현장 작업 수행
✔ 단일 기계–단일 공정 작업

● 작업계획관리
 – 일정, 동작 입력 등
● 예지/예방 설비관리:
 – 이상징후 예측, 오류 해결 등
● 데이터 분석, SW관리, 개선 활동

✔ 현장 공정 간접적 감독
✔ 다중 작업–복수 공정 관리

자료: 롤랜드버거

업을 최소화하고 여러 작업을 동시에 수행할 수 있는 작업자의 여력이 만들어졌다. 또한 산업 인터넷으로 연결된 각종 센서는 사물인터넷IoT, Internet of Things 기술로 접목되어 공정의 각종 데이터를 실시간 모니터링하고 통합 분석할 수 있게 되었다. 여기에 '알파고'라 알려진 인공지능 기술이 접목되어 공정상 이상, 품질 불량 가능성을 사전에 파악해 작업자에게 알려주거나 자동으로 대처할 수 있게 되었다.

혁신적인 정보통신기술이 작업 공정에 융합됨으로써 하나의 기계에서 하나의 제품을 반복해 생산하던 기존의 작업자는 여러 대의 로봇을 활용해 복수의 다중 작업과 공정을 동시에 처리할 수 있게 되었다. 또한 소비자 개인별로 서로 다른 주문사항을 출하할 때까지 공정별 투입 상황 등을 제어함으로써 표준화된 대량생산 공정인데도 고객 맞춤형 제품을 유연하게 생산하는 것이 가능해졌다. 스마트팩토리의 작업자는 표준화된 대량생산공정의 '육체적인 작업 수행자Physical Worker'에서 고객의 요구에 맞추어 대량생산하는 유연한 공정의 여러 다중 로봇과 기계를 감독하는 '지식 감독자Digital Supervisor'로 변신하게 된 것이다.

독일의 전략컨설팅업체 롤랜드버거Roland Berger는 4차 산업혁명을 통해 공장이 자동화되고 공정이 혁신을 이루면, 작업자는 기존의 육체노동에서 벗어나, 로봇과 기계를 감독하는 지식 노동자가 될 것으로 예측한다. 현장에서 조업하던 작업자는 이제 전체 생산일정과 로봇에 동작을 입력하는 작업계획관리 업무를 주로 하게 된다. 또한 공정작업뿐만 아니라 각종 센서와 데이터 분석 결과를 받아서 설비의 고장을 사전에 예지Predictive하거나 예방Preventive하기 위해 부품을 교환하는 수

리업무^{Maintenance}를 동시에 수행할 것이다. 작업자가 정보기술을 활용해 데이터를 분석하고, 설비의 소프트웨어 오작동을 현장에서 바로잡으며 설비 개선 업무를 적극적으로 수행하면 명실공히 전문가로 대접받는 시대가 열릴 것이다.

기계와 협업, 로봇의 감독자

최근 미국 자동차 기업들은 매년 막대한 금액을 투자해 생산공정에 로봇을 투입하고 있다. 대표적인 자동차업체 포드는 기존의 자동화 설비 이외에도 로봇 팔을 가진 유연한 작업 로봇을 대규모로 설치했다. 포드 공장에서는 무거운 장비를 들어 올리거나, 반복적인 설치 작업을 로봇이 수행한다. 대신 사람은 정교한 작업을 하거나, 작업계획에 따라 로봇에게 해야 할 동작을 명령하는 감독자 역할을 하게 되었다.

매일 아침 현장 작업자는 그날 주어진 작업공정에 따라 로봇이 수행하는 작업을 정하고 이를 기계에 입력하는 일을 한다. 상황이 이렇다 보니, 로봇들과 아침에 커피를 함께 마시거나, 악수하고 작업을 시작하는 신기한 장면이 장관을 이룬다. 명실공히 로봇이 동료로 대접받는 시대가 된 것이다.

과거 공장의 작업자는 기계가 작업하는 공정에서 조업자로서 필요한 육체적 동작을 반복하면 그만이었다. 설비는 설비대로 동작하고 조업자는 자기 일을 마치면 되는 식이었다. 앞으로 스마트팩토리 시대가 되면 기계는 작업자가 관리해야 하는 가장 중요한 도구가 된다. 기계가 주로 물리적인 반복 작업을 도맡아서 하게 되고, 작업자가 기계에 작업계획을 입력해 일을 시키는 감독자 역할을 하게 되면서 로봇과 설비를 관리하는 일도 작업자의 몫이 된다.

사람이 기계와 협업하는 시대가 열리면 작업자는 스마트 솔루션, 정보통신기술이 접목된 기계의 오작동을 예방하고, 오류가 발생하면 긴급히 조치를 취해야 한다. 현재 설비는 별도의 정비사들이 공정별로 설비를 점검하고 필요에 따라 부품을 주문해두었다가 수리하는 방식으로 관리하고 있다. 그러다 보니, 공정별로 정비시간을 배정해 점검과 수리를 진행하는 별도의 대기시간들이 생산성을 떨어뜨리는 요인이 된다.

앞으로 수많은 센서가 작업 중에 이상 데이터를 모니터링할 수 있도록 스마트한 설비로 바뀌게 되면, 작업자는 설비에 누적된 작업 데이터를 확인해 오작동을 예상하게 된다. 그러면 바로 온라인을 통해 부품을 주문하고, 작업을 진행하다가 부품이 도착하면 전문가의 매뉴얼을 검색하면서 설비의 오류를 바로잡는 역할을 하게 된다. 보스턴컨설팅사의 '인간과 기계Man and Machine' 보고서에 따르면 작업자는 기계의 감독자로서 설비를 관리하고, 소프트웨어의 오류를 수정하며, 공정설비를 개선하는 멀티플레이어가 될 것이다.

자동화가 불러온
일자리 비관론과 낙관론

산업의 스마트화로 인한 자동화는 아직 현실화되어 피부에 와 닿지 않은 탓에 기업 내 직무가 감소할 것이라는 비관론과 오히려 새로운 형태의 고도화된 직무가 늘어나리라는 낙관론이 팽팽하다. 세계경제포럼은 2016년 스위스 다보스에서 2020년까지 일자리 500만 개가 사라질 것으로 전망했다. 이 주장은 현장 근로자로서는 받아들이기힘든 회색빛 전망이다. 보스턴컨설팅도 2015년에 미국 내에서 당장 7만 개의 인공지능 기계 제조업 일자리와 11만 개의 IT와 데이터 분석 직무가 증가하더라도 제조업에서는 17만 개의 일자리가 사라질 것으로 보았다. 동일한 제조업 현장에서의 일자리가 증가하거나 감소하는 보완적 방식이 아니다. 생산 현장에서 감소하고, 기계 제조업이나 정보통신산업의 일자리가 증가하는 방식이다. 결국 제조 현장의 직무 감소는 불가피하다는 비관적 전망이 앞선다.

반면 자동화 직무가 고도의 업무로 변화하면서 보완적인 대체가 이루어지기 때문에 전체적인 직무 수는 크게 변화하지 않을 것이라는 노동대체론은 비관론을 다소 누그러뜨리기도 한다. 특히 제임스 베센James Bessen은 1980년부터 2013년까지 기업 내부의 직무와 고용을 분석한 결과 컴퓨터 활용을 통해 자동화가 잘된 기업의 성장률이 높아 직무 감소 효과를 상쇄할 수 있다는 주장도 낙관론의 한 축을 이룬다.

한국노동연구원이 발표한 국내 주요 직무의 자동화로 인한 대체 가능성 연구 결과를 살펴보면, 미국 내 일자리 대체율 47%보다 훨씬 높은 57%의 직업군이 자동화로 대체될 수 있는 고위험군으로 나타났다. 프레이앤오스본Frey & Osborne의 산출 방법에 따라 최근 한국 내 직업군별 특징을 재분석한 결과인데, 제조업 분야에서는 기계관련직(0.753), 재료관련직(0.715), 화학관련직(0.725), 식품가공관련직(0.762)이 고위험군 10위권 내에 포진하고 있다.

한국고용정보원의 조사 결과에서도 4차 산업혁명으로 인해 현행 직무가 부분적으로 대체될 것이라고 인식하는 직장인의 비율이 80%에 달했다. 그중에서도 기계, 재료, 화학 관련 제조업 직무는 일자리가 감소할 것이라는 응답이 60% 이상으로 금융보험업 다음으로 높았다.

자동화로 인한 직무 대체나 일자리 감소보다 더 큰 이슈는 직원들

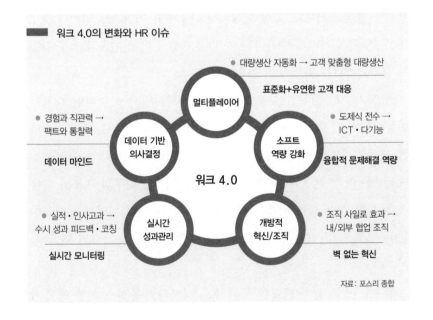

워크 4.0의 변화와 HR 이슈

- 대량생산 자동화 → 고객 맞춤형 대량생산
  표준화+유연한 고객 대응
- 경험과 직관력 → 팩트와 통찰력
  데이터 마인드
- 도제식 전수 → ICT · 다기능
  융합적 문제해결 역량
- 실적 · 인사고과 → 수시 성과 피드백 · 코칭
  실시간 모니터링
- 조직 사일로 효과 → 내/외부 협업 조직
  벽 없는 혁신

멀티플레이어
데이터 기반 의사결정
소프트 역량 강화
워크 4.0
실시간 성과관리
개방적 혁신/조직

자료: 포스리 종합

이 4차 산업혁명이 가져오는 변화에 준비되어 있다는 응답이 20%에 불과하다는 점이다. 80%의 직원들이 전혀 준비되어 있지 않거나 일부 준비되어 있다는 정도의 응답이라 스마트팩토리 도입으로 인한 변화를 수용하기에 충분하지 않은 상황이라고 볼 수밖에 없다. 사라지는 일자리와 새로 생겨나는 일자리 간의 인력 부조화가 심화하고, 근로자들은 새로운 일자리에 걸맞은 역량을 이른 시일 내에 개발하지 않으면 실업자 신세를 면치 못할 수 있다. 기업으로서도 기존 직원을 활용하지 못하고, 신규인력을 다시 뽑아야 한다면 상당한 인력 낭비일 뿐만 아니라 내부 인력을 운영하는 데 애로를 겪을 수밖에 없다.

제3의 일자리는
지식 노동자?

기업이 스마트팩토리를 도입해 직무가 변화한다면, 이를 수용할 수 있도록 구성원을 준비시켜야 한다. 전사적으로 기술 변화에 따른 인력 운영 계획을 세우고, 인력을 단계적으로 전환 배치함으로써 안정적인 변화를 이끌어 나가야 한다. 만약 인력을 어떻게 운영할지 사전에 준비하지 않으면, 우수한 기술인력을 재배치하지 못해 내보내게 될 수도 있다. 독일 정부도 산업 4.0을 추진하는 과정에서 도제교육과 함께 전체 공정에 대한 교육을 강화해 인력 개발을 체계적으로 준비하는 데에 공을 들이고 있다.

인력 운영 관점에서만 봐도 기업들이 사전에 신기술 도입에 따른 직무변화 방향성 및 현장 인력 영향도를 분석해 전략을 수립해두어야 한다. 당장 소프트웨어 개발 인력을 확보해야 할 뿐만 아니라 단계적으로 필요한 직무를 고려해 중장기 인력구조에 대한 계획을 수립해야 한다. 다음으로는 기존 인력 유지 재교육을 통해 역량을 길러야 한다. 전후 공정을 포함해 다른 공정의 기술과 소프트웨어를 다룰 수 있도록 직원들을 훈련해야 한다. 타 부서와 협업을 통해 혁신을 추진할 수 있도록 수평적이고 개방적인 조직구조를 준비해야 하는 한편 생산 현장에서는 교대제를 어떻게 개선할 것인지도 고려해보아야 한다.

각종 스마트 사업 시스템을 구축하려면 데이터를 축적하고 분석해 새로운 공정 제어를 자동화하기 위한 데이터 활용 마인드를 강화할 필요가 있다. 또한 현장 데이터가 실시간으로 공유되고 성과를 분석할 수 있게 됨에 따라, 주기적으로 성과를 분석하고 평가하는 성과관리 체계를 준비해두어야 한다. 이러한 현장의 워크 4.0 변화는 결국 인사 부서에서 준비하고 챙겨야 할 이슈다.

역사학자 아놀드 토인비Arnold Toynbee는 1884년 자신의 저서《영국 산업혁명 강의Lectures on the Industrial Revolution of the Eighteenth Century in England》에서 처음으로 영국이 기계혁명을 통해 부국이 되었음을 천명했다. 18세기 말 와트의 증기기관이 선풍적인 인기를 얻어 산업혁명 시대를 열었음은 두말할 나위 없는 사실이다. 영국이 1774년부터 70여 년간 기계 수출을 금지했다는 사실은 산업혁명의 원동력이 기계를 만들고 보급한 데에서 비롯했음을 되새기게 한다.

4차 산업혁명 역시 기계와 인간의 협업, 즉 고도의 정보통신에 바탕을 둔 자동화와 엔지니어의 기술력에 의해 확산하고 있다. 우리 기업이 기계와 협업하는 방식을 앞서서 배우고 확산함으로써 새로운 산업혁명을 주도하길 기대해본다.

스마트 환경에 따른
일하는 방식의 혁신

88%. 글로벌 정보통신기업 델과 인텔이 2016년 조사한 '인공지능이 자신의 업무 부담을 덜어줄 것으로 생각하는' 임직원 비율이다. 인공지능의 도움으로 복잡한 반복업무를 해결할 수 있다는 응답은 30%, 업무 생산성을 높여주었다는 응답은 20%, 의사결정을 도와줄 것이라는 응답은 18% 수준이다. 앞으로 인공지능과 관련한 기술이 발전하면서 스마트한 업무 시스템의 효용성을 수긍하는 기업인들은 점점 더 늘어날 것이다.

우리 기업들도 일찍이 2000년대 초반부터 업무의 디지털화를 통해 생산성을 높이기 위한 스마트워크Smart Work를 도입해 낯설지만은 않은 상황이다. 고용노동부의 2015년 조사에 따르면, 대다수 직장인은 스마트워크가 사무실 운영비 절감(60%), 업무시간 단축(55%), 출퇴근 시간과 비용 절감(73%), 육아와 가사에 효과적(64%)이라고 인식한다.

하지만 당분간 스마트워크가 확산하기는 어려울 전망이다. 직장인들이 업무시간과 개인 시간의 모호한 구분과 대면 중심의 직장문화, 보안 문제로 인해 불편함을 느끼기 때문이다. 이를 해소하려면 업무방식을 개선하고 직장문화를 바꾸려는 노력이 앞서야 한다는 지적이다. 빅데이터 분석과 인공지능 등 '스마트 기업 혁명'이 성큼 다가온 시대에 우리 기업의 관행과 일하는 방식의 후진성이 발목을 잡은 형국이다.

스마트워크를 향한 혁신 과제

기업 내 일하는 방식은 시간·공간·업무 유형이나 업무·관계·프로세스 등 다양한 요인을 검토하면 알 수 있다. 일하는 방식을 계획Plan–실행Do–평가See의 업무 수행단계 관점에서 점검해보는 편이 이해하기 쉬우므로 업무를 진행하는 과정에서 스마트화가 진전할수록 혁신해야 할 과제를 도출해보았다.

과제 1 ● 데이터 기반의 의사결정

인터넷과 모바일의 발전으로 소비자–시장 데이터, 경쟁기업 데이터, 경제환경 관련 데이터 등 기업이 다뤄야 할 데이터의 규모는 기하급수적으로 확대되고 있다. 한국정보화진흥원의 2013년 조사에 따르면 모바일 시대인 2012년 온라인 데이터는 2.8ZBzetta byte 수준에서 IoT

█████ 업무 수행단계별 혁신 과제

일하는 방식 세부 영역	문제해결	조직 운영	업무 수행	인재관리	성과관리
업무 수행단계	문제 분석/ 의사결정	기능 간 협력 팀워크 구축	스타트업 혁신방법론	디지털 인재 확보/육성	성과평가 및 보상
일하는 방식의 혁신 과제	● 데이터 기반의 의사결정	● CDO조직 확 보, 기능 간 협 력체계 구축	● 업무 개선과 혁 신에 집중	● 디지털 인재 확 보와 디지털 교 육훈련	● 수시 성과관리로 내재적 동기부여

와 인공지능이 확장되는 2020년에는 40ZB 수준으로 성장할 것이라고 한다. 그러나 경영자와 부서장은 의사결정을 할 때 과거와 비슷한 수준의 판매실적이나 경쟁사 동향 정보 수준에 의존하거나 심지어 개인적 경험과 직관에 따르기 일쑤다. 결과적으로 수요 예측에 실패해 자재를 과도하게 구매해 낭비하거나, 지역별 재고를 최적화하지 못해 고객을 기다리게 하기도 한다.

과거 기업 내부 실적에 의존하거나, 소비 트렌드 분석에 따라 시장과 고객에 대해 오판하지 않고 최적화된 의사결정을 하기 위해서는 심층적인 데이터 분석을 통해 '패턴'을 발견하고 대응하는 데이터 기반의 의사결정 마인드를 갖춰야 한다. 글로벌 영화콘텐츠 판매업체인 넷플릭스의 경우, 가입자 정보와 영화/TV 시리즈 콘텐츠 검색 및 시청 정보를 분석해 가입자가 선호하는 프로그램을 맞춤형으로 추천하거나, 향후 유행할 만한 콘텐츠를 예측해 제품과 서비스 연구개발 품목을 의사결정하는 데 활용하고 있다. 넷플릭스는 머신러닝 알고리즘인 시네매치Cinematch라는 데이터 분석 시스템을 구축해 가입자의 검색 및 평점 이력과 콘텐츠의 장르, 배우, 감독, 이야기 정보를 텍스트 마이닝으로 분석해 향후 가장 많은 가입자가 볼 만한 콘텐츠를 예측하는 것이다. 콘텐츠를 제작하거나 구매하려면 막대한 자금을 투자해야 한다. 텍스트 마이닝은 콘텐츠 성공률을 높여 비용 절감의 효과를 가져온다. 데이터와 사실 분석에 기반을 두어 연구개발, 생산 공정, 판매지역 및 물류 등 경영상 의사결정을 하려는 변화가 필요하다.

과제 2 ● 기능 간 협력체계 구축

데이터 분석을 통해 경영상 의사결정을 내리고 고객 중심의 예측 정보를 바탕으로 업무를 제대로 수행하기 위해서는 기업 내 각 부서가 데이터 관리를 일원화해 '데이터통합본부 CDO^{Chief Data Officer}' 조직을 선정하거나 재편해야 한다. 소비자, 시장 정보를 읽고 영업과 구매, 생산, 물류, 연구개발 부서가 최적의 의사결정을 하기 위해 기능 간 통합성을 강화해야 한다.

예컨대 연구개발부서에서 시장에서 잘 팔릴 만한 제품을 개발하려면 정보기술 지원, 소프트웨어 개발 지원, 고객 관계 정보 및 전사적 생산 정보 등을 통합적으로 제공할 수 있어야 한다. 미국 의료기기 벤처기업인 벤타나는 연구개발본부 산하에 IT 부서를 통합해 고객 병원에서 의사가 의료장비를 사용하는 과정에서 수집된 정보와 실험장비를 연결해 연구개발을 진행함으로써 의료 현장에 활용도가 높은 기기를 제작하는 성과를 거두고 있다. 글로벌 자동차 기업인 포드는 별도의 통합데이터관리부서를 조직하면서 데이터 분석을 위해 전사 각 부문 간 데이터를 통합하며 일관된 관리체계를 구축하고, 주요 부서별로 데이터 및 분석 책임자를 임명했다. 통합데이터관리부서를 중심으로 커넥티드카를 통해 고객선호도 등 자료를 수집하고 분석해 미래전략 수립이나 차세대 자동차 설계 등 연결된 데이터를 전사적으로 활용하는 역할을 주도적으로 수행하고 있다.

과제 3 ● 개선과 혁신 업무에 집중

4차 산업혁명으로 대변되는 자동화와 초연결적 사회의 미래는 직업의 성격이 바뀔 것을 예고하고 있다. 자동화로 생산공정의 단순 조립 작업이 대체되거나, 햄버거 가게의 주문받는 일을 로봇이 대신하는 등 사람의 직업과 직무가 대체될 것이라는 비관론이 장래를 어둡게 만든다. 향후 20년 이내에 현재 직업의 절반이 불필요해지고, 안정된 직장은 사라진다는 예측이 만연하다. 그러나 지능정보기술이 작업을 보완함으로써 새로운 직무가 생겨나리라는 낙관론도 만만치 않다. 4차 산업학자 마크 뮤로Mark Muro 등 전문가들은 비숙련 업무는 감소하더라도 그 자리는 자동화 설비와 로봇을 활용하고 관리하는 직무로 대체될 것이며, 이는 숙련된 작업자가 지식 노동자로 발전하는 계기가 될 것이라고 말한다.

최근 백 년 기업 GE는 발전기, 항공 엔진 등 장비를 제조하는 하드웨어에서 소프트웨어 회사로 변신하는 비전을 발표했다. 제조 장비에 산업인터넷 센서를 부착해 데이터를 축적하고 이를 통해 새로운 부가가치를 창출하겠다는 것이다. GE의 제프리 이멜트Jeffrey Immelt 회장은 변신을 위한 핵심 수단으로 '패스트웍스Fast Works'라는 혁신방법론을 제안했다. 과거 2~3년 걸리던 제품 개발 프로세스를 12개월 이내로 단축하자는 취지다.

　가전사업부에서 영업사원, 마케팅조사 담당, 연구개발, 생산 등 전 사업부에서 차출된 직원들이 함께 모여 11개월 이내에 신제품을 출시하는 프로젝트를 추진했다. 영업 쪽 의견을 듣고 연구소로 돌아가 제품을 개발하던 방식에 비교해 3분의 1도 안 되는 시간에 실행 가능한 최소한의 시제품Minimum Viable Products을 만들었다. 모바일 앱을 개발하듯이 베타버전을 가지고 바로 고객의 의견을 조사해 반영하고 시제품을 수정해 버전을 업그레이드하는 작업이 반복됐다. 패스트웍스는 가전뿐만 아니라, 의료기기, 발전기 등 모든 사업에서 성과를 내고 있다. 고객이 제품을 사용하는 과정에서 발생한 다양한 데이터를 분석해 제품을 개선하고 보완하는 디지털 혁신 방식을 도입한 것이다.

　패스트웍스에 따라 일하게 되면 직원은 단순히 제품을 제조해서 납품하는 생산업무보다는 고객의 사용 데이터를 분석하고, 제품을 개선하거나 혁신하는 업무에 몰입하게 된다. GE는 패스트웍스 절차를 3만 명 이상의 직원에게 교육했고, 5,000여 명의 임원들이 프로젝트를 만들어 수행하도록 했다. 기업 전체가 실험실이자 공작소가 된 셈이다.

과제 4 ● 디지털 인재 확보와 디지털 교육훈련

전문분야의 책을 읽고, 지식을 습득해 업무를 수행하던 시대는 역사의 뒤안길로 사라지는 듯하다. 연수시설에 모여 강사에게 일면적으로 기술을 배우던 훈련은 디지털 시대의 스킬과 지식을 습득할 수 있는 새로운 방식으로 빠르게 대체되고 있다.

　P&G는 구글과 인력 교류를 해 인터넷마케팅 전략과 디지털 분석

역량을 기른다. 양사 직원의 일대일 교류를 통해 혁신과 협력 증진을 촉진할 뿐만 아니라, 사업계획회의 등에 참여해봄으로써 디지털 검색 및 소프트웨어 개발 전문지식을 습득하도록 한다.

월마트Wal-mart는 스타트업 기업을 인수해 디지털 기술과 인재를 동시에 확보하는 방식을 취하기도 한다. 월마트는 모바일, 소셜네트워크, 소프트웨어 기술 기업들을 인수해 마케팅 기법과 기술특허를 가진 엔지니어들을 통째로 흡수했는데, 소셜검색엔진 기업인 코스믹스Kosmix와 실시간 검색엔진 기업 원라이엇OneRiot을 인수한 것이 대표적인 사례다.

GE는 소프트웨어 엔지니어를 육성하고자 디지털 기술인력 양성과정DTLP: Digital Technology Leader Development을 대대적으로 운용하고 있다. 일회성 집합교육이 아니다. 2년간 온·오프라인 교육을 진행하고 프로젝트를 수행케 한다. 총 3~4회 정도 업무 전환 배치를 통해 소프트웨어 개발 프로젝트를 경험하게 하고, 주기적으로 2주간 집합교육과 온라인교육 등을 통해 실무와 프로젝트 리더십을 배양한다.

과제 5 ● 수시성과관리로 내재적 동기부여

안정된 기업의 직원들이라면 분업에 따라 맡은 일을 큰 탈 없이 수행하는 정도로 충분하다. 반면 혁신기업 임직원들은 성공이 불투명한 새로운 일에 자신의 경력을 걸고 도전해야 한다. 잘못되면 문책을 당하고 좌천되거나 일자리를 잃을 수 있다.

지금까지 우리가 당연하게 생각해온 성과 차등 보상Pay-per-Performance은 말 그대로 실적에 따라 성과급을 부여하는 외적 동기부여 방식이다. 반복적이고 규칙적인 업무를 수행하는 직원으로서는 더 많이 일한 만큼 더 많이 받는 것이 당연했다. 앞으로 직원들이 새로운 혁신 제품을 개발하거나, 제조 공정을 개선하는 복잡한 데이터를 분석해 의사 결정을 하고 창의적인 업무를 수행하게 되면, 업무량보다 업무 성과의 품질이 더욱 중요해질 것이다.

최근 런던정경대학교가 51개사의 성과보상 제도 사례와 효과를 분석한 연구에 따르면, 여러 부서의 직원들과 팀을 이루어 복잡한 문제를 융합적으로 해결해야 하는 직원들은 당장 단기적 성과에 따라 보상하면 흥미를 잃고, 부정적인 평가가 주어지면 장기적인 도전을 회피한다고 한다. 따라서 스스로 문제를 제기하고 흥미를 느껴 일할 수 있도록 내적 동기를 유발할 수 있는 성과보상 방식으로 전환할 것을 제안한다.

도전정신을 강조하는 화웨이華爲는 상장하지 않고 입사하면 일정 수준의 주식을 배분해 직원들이 주인의식을 갖게 할 뿐 아니라, 신제품 개발에 성공해 회사가 잘되고 주가가 오르면 한몫 챙길 수 있다는 기대감을 준다.

호주의 소프트웨어 기업 아틀라시안Atlassian은 1년에 한두 번 직원들이 스스로 과제를 발굴해 수행할 수 있도록 한다. 직원으로서는 회사에서 부여한 목표만을 추구하기보다 스스로 내적 동기에 의해 자율적이고, 창의적인 아이디어를 제시할 기회를 얻는 것이다. 자율적인 업무 수행은 구글의 '20% 룰*'에서도 볼 수 있듯이 새로운 제품과 서

• 업무시간의 5분의 1을 업무와 관계없이 좋아하는 프로젝트에 쓸 수 있는 구글만의 독특

비스를 발굴할 좋은 기회가 되기도 하지만, 직원이 창의적인 업무에 몰입할 수 있도록 해 회사에 대한 만족도를 높이고 이직률을 낮추기도 한다.

최근 스마트폰에 의한 모바일 혁명을 바라보면, 옛 중국 순자荀子의 '왕패王覇' 편에 '개옥개행改玉改行'이라는 말이 생각난다. 중국의 관리는 등급과 지위가 달라지면 지니고 다니는 옥으로 만들어진 신분증을 바꾸게 된다. 즉, 법이나 지니는 물건이 바뀌면 그것에 맞게 제도나 사고방식도 바뀌어야 한다는 비유다. 4차 산업혁명은 모바일 기기, 소셜 미디어, 빅데이터, 인공지능 등 수많은 도구에 기반을 두고 있다. 우리 기업도 1990년대에 컴퓨터가 도입되면서 기업의 풍경이 바뀌었듯, 이제 4차 산업혁명 시대가 도래하면서 스마트하게 일하는 방식의 혁신을 요구하고 있다.

한 제도

소프트 기술 대전환, 인재 육성 재편이 시작됐다

정보통신기술 수준에 대한 국가 간 경쟁이 치열하다. 국제전기통신연합ITU이 발표한 우리나라의 정보통신기술개발지수IDI, Information and communication technology Development Index는 2015년 기준 10점 만점에 8.93점으로 세계 1위다. 일본은 11위, 미국은 14위다.

스마트폰을 활용하거나, 광통신 케이블 이용 수준을 위주로 보는 IDI 평가는 기술적으로 한국이 앞서 있음을 보여준다. 그러나 국가, 사회, 그리고 개인의 인적 역량에 대한 정보통신 역량평가는 만만찮다. 같은 시기 세계경제포럼이 국가별 정보통신 관련 구성원의 기술 역량을 평가한 결과를 보면 한국은 39위로 정보통신 인프라 수준보다 크게 떨어진다.

역량평가는 정부와 기업의 정보통신 정책 수준과 조직 및 개인의

정보통신 활용 역량 등 인력의 수준을 비교적 잘 반영하고 있음을 고
려할 때 인적 역량의 개선이 시급한 상황이다.

국가별 정보통신 역량평가 비교

구분	종합지수	국가기업 ICT환경지수	ICT준비도지수 (인프라, 스킬)	스킬 지수	ICT 활용도 지수	경제사회 ICT 영향도 지수
한국	5.5(12위)	4.6(34위)	6.0(16위)	5.5(39위)	5.9(6위)	5.6(5위)
싱가포르	6.0(1위)	5.9(1위)	6.3(8위)	6.5(2위)	5.9(2위)	6.0(1위)
미국	5.6(7위)	5.3(14위)	6.1(12위)	5.6(33위)	5.7(10위)	5.6(6위)
영국	5.6(8위)	5.5(4위)	5.9(21위)	5.6(31위)	5.6(12위)	5.5(9위)
일본	5.6(10위)	5.2(18위)	6.0(15위)	5.9(15위)	5.9(4위)	5.4(11위)
중국	4.2(62위)	3.9(77위)	4.7(76위)	5.3(59위)	4.1(47위)	4.0(47위)

자료: 세계경제포럼

4차 산업혁명은 국가와 기업의 정보를 연결하고, 조직과 개인이 협
력해 정보 활용 체계를 고도화하는 모습을 중시하고 있다. 다양한 데
이터를 분석해 정책과 사업을 수행하고 이를 통해 새로운 가치를 창
출하는 워크 4.0 시대를 선도하려면 정보통신 관련 인적 역량의 재편
Reboot이 필요한 시점이다. ICTInformation & Communication Technology 융합 역
량을 높이기 위해 기업이 준비해야 할 사항과 역량을 기르는 프로그
램을 살펴본다.

직원을 지식 노동자로
환골탈태하게 할 제3의 길

독일 정부는 산업 4.0 정책을 추진하는 과정에서 기업 인력과
조직에 대한 정책을 도출하기 위해 워크 4.0^{Arbeiten 4.0} 위원회를 구성
했다. 수많은 전문가의 토론과 의견을 종합 정리해 2016년 11월에 백
서로 발간한 바 있다. 워크 4.0 위원회는 산업 4.0의 기술 변화를 현장
에 정착하는 데 필요한 첫 번째 요소로 기업 임직원의 기술역량 개발
을 꼽았다. 백서는 새로운 기술 변화를 실행하기 위해 우선 4차 산업
혁명에 필요한 기술 교육훈련이 이루어져야 한다는 점을 강조한다.

첫째, 연방 고용노동부를 중심으로 중소기업의 직업교육 및 훈련을
지속하기 위한 조직과 교육과정을 개발하고 정비해야 한다고 밝히고
있다. 노동조합과 협업해 지속적인 교육훈련 기능을 만들어서 임직원
을 훈련할 수 있는 체계를 구축해야 한다.

둘째, '숙련된 노동'의 개념을 도입하고, 지속해서 숙련된 직원의
현황을 모니터링할 수 있는 체계를 만들어둘 것을 제안한다. 연방 고
용노동부와 경영자단체, 기업이 숙련된 노동자의 수요를 예측하고,
필요한 근로자를 대상으로 교육훈련을 수행한 결과를 데이터로 공유
해 기업이 필요한 인력을 채용하고 관리할 수 있도록 정보를 제공한
다는 것이다.

셋째, 향후 필요한 디지털 기술의 교육훈련에 초점을 두고 있다. 평
생 직업교육 관점에서 디지털 작업과 기술 교육훈련이 필요하다는 점
을 제시한다. 직업 기술뿐만 아니라, 사회적 기술, 의사소통 기술, 이

문화 기술 및 창조적 사고력, 신속한 정보처리 및 데이터 관리 기술 등 소프트한 기술 교육훈련을 강조하고 있다.

워크 4.0의 제안을 고려해볼 때 국내 기업도 스마트팩토리를 도입해 직무가 변화한다면, 이를 수용할 수 있도록 구성원을 준비시켜야 한다. 전사적으로 기술 변화에 따른 인력 운영 계획을 수립하고 이에 따른 인력의 단계적 전환 배치를 통해 안정적으로 변화해가야 한다. 만약 인력 운영 방안을 사전에 준비하지 않으면, 우수한 기술인력도 재배치할 자리가 부족해 내보내야 하는 상황에 부닥칠 수도 있다. 독일 정부도 산업 4.0을 추진하는 과정에서 도제교육과 함께 전체 공정에 대한 교육을 강화해 인력 개발을 체계적으로 준비하고 있다.

■■■ **국내 기업 스마트팩토리 도입과 기업의 준비사항**(예시)

- 신기술 도입에 따른 직무 변화 및 현장 인력 영향도 분석
- 전략적 인력 운영 방안 수립(단계별 직무/나이별 인적구조 중장기 계획 수립)
- 기존 인력 유지 재교육 통한 역량 향상(타 공정기술 및 SW 스킬 중심)
- 새로운 형태의 업무 부여와 신규 조직구조 및 교대제 도입 방안 검토
- 스마트팩토리 도입 및 운영 관련 기술 인력 확보(채용, 장기간 육성 등)

국내 기업 중 스마트팩토리 도입의 선도자로 유명한 LS산전의 경우, 고도의 자동화 설비를 도입하고, 설계부터 생산 및 고객 전달과정을 체계적으로 정비했다. 스마트팩토리 도입 이후 자동화에 따라 현장 작업인력은 스마트 설비를 조작하고 운영 현황을 모니터링하는 기계의 관리자로서 임무를 수행하게 되었다. 현장 작업 변화로 인해 생겨난 여유 시간에 기술 지식에 대한 역량 향상과 각종 설비 관련 자격증

을 취득할 수 있도록 지원했다. 그 결과 현장 사원들은 설비를 연구해 각종 개선 아이디어를 창출하고 새로운 공정을 제안하고 장착하는 혁신 추진자이자 지식 근로자로 변신했다.

스마트팩토리를 구축하려는 국내 ICT 기업들도 발 빠르게 변신하고 있다. LG CNS, 삼성 SDS, 포스코 ICT, SK C&C 등 주요 그룹의 정보통신 계열사들도 공장 전반의 스마트 솔루션을 개발하고 현장 시스템 구축에 나섰다. 이를 위해 IoT, 빅데이터 분석 전문가 등 신기술 인력을 조기에 확보하는 데 상당한 공을 들이고 있다.

하드웨어보다 소프트웨어를 다루는
엔지니어 역량이 중요해진다

2016년 다보스 세계경제포럼이 2020년 이후 중요해지는 직업 능력을 살펴본 바에 따르면, 수작업과 장비 조작 등 작업 기술은 활용도가 급격하게 낮아진다. 작업자에게 요구되는 수작업 신체능력은 4%, 장비 수리, 품질 통제 기술은 12% 수준에 그친다. 그러나 복합적 문제해결 역량은 36%로 1순위를 차지하고, 협상 설득 관련 사회적 기술은 19%, 프로세스 모니터링 역량은 18%, 의사결정 시스템 운영 역량은 17%로 비중이 높아질 것으로 예상한다.

한편 현장 엔지니어는 스마트팩토리가 진화함에 따라 과거 기계 물리적 기술과 공정설비 등 하드웨어를 조작하는 엔지니어 기술은 점점 기계의 작업으로 자동화될 것이기에 새로운 능력과 기술을 갖추어야 한다. 스마트폰과 OS 구조를 어느 정도 이해하고 오류에 대처하는 방법을 알아둘수록 스마트폰의 여러 기능을 제대로 활용할 수 있는 것과 같은 이치다.

조업 엔지니어에서는 하드웨어를 모니터링하고, 각종 센서를 통해 수집된 데이터를 분석해 품질 이상과 설비 오류를 발견해 조치하는 공정 통계 분석 기술의 활용도가 더욱 높아진다. 또한 하드웨어 설비를 자동화해 작동시키는 IT 소프트웨어를 이해하고, 소프트웨어의 오류를 확인해 긴급하게 조치할 수 있는 정보통신 관련 기술의 이해와 조작법을 충분히 습득해야 한다. 기계의 감독자 임무를 수행하려면 로봇과 각종 센서가 달린 설비를 이해하고 이상 징후를 분석해 사전에 수리할 수 있는 설비관리 능력도 요구된다. 무엇보다 개별적인 하드웨어 설비를 중심으로 물리 시스템 공정을 이해하던 수준에서 전체 공정의 연결성을 통합적으로 이해하고 운영해야 하는 사이버 물리 시스

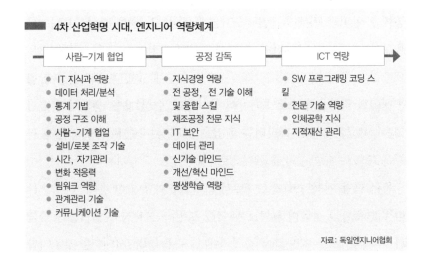

4차 산업혁명 시대, 엔지니어 역량체계

사람-기계 협업	공정 감독	ICT 역량
● IT 지식과 역량 ● 데이터 처리/분석 ● 통계 기법 ● 공정 구조 이해 ● 사람-기계 협업 ● 설비/로봇 조작 기술 ● 시간, 자기관리 ● 변화 적응력 ● 팀워크 역량 ● 관계관리 기술 ● 커뮤니케이션 기술	● 지식경영 역량 ● 전 공정, 전 기술 이해 및 융합 스킬 ● 제조공정 전문 지식 ● IT 보안 ● 데이터 관리 ● 신기술 마인드 ● 개선/혁신 마인드 ● 평생학습 역량	● SW 프로그래밍 코딩 스킬 ● 전문 기술 역량 ● 인체공학 지식 ● 지적재산 관리

자료: 독일엔지니어협회

템Cyber Physical System이 도입되기 때문에 자신이 담당한 공정 이외에 전체 공정에 대한 이해가 필수적이다.

4차 산업혁명을 선도하고 있는 독일 정부와 기업은 앞으로 엔지니어들이 갖춰야 할 역량을 연구해 체계적으로 교육하고 있다. 독일 엔지니어협회VDI는 사람과 기계가 협업하기 위해 IT 지식과 역량, 데이터 처리 및 분석 기술, 공정 구조 이해, 설비 및 로봇 조작 기술을 반드시 갖추어야 한다고 조언한다. 앞으로는 전 공정과 전 기술을 이해하고 융합해 문제를 해결할 수 있는 역량도 중요하고, 소프트웨어 프로그래밍과 코딩 스킬도 갖춰야 한다고 권고하고 있다.

인재를 육성하는 방식도
혁신 대상

지멘스의 200년 성장의 비결은 '인재 육성'이다. 지멘스는 디지털 기업으로 변신하는 과정에서 내부 임직원뿐만 아니라 협력사의 인재를 육성하는 데 투자하고 있다. 지멘스의 파트너 프로그램을 살펴보면, 역량 있는 파트너와 함께 수익을 향상하고 파트너와 고객 만족을 실현하는 데에 중점을 두고 있다. 협력사의 인재를 육성하는 이유는 지멘스의 공식 파트너로서 시장에 지멘스의 제품과 솔루션을 공급하는 역할을 하기 때문이다. 고객사의 기술인재가 제품과 솔루션을 충분히 다룰 수 있는 디지털 역량을 갖추고 있어야만 적합한 제품을 선택하고, 빠르게 제품을 설치해 활용할 수 있다.

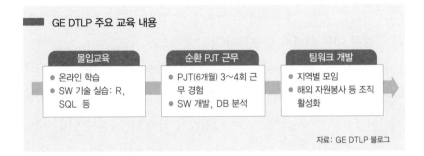

■■■ GE DTLP 주요 교육 내용

몰입교육	순환 PJT 근무	팀워크 개발
● 온라인 학습 ● SW 기술 실습: R, SQL 등	● PJT(6개월) 3~4회 근무 경험 ● SW 개발, DB 분석	● 지역별 모임 ● 해외 자원봉사 등 조직 활성화

자료: GE DTLP 블로그

지멘스는 특히 고객사 임직원의 디지털 기술역량을 높이는 교육에 투자하고 있는데, 이론 교육을 통한 자동제어 시스템을 이해할 뿐만 아니라, 새로운 시스템 교육과 기술 습득이 중요하다고 판단하고 있다. 이를 위해 지멘스는 진출한 국가에 고객을 위한 기술교육센터를 설립하고, 주요 대학과 산학협력을 통해 기술교육을 전수하고 있다. 지멘스 기술교육센터는 본사 제품과 솔루션과 같은 교육환경을 구축했다. 시뮬레이션 경험을 통해 디지털 기술을 습득할 수 있도록 스마트팩토리 설비도 축소해놓았다.

국내 P사도 제조업 혁신을 위해 스마트팩토리 구축을 핵심전략과제로 추진하고 있다. 스마트팩토리를 구축하기 위해 기존 생산 공정에 각종 IoT 센서를 통해 데이터를 수집하고 데이터 분석 전문가를 육성하고 있다. 단순히 신기술 강의에 그치지 않고, 제조 현장의 스마트화를 위한 혁신과제를 빅데이터와 인공지능 기술을 접목해 해결하는 액션러닝으로 진행한다.

'소호제작소', 산업혁명기 증기기관을 제작한 영국의 산업도시 버밍엄에 있는 세계 최초의 공업단지였다. 18세기 말 와트는 증기기관의 아이디어를 가지고 당시 새로운 기계를 제작할 수 있는 소호제작소를

■■■■ P사 인공지능 전문가 육성 프로그램

- **기초과정**(50명, 3일): 인공지능(AI) 기초개념 이해
- **기본과정**(30명, 4개월): 전문/실무지식 습득 2개월+과제 수행 1~2개월
- **심화과정**(25명, 6개월): 과제 해결 적용 지식 습득 3개월+과제 수행 3개월
- **마스터 양성**: 인공지능(AI) 분야 강의, 과제 지도 및 고난도 AI 과제를 직접 해결하는 고급 인재

자료: 포스코인재창조원

찾았다. 뜨거운 증기도 견뎌내는 피스톤과 실린더를 오차가 거의 없이 꼭 들어맞게 만들 수 있는 곳은 당시 유럽 어디에도 없었다. 소호제작소의 장인들은 강철을 이용해 증기기관을 만들었고, 여기서 만든 기계는 1770년대부터 약 70여 년간 수출이 금지될 정도로 영국의 기밀로 관리됐다. 21세기 4차 산업혁명의 선두주자로 우리 기업들이 자리 잡기 위해 우선 임직원의 데이터 분석 역량과 창의적이고 융합적인 사고력 계발에 더 많은 투자가 이루어지길 기대해본다.

우리 기업의 채용문화, 패러다임 변화가 필요한 때!
(Reinvent Hiring Culture!)

고려 광종은 중앙 정부의 관료와 지방에 파견할 관리를 뽑기 위해 과거시험을 도입했다(광종 9년, 958년). 지방 호족의 지지를 바탕으로 창업에 성공한 태조 왕건은 공신에게 벼슬을 내리거나, 귀족의 자제를 추천받아 관리로 삼았다. 관리가 된 공신과 귀족의 자제들은 특권의식의 갖기 쉽고, 친밀한 가문 간에 파벌을 형성했다. 광종은 후주로부터 귀화한 쌍기의 자문을 받아 제술과, 명경과, 잡과의 세 가지 분야 시험을 보는 과거제도를 도입했다. 공채로 선발된 중류층 지식인들은 탁월한 능력을 바탕으로 행정 조직을 견고하게 다지고, 고려 초기의 정치, 사회를 안정화하는 데 혁혁한 공을 세웠다. 과거시험의 전통은 조선시대를 거쳐, 현대 한국 사회의 행정, 사법 공무원 선발뿐만 아니라, 기업의 공채 제도로 계승됐다. 과거시험은 귀족뿐만 아니라 평민 자제의 참여도 상당하여 연고와 파벌주의를 벗어나 고유의 채용문화로 자리 잡았다.

근래에 우리 기업의 각종 제도와 시스템의 서구화가 확산하고, AI인공지능, 빅데이터 등 고도의 정보통신기술 분야를 통해 경영 혁신을 도모하는 추세가 확산하면서, 수시로 전문가를 영입하여 활용하는 방식이 늘고 있다. 4차 산업혁명으로 경영의 시대정신Zeitgeist이 바뀌는 시기에 서구기업의 인재 채용방식과 우리 기업의 채용문화 간의 차이를 살펴보고 개선점을 탐색해 볼 필요가 있다. 한국 인사 문화 저변에 뿌리깊게 자리잡은 공채 중심의 기업 채용문화를 되짚어본다.

한국기업,
전통적 공채 방식이 관행화

우리 기업의 공채 역사는 1957년 삼성그룹의 대졸신입사원공채로부터 연원을 찾아볼 수 있다. 이후 여성 공채, 열린 채용, 계열사별 채용 등 일부 개선이 이루어졌으나 여전히 서구기업 채용방식에 비해 차이가 뚜렷하다(표1 참고). '17년 경영자총협회의 채용 실태 조사에 따르면, 300인 이상 기업의 정기채용이 67.9%로 직무별 수시채용(32.1%)에 비해 관행으로 확고하다.

우리 기업 채용과정을 들여다보면 조직에 적응하여 향후 리더로 성장할 잠재력 있는 인재를 중시한다. 선발 기준이 되는 인재상이 직무 전문가보다는 제너럴리스트가 우선하기 때문이다. 동 조사에서 실무

면접의 평가 기준으로 업무지식(30%)이 1순위인데 반해, 임원면접에서는 조직적응력(24.4%)이 1순위로 나타나 조직을 중시하는 경향이 여전하다.

구글의 경영층이 한 인터뷰에서 "최고 수준의 기술자가 갖는 가치는 평균적인 기술자의 300배에 달한다. 공대 졸업반의 기술자 전체를 포기하는 한이 있더라도 단 한 명의 비범한 기술자를 선택하겠다"고 언급한 바 있다. 한국 기업이 조직력을 중시하여 평균 수준의 허들을 통과한 적정 인재를 선호하는 데 반해, 서구 기업은 비범한 핵심인재를 뽑기 위해 탁월한 기준을 제시Raising Bar한다는 점도 큰 차이점이다.

서구기업은 신입사원도 경력직원과 마찬가지로 수시채용 방식으로

■■■■ 한국 기업과 서구 기업의 주요 채용 방식 비교(개념적)

구분	한국 기업	서구 기업	특징
모집주기	정기, 공채	수시 모집	1년에 1, 2회 주기, 대규모 모집
인재상	Generalist, 인성 중시	Specialist, 직무 중시	조직 적응과 잠재적 리더 선발에 초점
선발 기준	Hurdle, 평균 기준 통과	Raising Bar, 탁월한 기준 고수	조직 필요에 부합한 기준 중시 아웃라이어 배제
관계 활용	블라인드 채용	레퍼런스(추천) 채용	사적 관계 개입으로 인한 공정성 훼손 우려
채용 권한	경영층, 인사부서장	사업부장, 현업부서장	전사의 필요 인력을 통한 모집, 선발

모집한다. 공석이 되었거나 신규 포스트가 나오면 우선 해당 직무를 잘할 만한 내부직원 공모를 통해 순환 배치한다. 적합한 후보자가 없을 경우 임직원의 지인 추천을 받거나, 인사부서의 채용 담당자가 외부 리크루팅 업체나 온라인을 통해 모집한다. 채용 계획 단계에서 어떤 직무에 대한 인력을 모집할지 결정되어 있으므로, 직무 전문가를 뽑는 절차로 자연스레 진행되고, 임직원이 전문가 네트워크를 가장 잘 알기 때문에 추천 채용Referral이 일반화되어 있다. 더 나아가 일반인들이 자신의 이력서를 SNS에 올려 두면 기업 채용 담당자들이 검색해 보고, 후보자를 선정하여 연락하는 소셜네트워크 리크루팅Social Network Recruiting이 보편화되어 있다.

한국과 서구기업의 채용문화 왜 다를까?

우리 기업들이 공채, 조직적응력과 인성 중시, 블라인드 채용 등 한국적 채용 방식과 관행을 유지하는 이유는 우선 사람 중심의 인사시스템에서 찾을 수 있다. 서구 기업들이 직무에 따라 인재 시장이 형성되고, 직무에 기반하여 채용과 보상 등이 이루어지는 데 반해, 우리는 기업에 속한 인재상에 따라 사람을 뽑고, 평가, 보상하는 등 운영한다. 더하여 과거시험의 전통과 대학입시, 정부의 각종 고시 등 독특한 채용문화도 한몫하고 있다. 문화 특성이 기업 채용에 어떻게 작용하고 있는지 한국 문화 특성과 한국인의 가치관 등 조사 내용을 고려

■■■■ 최근 기업 채용 환경의 변화(PEST분석)

구분	주요 변화(키워드)
정책, 법규 변화 (Policy)	채용절차법제화, 차별금지(성별, 학교, 지역 등), 블라인드 채용, 인권보호(갑질 이슈, 성희롱 등), 비정규직 차별금지 등
경제환경 변화 (Economy)	인력구조의 변화(장기적 대졸 인력부족, 은퇴에 따른 숙련인력 부족 현 상 등), 플랫폼 직원의 증가(Gigs 경제), 청년/장년간 고용 시장 경쟁 등
사회환경 변화 (Society)	밀레니얼 세대의 진입(Z세대)으로 세대간 차이 심화 워라밸 고용브랜드(일자리의 질, 기업문화, 일하는 방식 등) 중시 등
기술 변화 (Technology)	SNS 모집(링크드인 등), AI 면접 등 정보통신기술의 발전에 따른 변화

하여 살펴본다.첫째, 집단주의 공채 관행에서 수시 채용문화로 이행을 준비해야 한다. 전문 직무 중심의 채용 트렌드뿐만 아니라 장기적 응시자 인력 규모가 감소하는 상황도 고려해야 한다. 물론 당장 공채를 폐지하고 직무별 수시 채용으로 대체하기 쉽지 않다. 우선 연구개발, 정보통신기술 분야 등 기술 전문성을 갖춘 분야부터 전문가 수시 채용 방식을 점진적으로 도입하는 시도가 필요하다. 이에 반해 전사적 조직 역량이 중요한 기획지원, 생산, 영업 등 사업 분야는 기존 채용 방식을 일정기간 유지해 볼 수 있다.

최근 한국경제연구원의 300인 이상 매출 500대 기업의 채용 계획 조사에 따르면, 신입사원 채용 시 가장 중요하게 평가하는 항목으로 '지원하는 직무에 대한 이해(65.1%)'와 '전공역량 함양(40.5%)'로 나타났다. 이로 인해 '대졸신입 수시채용 비중이 증가할 것(50.8%)'으로 전망하고 있으며, 일부 기업들이 전문 직무 분야에 수시채용을 도입하기 시작했다.

기업의 수요에 맞추어 수시채용 방식을 운영하려면 우선 '직무별 채용 방식'이 선행해야 한다. 공채의 경우 지원분야를 선택하더라도 차후 배치 과정에서 조정하는 경우가 많아 직무중심 채용이 무색해지곤 한다. 반면 지원분야와 배치부서를 지원단계부터 확정한다면 직무 전문성을 고려하여 선발 방식을 구성할 수 있다. 물론 전문 엔지니어, 연구개발, 소프트웨어 개발 등 신입사원 시기부터 전문성 발휘가 가능한 분야는 손쉽게 적용할 수 있다. 반면 일반 사무 스탭의 경우 신입사원의 전문성과 직무를 직접 연결시켜 채용하기에 다소 한계가 있다. 최근 대기업들이 그룹차원에서 신입 수시채용을 도입한 경우를 살펴보면 기술 분야에 제한하여 확산하는 양상을 볼 수 있다. 채용 실무자는 자사의 채용 필요 직무의 분포와 패턴에 대한 분석을 통해 적합한 채용 방식을 검토할 필요가 있다.

둘째, 정보통신기술을 활용한 객관적 채용 선발 방법론 개발에 관심을 가져야 한다. 신뢰가 낮은 한국 문화 특성을 고려할 때 채용 절차의 공정성을 높여 연고주의로 인한 비윤리의 가능성을 사전에 차단해야 할 것이다. SNS를 활용한 전문 인력 모집, 빅데이터 기반의 채용 서류 검토, AI를 활용한 화상면접 등 과학적 방법론을 개발하여 적용하면 응시자가 체감할 정도로 공정성이 높아지고, 기업의 채용비용도 절감하는 등 두 마리 토끼를 잡을 수도 있다. 소셜채용기업 링크드인의 조사결과 채용과정에 AI를 활용할 경우, 비용 절감(67%)과 편견/오류를 줄이는(43%) 효과를 거둘 수 있다고 한다. 다만 채용 방법론을 개발할 때 우수한 인재를 선발하는 도구로서 타당성을 검증하기 위한 분석 과정이 선행되어야 할 것이다.

디지털 기술 도입 초기에 기업의 관심은 SNS를 활용한 리크루팅에 집중됐다. 인재 모집을 중개하고 영업사원의 개인홍보를 위한 SNS로 급성장한 링크드인에 더하여 페이스북 등 기존 SNS도 기술 인재를 찾아내는 채널로 각광을 받았다. 소셜채용 SNS는 가입한 기업에게 모집 공고, 인턴 및 파트타임 업무에 대한 상사의 평가결과, 중량급 인재 헤드헌팅 등 프리미엄 서비스를 제공하기도 한다. 특히 정규직 채용보다 일정 기간 계약관계로 일할 수 있는 전문가를 중개해 주는 온라인 플랫폼으로 정착하면서 수시 인재활용과 계약종료가 가능한 '긱스 이코노미Gigs economy'의 기반으로 자리잡았다.

최근 디지털 HR을 바라보는 시선은 'AI 면접관'에 쏠려 있다. 면접은 채용과정에서 가장 많은 시간과 비용을 들여야 하기 때문에, 채용 의사결정 직전에 소수 응시자를 대상으로 실시할 수밖에 없는 현실이다. 면접은 응시자와 대면 교류를 통해 서류전형이나 각종 검사를 통해 살펴보는 텍스트에 비해 풍부한 정보를 제공해 준다. 스트레스 면접 시 질문에 대한 답변 이외에 시선처리, 목소리의 억양과 톤, 대화하면서 몸으로 보여주는 비언어적 소통은 면접이 아니면 얻을 수 없는 경험이다. 선발도구 중 채용 후 성과를 예측하는 타당도가 가장 높은 면접을 대규모, 저비용으로 수행할 수 있는 비디오면접, AI면접 등 디지털 면접은 기업 채용담당자의 주요 관심사이다.

■■■ 화상면접 플랫폼 사례

  미국 채용컨설팅사 하이어뷰Hirevue는 기업에 화상면접 플랫폼을 제공하는 서비스로 주목받고 있다. 화상적성검사Video Assessment와 화상면접Video Interview을 제공하는데, 기업들은 대규모 서류전형 방식과 초기 면접 중간 정도의 절차로 활용한다.

  화상검사는 게임화Gamification 원리에 기반하여 지능검사, 인지능력검사, 적성검사 등 역량영역별 문제를 화상으로 출제하고, 응답이 맞고 틀리냐에 따라 다음 문제의 난이도를 결정하여 개인별로 맞춤형의 문제를 제시한다. 응시자는 자신의 응답에 따라 흥미로운 문제가 계속 제시되기 때문에 15분 내지 20분 정도의 검사시간에 솔직한 답변 태도를 유지할 수 있다. 검사를 통해 수리력, 문제해결력 등 인지역량 외에도 답변 과정에 응답 속도, 어조 등도 평가하여 통제력, 스트레스 수준도 병행하여 감성지능과 사회적 역량도 측정한다.

  화상면접은 비즈니스 프리젠테이션, 직무면접, 행동사건면접Behavioral Event Interview 등 구조화된 면접 기법을 온라인 화상을 통해 진행하는 것이다. 화상면접이 시작되면 자동으로 질문을 던지고, 답변을 고려하여 다음 질문을 제시하여 개인 맞춤형 면접이 30분 정도 이루어진다. 회사의 경영철학, 인재상 등 선발 기준을 사전에 인공지능으로 학습하여 답변을 분석함으로써 응답자의 적합성을 검증한다.

  셋째, 모집 실무자의 역할을 강화하고 실무부서의 참여도 활성화할 필요가 있다. 모집과 채용 단계에서 차별을 최소화하기 위해 스펙이나 개인 정보를 활용하기 어려워 짐에 따라 역량을 검증하는 데 어려움을 겪게 된다. 다양한 분야의 실무 전문가 면접을 통해 기술력과 조직 적합성 등을 검증하는 과정도 중요해진다. 특히 비범한 전문가를 선발하려면 수차례에 걸친 실무 전문가의 검증이 바람직하다.

밀레니얼 세대의 응시가 확산됨에 따라 응시자도 조직생활의 현실을 구체적으로 확인하는 과정을 거쳐야 중도에 이탈하거나 채용 후 이직에 따른 손실을 줄일 수 있다. 최근 유튜브를 통해 실무자의 직장 체험 동영상을 소개하는 기업들이 늘고 있는 것도 바로 현실적 직무 체험Realistic Job Preview을 통해 기업과 응시자가 직접 소통하려는 세태를 반영하고 있다. 제조업체 GE도 소프트웨어 엔지니어의 실제 모습을 담아 유튜브에 배포해 소프트웨어 개발자 대상의 '고용브랜드 마케팅'을 전개했다. '가상 신입사원, 오언에게 무슨 일이 생겼나?'(What's the matter with Owen?)라는 동영상은 조회수 80만 건을 기록할 정도로 응시자들에게 입사 후 생활을 생생하게 보여줬다.

█ 모집, 선발 과정에서 실무 부서, 담당자의 역할(가설적)

절차	실무 역할과 활동(예시)	실무 참여도	
		현재	향후
홍보	직장 / 직무 프리뷰(SNS, 동영상 앱 등)	△	○
모집	캠퍼스 리크루팅, SNS 리크루팅 등 모집활동 참여, 지인 전문가 모집 참여 등	○	◎
검사 개발	직무 수행역량 설정 및 필요 역량 정의, 검사 파일럿 테스트 참여 등	△	○
면접	직무 면접의 면접관 참여 등	○	◎
채용 의사결정	채용 수요 조사 및 T/O 제시, 실무 면접 의견 반영 등	△	◎

앞으로 기업은 홍보, 리크루팅, 검사개발, 면접 등 모집과 선발 전 과정에 실무부서 담당자의 참여 확대를 생각해볼 수 있다. 현재 일부 실무진의 참여를 통해 성과를 거두고 있지만, 인사부서 직원과 함께 채용 업무를 지원하는 수준에 그치는 경우가 일반적이다. 예컨대 실무 면접에 일반 면접자 역할을 맡아, 다른 부문이나 부서에 배치될 응시자 면접에 일손을 빌려준다.

반면 구글 등 서구기업은 수백 명의 리크루터가 직접 소셜 네트워크를 통해 대상자를 발굴하고, 실제 업무를 함께 할 직원들이 순차적으로 10회 이상의 인터뷰를 진행하게 된다. 앞으로 함께 일할 동료들이 직접 면접에 참여하여 조직 내 화합이 가능할지 확인한다. 우리 기업도 전문 역량을 강화하고 에자일 조직을 바탕으로 경영의 속도를 높이려면 실무진이 함께 일할 부서 응시자를 모집하고 선발하는 과정에 적극적으로 활동해야 할 것이다.

성장을 거듭해 온 우리 기업은 글로벌 기업과 경쟁, 신기술 혁신 등 유래없는 변화의 시대 앞에 서 있다. 그간 도전과 열정, 그리고 조직 역량을 앞세워 글로벌 기업으로 성장하는 데 성공했다면, 이제 선도기업을 뛰어넘는 기술력, 비범한 직원이 만들어 낸 차별화된 제품과 서비스 등 기업의 경쟁력 확보가 관건이 되는 상황을 맞이하고 있다. 글로벌 경쟁사 임직원의 수준을 뛰어넘는 탁월한 인재의 모집과 선발이 가능하도록 새로운 채용문화 구축과 운영 혁신에 우리 기업들이 나서길 기대해본다.

개인화와 협업, 디지털 조직 혁명

"프랑스 전역에 남아 있던 개신교 예배를 전면 금지한다."

1685년 10월 태양왕 루이 14세는 종교 자유를 허락했던 낭트 칙령을 폐지하는 퐁텐블로 칙령을 반포했다. 프랑스의 칼뱅주의 개신교인인 위그노들은 가톨릭 교도들의 박해를 피해 영국으로 망명한다. 영국으로 망명한 2만여 명의 위그노들은 대부분 상업, 철강업, 정밀 기계공 등 최고 엘리트 계층이었다. 이들은 증기기관 기술과 면방직 공업의 기틀을 마련해 영국의 산업혁명을 주도했다.

프랑스 경제 기반을 떠받치던 위그노들의 이주는 바로 프랑스 국부 유출로 이어졌다. 영국에 도착한 위그노들은 엘리자베스 1세의 적극적인 후원을 바탕으로 자신들의 지식, 그리고 기술 경험을 살려 방직 산업과 무역업을 일구었다. 영국에서 철도와 증기기관을 발명해 영국의 산업혁명을 주도한 것도 그들이다. 불과 1세기가 지나기도 전에 영국은 산업혁명을 일으켜 세계를 제패했고, 프랑스는 산업 기반은 물론 배고픔에 지친 시민들의 혁명으로 정권마저 붕괴하고 말았다.

국가 간의 인재와 기술 경쟁이 어떠한 결과를 가져오는지 극명히 보여주는 이 역사적 사건은 여전히 시사하는 바가 크다. 외부에서 혁신 기술과 인재를 유치하는 기업이 성공을 거두는 사례가 많아지면서 기업들이 잇달아 개방과 협업Open & Collaboration에 나서고 있다. 4차 산업혁명기를 선도하고 있는 기업들의 조직 운영 사례를 연구해보고 우리 기업들의 시사점을 살펴보자.

선택 아닌 필수,
개방과 협업

소위 개방적 혁신Open Innovation을 선도하는 기업으로 글로벌 생활소재 기업인 P&G를 꼽을 수 있다. P&G는 내부 기술혁신과 연구개발만으로는 차별화된 제품을 개발하는 데 한계를 느끼고, 2000년 초부터 전사적으로 열린 혁신을 추진했다. 연구소의 제품 개발 단계에서 필요한 기술은 외부에서 조달하기 시작한 것이다. 프링글스 감자칩에 어린이들이 좋아하는 그림을 인쇄하는 상품을 기획한 후 내부개발로는 2년 이상의 시간이 걸릴 것으로 판단하고, 외부에 적당한 기술이 있는지 찾아보았다. 여러 사업체를 탐색해본 결과 이탈리아의 작은 제과점이 케이크에 글씨를 인쇄하는 기술을 벤치마킹해 보고 계약

Pitch	Pilot	Partner
● 유니레버 각 사업부에서 필요한 과제 제시 → 스타트업 기업이 아이디어 제안	● 필요한 아이디어 가진 스타트업 기업 선정 → 파일럿 프로젝트 시작	● 파일럿 프로젝트 성공 시 계약 → 파트너십 계약, 투자 통해 프로젝트 규모 성장

자료: www.unilever.com/foundry

을 맺어 기술을 인수했다. 그 결과 새로운 제품을 개발하는 기간과 비용을 절반 이하로 낮출 수 있었다. P&G는 이러한 외부기술 소싱을 C&D^{Connect & Development}로 정의하고 확산함으로써 신제품 개발 전반의 프로세스와 비용을 획기적으로 혁신했다.

생활용품 스타트업 기업 쿼키^{Quirky}는 고객이 제품 개발에 참여할 수 있는 아이디어 플랫폼을 활용해 큰 성과를 거두고 있다. 고객이 제품 아이디어를 낼 수 있는 웹사이트를 운영하면서 회원들이 아이디어를 제안하게 하고, 회원들이 투표로 좋은 아이디어를 선정하면 전문가 심사를 거쳐 시제품을 만든다.

개방적 혁신은 제품 개발 이외의 영역에도 퍼지고 있다. 영국에 본사를 둔 생활소재기업 유니레버^{Unilever}는 '파운드리^{Foundry}'라는 프로그램을 통해 신제품을 개발하고, 내부 문제를 해결한다. 이 프로그램은 일종의 외부 스타트업 기업 간의 경진대회라고 할 수 있는데, 홈페이지에 유니레버의 400개 사업부에서 해결해야 할 과제를 제시하면 이에 응모하는 방식이다. 주기적으로 열리는 발표회에서 좋은 해결책을 제시한 팀에게 한화로 5,000만 원 내외의 자금을 주어 파일럿 프로젝트를 3~4개월 추진한다. 좋은 결과가 나오면 본격적으로 파트너 계약을 맺거나 심지어 회사를 인수해 사업부로 키우기도 한다.

파일럿 프로젝트를 수행하는 과정에 내부 직원이 멘토로 참여해 사업 경험과 지식을 전수하기도 하고, 반대로 새로운 기술을 갖춘 스타트업으로부터 역멘토링을 받는 기회를 얻기도 한다. 장수기업인 데 반해 혁신에는 보수적이었던 유니레버 직원들에게 파운드리 프로그램은 혁신 마인드를 흡수하고 개방과 혁신이 문화로 정착하는 계기가 되었다.

위계조직과 데이터 사일로의 붕괴, 수평적 조직문화로 이어지다

'전문관료, 피라미드 위계, 상의하달, 연공서열……' 21세기 기업 조직 구성원에게는 거의 유물에 가까운 관료제Bureaucracy 조직 원칙들이다.

19세기 말 막스 베버Max Weber는 합리적인 권위에 기초해 구축된 관료체제를 국가와 기업을 효율적으로 운영할 수 있는 가장 이상적인 조직 체제로 설명했다. 백여 년 이상 서구 기업의 성장뿐만 아니라 한국 기업의 성장에도 큰 도움을 주었던 일사불란한 사업조직구조는 공장 생산공정처럼 강력한 분업과 위계를 통해 안전한 조직관리가 이루어져야 하는 분야에 여전히 많이 남아 있기는 하다.

반면 위계적 관료체제는 21세기에 들어 오히려 전문가 간, 부서 간의 협업을 가로막는 장애물로 치부되고 있다. 최근 정보통신기술의 발달로 고도의 데이터를 수집하고 분석해 생산과 유통을 제어할 수 있는 유연한 체제로 전환됨에 따라 부서 간, 개인 간 장벽으로 인해 경험, 지식과 데이터를 서로 자유롭게 활용할 수 없다는 것은 큰 장애가 될 수 있다. 경영의 대가 마이클 포터Michael Eugene Porter는 스마트한 사업조직으로 변신하기 위해서는 전사의 데이터를 통합적으로 다룰 수 있고, 생산-연구개발, 마케팅-영업-고객서비스 간의 협업이 활성화되어야 함을 역설한다.

기업의 스마트화는 여러 부문의 협업을 거쳐야 하지만, 특히 데이터를 수집하고 분석하며 제어하는 과정에서 긴밀하게 협력해야 한다. 무엇보다 모든 조직이 고도의 자료 수집과 분석을 통해 자동화되려면 전사적인 통제가 가능하도록 CEO 직속의 데이터 총괄 부서가 필요하다. 예컨대 직원의 성과평가와 보상의 근거로 삼기 위해 방대한 생산성 데이터를 분석하려면 생산본부장과 인사담당 임원이 서로 데이터에 접근할 수 있도록 승인해주어야 한다.

만일 부서 간 '데이터 사일로 현상'이 심화한다면 신속히 데이터를 분석하고 의사결정에 활용할 수 있는 체제를 갖추기는 쉽지 않다. GE, 지멘스, 포드 등 스마트화를 추진하는 기업들은 한결같이 데이터총괄 임원CDO, Chief Data Officer 또는 디지털총괄 임원Chief Digital Officer을 새롭게 임명하고 IT 지원부서의 협조를 받아 전사적인 데이터 활용을 가속화하고 있다.

연구소와 IT부서의 깊은 협력은 스마트 기업의 필수요소가 되고 있다. 제품 개발 단계부터 차별화된 기능을 갖춘 소프트웨어를 함께 개

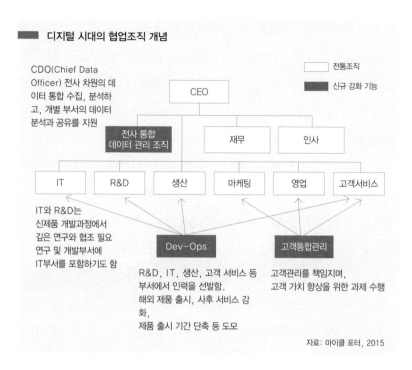

■■■■ 디지털 시대의 협업조직 개념

CDO(Chief Data Officer) 전사 차원의 데이터 통합 수집, 분석하고, 개별 부서의 데이터 분석과 공유를 지원

☐ 전통조직
■ 신규 강화 기능

CEO

전사 통합 데이터 관리 조직 / 재무 / 인사

IT / R&D / 생산 / 마케팅 / 영업 / 고객서비스

IT와 R&D는 신제품 개발과정에서 깊은 연구와 협조 필요 연구 및 개발부서에 IT부서를 포함하기도 함

Dev-Ops

고객통합관리

R&D, IT, 생산, 고객 서비스 등 부서에서 인력을 선발함. 해외 제품 출시, 사후 서비스 강화, 제품 출시 기간 단축 등 도모

고객관리를 책임지며, 고객 가치 향상을 위한 과제 수행

자료: 마이클 포터, 2015

발해 제품에 장착하는 기업이 늘고 있다. 스마트폰은 각종 앱과 병행해 개발이 이루어진다. 자율주행자동차의 개발은 각종 소프트웨어와 인공지능이 핵심기술이라고 할 수 있다. 심지어 샴푸나 식품 같은 생활용품을 출시할 때에도 소비자 프로모션을 위한 웹페이지의 개발이나 모바일 앱을 활용하는 모습을 어렵지 않게 발견할 수 있다. 더 나아가 신제품 개발하고 출시하는 과정에서 생산공정의 개선과 고객관리를 함께 개선해 추진해야 하다 보니 마이클 포터는 Dev-Ops개발운영협력체계의 중요성을 어느 부문 간 협력보다 강조하고 있다.

디지털 기업으로 변신하려는 궁극적인 목표는 고객가치를 높여 기업의 수익성을 높이는 데 있다. 과거 대량생산 기업들이 고도화된 정보 시스템과 통신기술 덕분에 스마트화를 추진하면서 개별 고객의 요구와 수요에 맞추어 제품을 생산해 제공하는 정교한 프로세스를 운영할 수 있게 되었다. 아디다스가 인건비가 저렴한 동남아에서 기술력이 강한 독일로 되돌아간 이유는 바로 소량 맞춤형 생산이 가능한 대형 자동화 설비 구축이 가능해서였다. 개인마다 발 모양이 다소 다른 점을 주문에 반영해 조금씩 다른 개인맞춤형 신발을 한 공정에서 순차적으로 생산하려면, 설계도를 고객에 맞추어 변경해 생산할 수 있는 설비가 필요하기 때문이다. 이를 위해서는 마케팅과 영업에서 고객의 주문정보를 통합관리하고, 사후 서비스까지 일관되게 고객 케어를 할 수 있도록 관련 부서의 협력체계가 장착되어야 한다.

벤처기업이나 스타트업 기업과 같은 도전적인 기업들은 조직 간 협력을 활성화하기 위한 수평조직의 장점을 살리면서도 내부 인력과 조직 간 건전한 경쟁을 통해 혁신을 이끌고 있다. 애플이나 페이스북 같은 글로벌 기업뿐만 아니라 네이버, 카카오 같은 국내 IT 기업과 하나은행과 같은 앞선 기업들이 셀Cell 조직을 도입하면서 네트워크 조직으로 변화를 꾀하고 있다. 셀 조직은 기획과 실행 기능을 모두 갖춘 독자적인 조직으로 운영하면서 규모가 성장하면 CICCompany In Company, 기업 내 사업 개념을 적용해 독립 사업부로 개편되기도 한다. 수평적인 협력과 경쟁을 통해 빠른 성장을 추진하는 데 적합한 조직이지만 한편으로는 과도한 경쟁으로 인한 폐해가 앞설 수 있으므로 벤처전략을 구사하기 적합한 기업만이 조심스럽게 도입하고 있다.

조직관리에도
ICT 물결이 일다

기업의 스마트화를 추진하려면 외부조직과의 개방적 협업과 내부 부서 간 협력체계를 강화해야 할 뿐만 아니라, 조직관리에도 스마트 기술을 활용할 수 있어야 한다. 선진기업들은 조직 간 협력 수준을 진단하고 협업의 장애 요인을 개선하는 데 정보통신기술을 활용하려 하고 있다.

미국의 보잉사, 퀄컴, 시만텍과 같은 글로벌 기업들은 IT 기술로 조직 간 관계를 측정함으로써 조직을 개선하는 데 큰 도움을 얻고 있다. 이들 기업은 직원들의 동의하에 볼로메트릭스Volometrix라는 빅데이터 분석 소프트웨어로 그들의 메일과 일정 정보를 분석하고 있다. 직원들이 주고받은 업무 메일을 통해 어떻게 협조를 요청하고, 협업이 적절히 이루어지는지 응답 내용을 분석하고 실제 일정상 어떤 직무를 가진 담당자들 간의 미팅과 협업이 활성화되는지 확인하는 것이다. 분석 결과를 통해 협력 수준을 점검하고 개선이 필요한 부서 간에 관계를 개선하는 데 다양한 노력을 기울일 수 있다. 또한 직원들 간 관계와 활동 수준을 분석해 부서 간 재배치에 활용하기도 한다.

뱅크오브아메리카BOA는 전화상담원들에게 위치 측정이 가능한 배지를 나눠주고 휴식시간, 대화시간이 직원들 간 협업에 영향을 주는지 빅데이터 분석을 했다. 그 결과 여러 부서 직원들 간에 이루어지는 커피 휴식시간을 적절히 조정함으로써 이전보다 더 많은 대화와 협력을 이끌어낼 수 있는 최적의 개선안을 발견해 실행할 수 있었다.

집사광익集思廣益. '생각을 모아 이익을 더한다'라는 뜻으로, 기업에서 조직 내 협력을 당부할 때 널리 사용하는 고사성어다. 이 말은 천하의 지략가 제갈량의 말에서 유래했다.《삼국지三國志》〈촉지蜀志〉의〈동화전董和傳〉에는 제갈량이 촉나라의 승상이 된 후 부하를 모두 모아 널리 의견을 구하는 방침을 밝히고 서로 협력해야 뜻을 이룰 수 있다고 당부하는 내용이 있다.

"벼슬을 받고 국가의 일을 보는 이는 독단으로 일하지 않고 여러 사람의 의견을 모아 나라의 이익을 넓히도록 힘써야 할 것이다夫參署者, 集衆思廣忠益也."

워크 4.0 시대에도 규모가 방대한 데이터를 분석하거나 반복적인 일은 기계에 맡길 수 있겠지만 결국 기업을 일구는 것은 경영진과 직원의 몫이다. 우리 기업에 개방적 협업이 자리 잡아 새로운 성장기반을 마련할 수 있길 기대해본다.

인사고과의 종말과
성과관리 진화론

　2015년 8월 백 년 기업 GE는 구조조정과 성장을 가능하게 했던 '10% 룰'을 폐기한다고 선언했다. 전 직원을 평가해 하위 10%에게는 퇴출을 권고하는 성과주의의 핵심 제도를 버린 것이다. 더불어 연간 1회 시행하던 평가 보상 제도도 수시평가로 변경하면서 직원들의 역량을 개발하기 위한 코칭을 중심으로 성과관리 제도를 혁신했다. 이는 백여 년간 유지해오던 연말 인사고과의 종말을 고한 일대 사건으로 기록됐다.

　글로벌 컨설팅사 액센츄어의 2016년 성과관리 관련 조사에 따르면, '성과관리가 사업목표 달성을 지원하고 있다'라고 응답한 임직원은 29%에 불과하지만, 성과관리 방식이 변화해야 한다는 임직원은 89%에 달한다. 회사의 성과관리 방식이 도움이 되는 수준에 대해서도 '디지털 시대의 역량을 개발하는 데 도움이 된다'(40%), '협업을 촉진한다'(35%), '변화하는 시대에 적응할 수 있도록 지원한다'(34%), '창의성을 발휘하도록 한다'(32%) 등 혁신을 가속하는 데 있어 부족하다는 평가를 내리고 있다.

이래서는 4차 산업혁명 시대의 디지털 인재를 육성하고 새로운 혁신 문화를 정착시키는 데 있어 기존의 성과관리 제도만으로는 충분히 동기부여하기 어렵다는 판단이 들 수밖에 없다.

아날로그 시대의 인사고과가 경영환경의 변화를 반영해 어떻게 디지털 성과관리로 진화하는지, 우리 기업이 고려해야 할 디지털 시대의 성과관리 방식을 검토해본다.

디지털 성과관리의 변화 모습

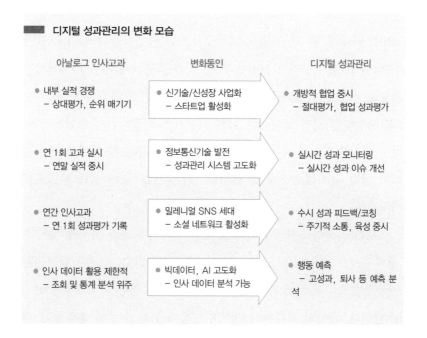

전문화된 분업
vs 조직 간 협업

　2016년 맥킨지컨설팅사는 보고서를 통해 기계적 인사고과를 버리고 구성원의 열정과 정서적 몰입을 얻기 위해 성과관리 체계의 재발견이 시급하다고 조언하고 있다. 백여 년 전에 테일러는 조직의 분업과 전문화를 통해 생산성을 폭발적으로 향상할 수 있다고 주장했다. 하나의 핀을 생산하기 위해 한 사람이 모든 공정을 수작업할 때보다 철사를 자르는 사람, 끝을 뾰족하게 다듬는 사람, 품질을 검사하는 사람 등으로 분업하면 수십 배의 생산량을 달성할 수 있다는 사실은 당시만 해도 혁신이었다. 이를 위해 분업화된 생산부서에 생산 목표를 부여하고, 이를 달성했는지를 평가하기 시작한 것이다. 전체 공정을 나누어 맡은 작업자별로 생산 목표를 부여하는 평가방식은 새로운 작업방식을 고려해보면 매우 합리적인 제도였다. 백여 년이 지난 지금 개인별로 성과목표를 부여하고 평가등급을 산출하는 제도는 정보통신기술 혁신 시대에는 새로운 융복합을 저해하는 장애 요인으로 작용하고 있다는 인식이 확산하고 있다.

　마이크로소프트의 CEO 스티브 발머가 새로운 소프트웨어를 개발하는 데 있어 '순위 매기기Stack Ranking' 방식이 협업을 저해한다고 한탄한 데에는 바로 '일業'하는 방식, 사업이 변화하고 있음을 간파했기 때문이다. 구글이나 애플은 새로운 소프트웨어를 개발할 때 어느 조직이나 참여할 수 있는 내부 네트워크와 협력을 활성화할 수 있었다. 마이크로소프트는 윈도 운영체제를 업그레이드할 때 클라우드 사업부와 같은 중요 기술을 가진 조직 간 협력이 제대로 이루어지지 않는다는 점이 항상 이슈로 등장했다. 결과적으로 신기술이 제대로 접목되지 않아 차별화되기도 어렵고, 제품 개발에 많은 시간이 소요되어 출시 타이밍을 놓치기 일쑤였다. 결국 스티브 발머는 퇴임 직전에 이르러 순위 매기기 성과평가를 포기하기로 마음먹었다.

마이크로소프트는 상대평가를 폐지하면서 연간 2회의 '커넥트 미팅Connect Meeting'이라는 평가면담제도를 도입했다. 평가자와 피평가자 간에 그간의 성과를 기술한 서술식 업적 평가 결과를 토대로 논의해 평가 결과를 도출하는 방식으로 전환한 것이다. PDF라는 문서 포맷으로 유명한 어도비 역시 2012년부터 상대평가를 폐지하고 연중 자율로 별도의 양식 없이 평가자가 피평가자에 대한 코칭 결과를 정리해 평가하는 제도로 바꿨다.

국내 기업들도 선진기업들의 변화에 자극받아, 상대평가를 폐지하고 절대평가로 나아가고 있다. 네이버는 '리뷰'라는 제도를 도입해 평가 등급 대신 함께 일한 상사, 동료, 부하로부터 업무 성과에 관해 피드백을 받을 수 있도록 성과평가 제도를 정비했다. LG전자와 두산그룹 역시 2013년부터 상대평가를 폐지하고 예외적으로 일정 비율의 우수한 팀원에게만 S를 부여하거나, 평가자와 피평가자 간에 합의해 등급을 결정한다.

상대평가를 폐지한 기업들이 내세운 목적은 한결같이 그간 인사평가로 인해 경쟁이 과열되어 동료 간의 협업이 훼손되는 데 대한 문제를 제기하고 있다는 점에 주목할 필요가 있다.

정보통신기술의 발전과
실시간 성과관리

2000년 초 글로벌 기업뿐만 아니라 우리 기업의 성과관리에 가장 큰 영향을 주었던 변화동인은 바로 BSC^{Balanced Score Card, 균형적 성과관}리다. 회사 내의 재무적 성과뿐만 아니라, 고객성과, 프로세스 지표, 학습과 역량 지표를 분석해 조직과 개인의 성과를 골고루 평가에 반영하면 단기적 성과뿐만 아니라 장기적 성과를 높이는 체질을 다질 수 있다는 혁신적인 방법론이었다. BSC는 기업뿐만 아니라 공기업과 정부의 성과평가 방식에도 영향을 미쳐, 매출과 영업이익 위주의 평가방식을 바꾸는 데 혁혁한 공을 세웠다. 그러나 현장의 프로세스와 역량 수준에 대한 과정 지표를 수시로 측정하기 어렵다 보니 성과 데이터가 충분하지 않아 평가의 실효성이 부족하다는 반론에 직면했다. 결국 BSC를 버리는 기업이 속출하고, 저성장기에 기업 실적 부진까지 겹치다 보니, 생존하기 위해 결과지표 위주로 평가하는 관행이 되살아나고 있다.

BSC 성과관리의 기저에는 재무적 결과를 가져오는 프로세스와 조직 역량과 같은 선행지표를 실시간 측정해 문제를 사전에 발견하고 개선함으로써 지속해서 성과를 개선해 나가자는 원리가 자리 잡고 있다. 선행 지표를 실시간 측정하려면 기업의 각 부서 활동과 관련된 시스템 데이터가 자동으로 집계되어 경영진과 관리자들이 볼 수 있도록 정보통신기술이 비약적으로 발전되어 있어야 한다.

그러나 10여 년 전만 해도 기술력이 부족해 실시간 모니터링은 엄

두도 내지 못하는 상황이 비일비재했고, 결국 BSC는 폐기되는 운명에 처했던 것이다. 빅데이터 분석 기법이 급약적으로 발전한 최근에는 실시간 성과지표의 집계와 분석이 가능한 수준으로 기술혁신이 이루어지고 있다.

이에 힘입어 다시금 수시성과관리라는 화두가 현실화될 조짐을 보인다. 스마트팩토리 기술이 발전해 나아감으로써 각 공정의 데이터가 실시간으로 집계되어 작업 성과를 간판에 보여주는 '공정 성과 비주얼'이 가능해지고, 제품별뿐만 아니라 작 업자별 실적 데이터를 바로바로 모니터링할 수 있다. 경영자와 부서장들이 현재 성과 수준을 세부적으로 모니터링할 수 있게 되면서 직원들에게 수시로 작업 수준과 역량에 대해 개선이 필요한 사항을 피드백할 수 있는 인프라가 마련된 것이다.

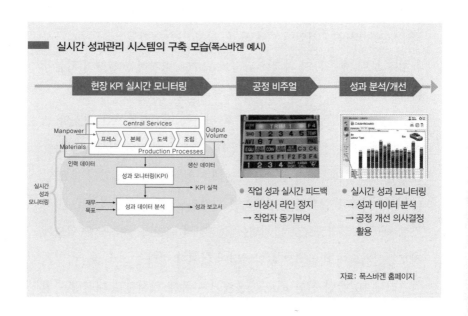

실시간 성과관리 시스템의 구축 모습(폭스바겐 예시)

자료: 폭스바겐 홈페이지

하향식 평가에서
상호 피드백/코칭으로 진화

　과거 인사고과는 1년에 한 번 상사가 부하를 평가하는 방식이었다. 물론 목표를 설정하는 과정을 도입하기도 하고, 평가 결과를 피드백하는 제도적 개선이 이루어졌지만, 근본적으로 상사의 평가권한을 통해 조직을 관리하는 방식이 일반적이었다. 평가가 일방적이다 보니, 불공정하다는 구성원의 인식이 많았다. 이러한 인식은 상사에 의한 하향식 성과관리에서 비롯된 경우가 많다. 밀레니얼 세대는 소통을 중시하고, 회사의 정책에 대해 관심을 가지며 내가 무슨 일을 하고 있는지에 대해 좀 더 많이 알고 싶어 한다. 메일, SNS 등 모바일 소셜 네트워크가 활성화되다 보니, 상사와 부하 간의 소통이 더욱 중요해지고 있다. 이러한 세태를 반영해 성과관리 과정에서도 소통의 중요성이 강조되고 있다.

　미국의 HR조사기관 yourERC의 성과관리 실태 진단 결과(2016년)를 살펴보면, 상사는 평가과정에서 '지속적인 피드백과 코칭'하는 역할이 1위(85%)를 차지한 것으로 나타났다. 또한 직원들은 2위로는 평가 피드백 작성(84%), 3위로는 성과리뷰 논의(83%)를 꼽아, 성과관리에서 상사의 소통과 코칭 역할이 무엇보다 중요하다고 인식하고 있다.

　더 나아가 실리콘밸리의 정보통신기업들은 실시간 성과평가가 가능한 기술을 어느 기업보다 많이 가지고 있다. 페이스북은 상사가 프로젝트 진도에 대해 모니터링하면서 '시시콜콜 실시간 피드백ad hoc feedback'할 수 있는 소프트웨어를 활용해 감사를 표하기도 한다. 상사

뿐만 아니라 동료도 소위 '대단한 일'을 달성한 동료에게 피드백할 수 있고, 이런 피드백을 모아 정기 인사 평가에 반영할 수도 있다. 딜로 이트는 '성과 스냅샷Performance Snapshot'을 이용해 주간 단위로 점검하는 세션을 운영하고 있고, 분기 또는 프로젝트를 마칠 때마다 성과에 대해 토론세션을 운영하고 이들 수시평가 결과를 종합해 최종 평가에 반영한다.

GE는 수시성과관리 제도를 도입하면서, 실시간 피드백이 가능한 모바일 앱을 개발했다. 상사나 동료가 업무 진행 과정 및 실적과 관련된 의견을 마치 SNS를 이용하듯 이모티콘과 짧은 코멘트를 통해 손쉽게 나눌 수 있다. 상사와 직원은 업무에 대한 수많은 피드백을 모아 보면서 그간의 성과를 평가할 뿐만 아니라, 역량을 개선해야 할 필요성에 대해서도 언제 어느 곳에서라도 논의할 수 있게 됐다.

■ GE의 PD@GE 앱을 활용한 실시간 피드백/코칭 사례(맥킨지 종합)

- 성과목표 구조화
- 비공식 피드백 활성화
- 상사, 동료, 고객에 대한 피드백 요청
- 즉각적인 칭찬, 개선 요구 전달 가능
- 이모티콘 통한 정서적 피드백
- 연중, 다면 실시간 피드백

자료: 맥킨지

ICT를 활용해
성과를 분석하는 시대

임직원의 성과를 평가하고 관리하는 목적은 회사가 기대하는 실적을 제대로 달성했는지 확인하고, 달성 정도에 따라 보상함으로써 성과달성을 동기부여하는 데에 있다. 구성원은 노력해 좋은 성과를 낸 만큼 보상을 받는다면, 성취감을 느끼게 된다. 한편 기업으로서는 임직원이 성과를 가로막는 장애 요인을 제거해 성과를 개선하는 것도 중요하다. 수년간 쌓아 둔 조직의 성과지표와 구성원의 인사평가지표 관련 빅데이터를 분석해보면, 성과가 미흡한 분야와 그 이유를 분석해볼 수 있다. 이를 통해 차기 성과 개선을 위해 업무목표를 조정하거나, 조직 및 인력관리 방식을 개선하는 아이디어를 도출할 수도 있다. 예컨대 프로야구단이 개인별 출루율과 타율 등을 분석해 다음 경기를 잘 풀어나가려면 어떤 훈련을 할지 확인하는 것과 같다.

최근 빅데이터 분석 기술과 인공지능 기술이 발전하면서 조직과 개인의 업무 특성과 성과 데이터를 분석해 개선 요인을 파악하기 위한 성과분석 방법론Performance Analytics이 비약적으로 발달하고 있다. 대표적으로 IBM은 인공지능 프로그램인 왓슨을 활용해 개인의 성과 데이터를 분석한 사례로 유명세를 타고 있다. IBM의 왓슨은 병원에서 환자의 진단 기록을 활용해 어떤 질병에 걸렸는지, 그리고 어떤 치료법을 사용하는 것이 효과적인지 가려낸다. 왓슨이 인사성과 데이터를 분석해 진단하는 것도 이와 같은 방식인데, 임직원의 인사 데이터에 기반해 성과를 예측하는 데에 주로 활용하고 있다. 특히 고성과 임직원

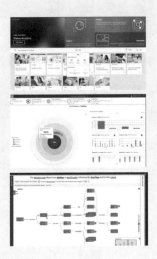

● 임직원 정보 선택
 – 분석대상 범주화
 – 주요 특성 검토

● 예측 정보 제시
 – 고성과, 퇴직 결과
 – 예측변수/강도
  예) 초과근무 갈등

● 의사결정 트리
 – 성과, 근무 결과에
  대한 예측변수 종합 제시

자료: IBM 홈페이지

과 퇴직한 임직원의 특징과 업무 성과에 대한 빅데이터를 분석하는 데에 효과적이다. 성과가 높은 직원과 상대적으로 미흡한 직원 간의 차이가 왜 발생하는지 수년간, 수만 명의 빅데이터를 분석해 특정 요인을 잡아낸다. 분석 결과 성과 수준을 예측해낼 수 있는 변수를 확인해내면 이를 활용해 직원의 배치나 업무 부여, 리더의 관리 방식에 대한 각종 제안을 발굴해낼 수 있다. 예컨대 성과가 높은 직원들이 주로 타 부서와 협업을 통해 성과를 거두었다는 사실이 확인된다면, 타 부서와 협업 활동을 촉진하도록 인사제도를 개선하거나, 협업 프로젝트에 우수한 직원을 배치해 성과를 높일 수 있다.

일본 오라클의 경우 인사이동, 즉 사원의 경력이나 근무실적 평가 결과를 활용해 가장 적합한 부서와 직책을 제안해주는 데 활용할 계획이라고 한다. 직책과 부서를 정할 때 인사부서나 상사가 결정하는 데 비해 학연, 인맥 등의 영향이 줄어들어 공정성이 높아지기 때문에 구성원의 저항과 반발을 다소 누그러뜨릴 수 있다는 장점을 활용하는 사례다. 그러나 기계적인 인사 결정이 실제 성과로 이어질 수 있을지는 좀 더 지켜보아야 한다는 의견도 만만치 않다.

우리 기업은 IMF 외환위기 이후 발 빠른 구조조정과 글로벌스탠더드 도입으로 턴어라운드에 성공했다. 당시 도입된 성과주의는 기업의 군살을 빼고, 기업의 체질을 글로벌 기업과 대등하게 경쟁할 수 있는 반열에 올려놓은 데 큰 공을 세웠다. 이제 4차 산업혁명 시대에 디지털 성과주의를 통해 임직원의 창의적 사고와 도전적 열정을 불러일으켜 새로운 도약의 기회를 만들어내길 간절히 기대해본다.

데이터 중심의
일하는 문화 확산

4차 산업혁명은 구성원 개개인이 경영에 직접 참여하는 조직문화를 건설해나가고 있다. 워크 4.0의 주역이라고 할 만한 기업들은 수평적 커뮤니케이션 문화를 내장하고 있다. 글로벌 1위 데이터 분석 솔루션 기업 SAS도 CEO와 직원 간의 아침 미팅인 '커피와 함께하는 대화 Conversation Over Coffee'를 한 달에 한 번 갖는다. 새로운 변화를 몰고 오는 워크 4.0 기업들은 일하기 좋은 기업문화를 갖추는 데 그치지 않고 '데이터 중심의 일하는 방식'을 체질화하기 위해 전력을 기울이고 있다.

방안 1 ● 데이터 기반 사고로 HIPPO 신드롬을 극복하라

한국 기업에서 근무하는 외국인들은 한국은 임직원 간 상하관계가 명확하고, 상사의 의견에 동조하는 권위주의적 문화가 심하다고들 한다.

소위 'HIPPO^{Highest Paid Person's Opinion} 신드롬'이 극명하게 드러나기 때문이다. 2016년 대한상공회의소가 우리 기업 문화를 조사한 결과, '상

▄▄▄ **아마존의 데이터 기반 문화**

① KPI를 측정하고 분석한다.

회사 내에서 일어나는 모든 일을 측정해야 한다고 생각한다. KPI는 기업이 목표를 달성했는지 알아보는 측정 데이터라고 할 수 있는데, 아마존에서는 업무와 관련해 중요한 지표는 모두 측정하고 분석하려고 한다. 일반적으로 유통회사는 고객 경험과 만족도 위주로 측정하지만, 아마존은 재무적 이슈, 웹 개발 관리, 인적자원 관리 등 가능한 한 모든 기능을 측정하려고 한다. 예컨대 부서 내 직원 간의 인간관계도 측정하고 관리하려고 한다.

② 직원들도 데이터에 접근할 수 있는 권한을 갖는다.

직원들도 자신이 일하는 데 필요한 데이터에 접근하고 분석할 수 있는 도구를 지원받을 수 있다. 직원들이 직접 분석한 데이터에 근거해 논의하기 때문에 임원과 대등한 위상으로 토론에 임하고, 의사결정에 참여할 수 있다. 타기업은 데이터를 IT 부서에 요청하고, 만약 허락을 받아야 한다면, 바로 부서 내에 '데이터 키퍼^{Data Keeper}'가 있다. 아마존 직원들은 누구라도 '대시보드 소프트웨어'를 통해 조직 내부의 KPI 데이터를 조회하고 분석할 수 있다.

③ 임직원 모두 데이터 분석 방법을 교육받는다.

아마존에서는 임원부터 직원까지 동일하게 데이터를 분석하고 결과를 제시할 수 있는 방법론과 소프트웨어를 제공받고 있다. 아마존의 경우 데이터 분석 방식이 동일하기 때문에 누구라도 데이터를 분석해 결과를 제시하면 그 결과를 따라야 한다는 분위기가 형성되어 있다.

자료: Data Center Management Journal 요약

사 의견에 될 수 있는 대로 동조한다'라는 응답이 76%에 달했다. 게다가 직원들도 회의에 참석했을 때 침묵하는 '투명인간형'이 39%로 가장 많았고, 상사의 의견에 될 수 있는 대로 동의한다는 '해바라기형'이 17%를 차지했다. 상황이 이렇다 보니 결국 임원과 부서장들이 회의 시간 중 발언을 독차지할 수밖에 없는 데다가, '직원들이 제대로 자신의 의견을 내지 않고 침묵하기 때문'이라는 리더들의 하소연이 설득력을 얻을 수밖에 없다.

HIPPO 신드롬을 극복하는 데에 가장 효과적인 방법이 바로 데이터에 기반을 둔 논의를 관행화하는 것이다. 아마존은 CEO 제프 베조스가 결정하면 전 직원이 이를 실행해야 하는 지시적 문화로 유명하다. 반면 데이터 분석 결과를 가지고 회의를 하는 데이터 기반 문화가 정착되어 있다는 사실을 아는 이들은 그리 많지 않다. 아마존은 직원들에게도 KPIKey Performance Indicator 시스템의 데이터를 분석하고 논의할 수 있는 권한을 부여한다. 데이터 분석 결과를 토대로 한 발언은 어느 임원의 직관적인 주장보다도 설득력을 얻는다. 바로 HIPPO 신드롬이 깨지는 순간이다. 아마존의 최근 성과는 데이터에 기반을 둬 사업을 수행하면서 성과를 창출하는 스타트업과 같은 문화 덕분이라는 평가가 나오는 이유도 여기에 있다.

방안 2 ● 고객 데이터를 소중하게 생각하는 문화를 구축하라
맥킨지의 2017년 조사를 살펴보면, 고객 행동 분석 결과를 토대로 사업적 통찰력을 얻는 기업의 매출액 증가율이 그렇지 않은 기업보다 85% 이상 웃돌았다. 매출총이익률도 25% 이상 높았다. 고객 데이터 분석을 통해 대시보드의 목표를 수립할 뿐만 아니라 공급망 전체를 관리하는 기업의 영업 이익이 6% 이상 증가한다는 점을 고려해야 한다고 조언한다. 고객 데이터 분석의 중요성을 알리는 조사 결과다.

글로벌 유통업체 1위인 월마트의 경우, 사업 초기부터 경쟁사보다 낮은 가격으로 제품을 공급하기 위해 소비자의 행동 패턴을 분석해 재고를 관리해왔다. 경영진은 데이터 분석에 기초해 공급업체로부터 팔림세가 높은 품목을 사전에 주문하면 매출도 늘 뿐만 아니라, 매입 비용도 크게 절감된다는 사실에 주목했다. 또한 소비자 분석 시스템에 우리나라 원화로 4조 원에 달하는 천문학적인 비용을 투자했고, 결국 경쟁사가 따라올 수 없는 시스템 경쟁력을 갖추는 계기를 마련했다.

■■■■ 월마트가 도입한 '리테일 링크' 시스템

월마트는 1985년부터 컴퓨터와 바코드를 활용해 고객이 제품을 가지고 계산대를 통과하는 자료를 수집해 소비자의 행동 패턴을 분석하기 시작했다. 당시로써는 천문학적인 투자금액인 약 40억 달러를 투자했다. 그러나 데이터가 제대로 분석되고 효과를 발휘하기 위해서는 고객이 소비한 결과를 분석해 재고가 부족한 제품을 바로 협력업체에 주문하고 공급받을 수 있도록 연계하는 것이 중요했다.

월마트는 많은 공급업체의 반대에도 불구하고, '리테일 링크Retail Link' 프로그램을 도입했고 심지어 이 프로그램의 데이터 분석에 따라 주문을 받고 물류를 제공하는 등 프로그램을 사용하지 않으면 공급할 수 없도록 규제했다. 결과적으로 소비자 분석 결과를 토대로 공급망 전체를 연결하는 가치사슬을 구축할 수 있었다.

자료: 월마트 홈페이지

방안 3 ● 데이터 활용이 기업 성과와 직결된다는 인식을 확산해라

시스템이나 인적 자산에 투자할 때 기업 경영진은 항상 투자 대비 성과를 걱정하기 마련이다. 업무 편의성이 높아진다는 효익만으로는 과감히 투자 결정을 내리기 쉽지 않기 때문이다. 그러나 몇몇 기업들은 데이터를 분석하고 그 결과를 활용함으로써 매출을 높이거나 비용을 절감할 수 있다는 자신감에 차 있다. 정부와 공공기관들도 데이터를 분석해 재난을 안전하게 예측하고 관리한다. 국제기구 BSA의 분석에 따르면, 케냐에서는 모바일 데이터를 통해 말라리아 패턴을 파악함으

■■■■ 데이터 활용의 성과

기업/정부기관	데이터 활용 사례	성과
IBM, 스톡홀름 시	택시에 1,600여 개의 GPS 시스템 설치, 교통흐름과 이동시간, 최적 통근 경로 제시할 수 있도록 GPS 데이터 분석 시스템 도입	배기가스 감소율 10% 시내 교통량 감소 20% 평균 이동시간 감소율 50% 친환경 면세차량 증가율 9%
의료 분야	각 병원에서 생성되는 환자의 데이터 분석을 통해 더 나은 진단 소프트웨어 활용 예) 심장마비 환자의 병력 분석 통해 심장 발작 예측해 발작 가능성을 환자에게 사전 통보	의료비 3,000억 달러 절감 개인 의료비 지출 8% 절감
항공 운송 분야	항공기 기체 부착된 센서 통해 운항 성능 개선, 난기류 차단해 안전 개선, 엔진 결함 사전 파악, 비행 데이터 통해 최적 운항 경로 개선, 교체 부품 사전 파악 및 예방 정비 활용	생산성 1% 개선할 경우 전 세계 항공기 연료 300억 달러 절감 가능
피아트, 닛산	자동차 데이터를 분석해 디지털 설계에 적용, 반복적인 설계공정을 개선해 최적의 제품 설계 시뮬레이션 테스트	자동차 신규 모델 개발 기간 단축 30~50%
금융서비스 분야	고객 데이터 분석 통해 준법 이행과 사기 행위 사전 파악 예) 신용카드사, 데이터 분석 통해 사기 피해 예방	사기 피해 예방 20억 달러

자료: BSA. Org 사례 요약

로써 정부가 집중적으로 방역해야 할 장소를 정할 수 있었다고 한다.

대기업뿐만 아니라 중소기업에도 데이터 분석이 중요하다는 인식이 늘어나고 있는데, 직원 60명 미만의 기업 경영진에게 물어본 결과, 미국 기업의 소기업 경영진 57%, 유럽의 소기업 62%가 데이터 분석의 필요성을 강조했다. 직원 수 500여 명의 중견기업 경영진들은 80% 이상 데이터 활용이 중요하다고 답변했다.

방안 4 ● 데이터의 중요성을 강조해라

글로벌 조사기관 EIU Economist Intelligence Unit가 경영진을 대상으로 설문한 결과에 따르면, 데이터 활용이 앞선다는 기업의 재무적 성과가 그렇지 않은 기업보다 3배 이상 높았다. 특히 임원들이 '자기 기업이 경쟁사보다 데이터를 잘 활용하고 있다'라고 응답한 기업은 불과 11%에 그쳤다. 이는 주로 업계 실적이 높은 우량기업의 임원들이었다. '당사의 재무 실적이 경쟁사보다 낮다'라고 응답한 17% 기업 중에 '경쟁사보다 데이터를 잘 활용하고 있다'라고 응답한 기업은 단 한 곳도 없었다.

구성원이 데이터를 활용해 기업의 성과를 높이도록 역량을 기르고 일하는 방식을 개혁하려면 경영진과 리더가 데이터 마인드로 구성원을 이끌어야 한다. 임원들이 신세대와 메일과 SNS를 통해 소통하기를 꺼린다면, 구성원이 데이터 분석 결과를 가지고 이슈에 대해 자신의 의견을 밝힐 수 있는 분위기를 조성하기 어려운 것은 자명하다. 2014년 딜로이트컨설팅은 디지털화를 선도하는 기업들의 사례를 분석해 디지털 시대에 리더가 갖춰야 할 덕목을 발표했다. 새로운 시대의 리더

■■■ 디지털 리더의 여덟 가지 덕목

① 스마트와 모바일을 활용하라!

디지털 리더는 항상 기업과 직원들과 시스템을 통해 연결되어 있어야 한다. 또한 디지털 기기를 활용할 수 있는 역량을 갖추며, 사업과 조직에 새로운 기술을 도입할 의지가 있어야 한다.

② 항상 실시간으로 피드백하고, 조직 내에 소셜네트워크 모바일 플랫폼으로 소통하라!

디지털 리더는 기술팀뿐만 아니라 밀레니엄 세대에게 실시간 피드백을 제공한다. 디지털 리더는 조직 구성원이 새로운 기술과 소셜 네트워크를 통해 소통하고 의견을 나눈다는 사실을 깊이 인식하고 있어야 한다.

③ 네트워크와 매트릭스 협업을 활성화하라!

디지털 리더는 조직 내 사일로 효과를 타파하고 기능 간 협력을 활성화하기 위해 여러 역량을 묶어내는 네트워크 협업체제를 구축해야 한다.

④ 지식과 콘텐츠 문화와 개방, 투명성의 가치를 강조하라!

디지털 리더는 지식 공유 문화를 창출하는 것이 중요하다는 것을 인식해야 하며, 개방과 윤리적 투명성, 정직 등의 가치를 통해 기업의 평판을 높여야 한다.

⑤ 구성원의 자율성을 높여라!

디지털 지식 노동자에게 권한을 이양하려면, 조직을 수평적으로 운영하고, 구성원 개인의 몰입도를 높여서 자신의 관심사에 열정을 쏟을 수 있도록 자율적 활동을 강화해야 한다.

⑥ 'T'자형 인재를 육성하라!

디지털 리더는 다양한 인재를 채용하고 육성함으로써 전문성과 사업역량을 함께 길러 고성과 조직으로 탈바꿈시켜야 한다.

⑦ 데이터 분석에 기반을 둔 의사결정을 활성화하라!

디지털 리더는 전략적 이슈에 대해 데이터 분석에 기반을 둔 통찰력을 발휘해 의사결정할 수 있어야 한다.

⑧ 유연하고, 협력적인 태도를 보여라!

디지털 리더는 세대 간, 기능 간, 조직 간 속성을 이해하고 전략적 사고 역량을 키움으로써 예측 불가능한 환경 변화에 유연하게 대처할 수 있어야 한다.

자료: 딜로이트컨설팅 요약

들이 명심해야 할 사항들을 제대로 지적하고 있다.

우리 기업들이 컴퓨터를 업무에 본격적으로 도입한 1990년대에 문서 결재 시스템을 만들어놓고도 활용률이 높지 않았던 이유는 임원과 부서장이 컴퓨터로 결재하는 데에 익숙지 않아서였다. 심지어 직원이 결재 시스템에 문서를 올리고, 임원 아이디로 접속해 온라인으로 결재하는 진풍경이 벌어지기도 했다. 4차 산업혁명 시대에는 직원들이 회사 내외부의 데이터를 심층 분석해 사업 방향을 제시하기도 하고, 고객의 가치를 높이기 위한 새로운 솔루션을 제안할 수 있어야 한다. 직원들이 제안한 다양한 데이터 분석 결과를 검토하고 의사결정을 하는 것은 결국 리더의 몫이다. 변화에 앞장서야 하는 것은 경영진과 리더의 사명일 것이다.

저성장기 사람관리

-

Up-Skilling &
Re-Invent HR

저성장기를 돌파하는
경영철학과 HR 전략

    한국 기업의 경영철학은 그동안 크게 4단계로 변화해왔다. 우선 일제강점기에는 민족기업을 중심으로 애국애족, 사업보국의 정신이 태동했다. 1960년대 경제개발기에는 기업이 국가와 사회경제 발전을 이끈다는 사명감 아래 인화, 성실, 창의, 근면, 검약이라는 5대 이념이 주를 이뤘다. 창업기를 넘어 2세, 3세 경영이 본격화된 1980년대 이후에는 대기업을 중심으로 신경영 바람이 불었다. 자본 및 기술집약형 산업으로 다각화하는 과정에서 기술과 혁신, 고객, 인재의 중요성이 강조됐다. 다만 이윤 중심의 기업경영주의가 팽배해 현장 제도와 시스템을 정비하는 데에는 미흡했다. 2000년대 이후에는 세계적 규모와 경쟁력을 갖춘 기업들이 해외로 진출하면서 세계화와 인류를 강조하는 모습을 보여주고 있다. 한편 지나친 이윤 추구의 부작용으로 환경, 노

한국 기업의 경영철학 변천 단계

한말/일제강점기 (~1950년)	경제개발기 (1960~1970년)	자본 및 기술집약형 산업 시대 (1980~1990년)	글로벌 기업화 (2000~현재)
● 민족주의 사상의 경영 이념 ● 유교의 충효사상 ● 애국애족, 국익 우선, 사업보국 경영이념	● 기업은 국가와 사회, 경제발전을 위해 존재한다는 이념 부각 ● 친화적 신용주의: 도전과 개척주의, 인재 제일주의 실현 ● 인화, 성실, 창의, 근면, 검약 등 5대 경영 이념 중시	● 창업 이후 세대 신경영 이념 설정창업 이념 계승 　- 기술과 혁신주의 　- 고객 중심 및 고객 만족주의 　- 초우량주의(세계화) 　- 인간존중(인재 중시) 　- 사회공헌주의 ● 이념과 실제 괴리: 기업경영주의 팽배	● 글로벌스탠더드와 세계화 강조 ● 인간과 인류 강조 ● 성과주의 강화 ● 윤리경영 강조 ● 지속 가능한 경영이라는 개념 등장

자료: 김성수(2008), 건국 60년 한국기업의 경영이념 변화와 미래 방향, 한국기업경영학회(재구성 및 최근 동향 보완)

사 등 사회문제에 소홀히 한 데 대한 반성으로 윤리와 지속 가능한 경영에 대한 가치가 등장한 것도 2000년대 초반 경영철학의 특징이다.

저성장 시대, 패러다임이 바뀌다

경영철학은 기업의 사회적 존재 이유를 표시하고 경영활동의 방향을 정하는 신념을 말한다. 주로 최고경영자의 가치관, 생활신조, 창업이념, 경영사상 등이 강령이 되어 구성원의 경영 및 행동 지침이 된다. 구체적으로 사훈, 사시 등으로 표현된다.

경영철학은 보통 단기적으로 변화하지 않는다. 경영전략, 사업계획,

경영방침 등을 매년 새로 수립하기에는 부담스럽고, 특히 사기업의 경우 창업자나 최고경영자의 이념을 개정하려면 모든 구성원이 공감할 수 있는 배경이 필요하기 때문이다. 그러나 장기적으로는 기업의 발전단계에 따라 변화한다. 우리 기업들의 경영철학을 변화시킨 원인을 살펴보면 몇 가지 흥미로운 사실을 알 수 있다.

변화동인 1 ● 환경변화에 적극적으로 대응한 결과

한국 기업이 환경변화에 맞선 도전과 응전의 역사는 크게 네 단계로 구분해볼 수 있다. 한국전쟁 직후 자원이 부족한 상황에서 새로운 창업의 역사를 이루어야 했던 기반형성기에는 도전적인 태도가 중시됐다. 국가 주도의 경제성장 정책에 부응해 투자와 수출로 국가발전에 이바지하는 것을 목표로 삼았던 고도성장기에는 국가와 사회경제 발전에 대한 책임과 기여가 중요한 사명이 되었다. 한편 전환기와 IMF

■■■ 국내 기업의 도약 과정

구분	기반형성기 (1955~1970)	고도성장기 (1971~1987)	전환기 (1988~1997)	충격 후 재도약기 (1998~현재)
성장산업	경공업, 수입대체	건설, 중화학	전자산업	IT 산업
환경 위협	경영자원 부족	오일쇼크	민주화, 시장 개방	금융위기, 글로벌 경쟁
성장 모멘텀	적산기업, 원조, 경제개발계획	중화학 투자, 수출드라이브 정책	선택과 집중	신사업 진출
리더십	창업가형	결단형	혁신형	창조형

자료: 삼성경제연구소(2005), 한국기업 성장 50년의 재조명

이후 재도약기에는 글로벌 기업과 어깨를 나란히 하기 위해 생산성을 혁신하고 새로운 사업을 창조하는 데 기업과 구성원 모두 몰입해야 했다. 혹독한 경영환경의 고비마다 우리 기업은 새로운 비전과 리더십, 경영철학을 제시하며 혁신을 도모해왔다. 특히 IMF 구조조정기를 전후로 우리 기업들은 전무후무한 저성장기를 맞아 경영 전반의 시스템 혁신을 추구할 수밖에 없었다. 이 과정에서 새로운 경영체제를 확립했다.

변화동인 2 ● 창업자 이후 경영진 교체에 따른 새로운 경영이념 제시

기업의 초기 형성단계에는 창업자의 비전과 철학을 중심으로 기업가정신의 발휘가 중요한 역할을 한다. 동물심리학자 콘라트 로렌츠Konrad Lorenz는 갓 태어난 기러기가 처음 본 기러기나 동물을 엄마로 인식한다는 각인효과Imprinting Effect를 주장했다. 기업도 마찬가지다. 승계된 창업자의 이념과 철학이 조직에 공유되고 유산으로 전승되면서 구성원의 가치관과 행동에 영향을 미쳐 기업문화로 정착한다.

김영래 교수는 한국 기업의 생성과 발전에 관한 연구를 통해 우리 기업은 가족이 승계하는 경우가 많으며, 이를 사업을 혁신할 수 있게 한 중요한 요소로 지목하고 있다. 조동성 교수 역시 한국 기업의 승계와 다각화에 관한 연구를 통해 전통이 안정된 경영권을 기반으로 성장과 다각화 전략을 촉진했다고 설명한다. 차세대 경영자는 신사업 진출을 강화하기 위해 새로운 비전과 경영철학을 제시하기 마련이다. 1990년대 삼성의 신경영을 필두로 우리 기업에 유독 '신경영'이라는 단어가 많이 등장하는 이유도 이런 현상과 무관하지 않을 것이다.

변화동인 3 ● 세대별 사회의식 변화

한국 사회는 크게 전후 베이비붐 세대, 1970년대 경제개발기에 태어
난 X세대, 민주화 이후 풍요를 경험한 Y세대로 나뉜다. 세대를 구분하
는 가장 큰 특징은 집단주의 성향이 옅어지고, 개인주의화되었다는 점
이다. 1970년대 홉스테드G. Hofstede의 비교문화 연구에서 한국 직장인
의 개인주의 점수는 100점 만점에 18점에 불과했으나, 2002년 오이
스만Daphna Oyserman의 연구에 따르면, 미국 직장인과 개인주의 성향 수
준이 유사했다. 상황이 이렇다 보니, 인화, 성실, 근면, 검약과 같은 초
기 경영이념을 Y세대가 수용하기는 쉽지 않다. 최근 들어 주인의식,
도덕성과 같은 가치를 기업이 강조하는 데에는 개인주의화에 대한 시
선이 곱지만은 않은 세태도 한몫하고 있다.

연공 기반의 능력주의에서
성과주의 HR로

저성장기에 경영철학과 연계해 제도 혁신을 철저히 추진함으
로써 성과를 창출한 대표적인 사례로 삼성전자를 들 수 있다. 삼성
전자 인사제도의 변천사를 연구한 바에 따르면, 연공 기반의 능력주
의 시대, 종업원 가족주의 시대, 핵심인재 중심의 성과주의 시대로 구
분하고 있다. 삼성의 인사제도 변화는 경영철학의 변화와 거의 맞물
린다. 창업이념은 대체로 능력주의와 일치하며, 삼성 정신을 천명한
1984년은 종업원 가족주의와 부합된다.

이후 사업이 성숙기에 접어들고 불경기를 경험하면서 삼성은 국내 외에 신경영을 천명하고, 최고의 제품과 서비스를 중시하게 되면서 성 과주의를 본격적으로 도입한다. 실력에 따라 핵심인재를 선발하고, 이 익배분제를 통해 능력을 발휘하게 하며, 성과를 창출한 정도에 따라 받아가는 몫을 차등하겠다는 인사제도는 국내 기업들에는 충격으로 다가왔다. 최고의 인재를 통해 최고의 제품과 서비스를 제공하고, 이 를 통해 얻은 성과는 기여한 인재에게 더 많이 주겠다는 방식은 삼성 전자가 글로벌 기업으로 급성장하는 데 크게 공헌한 것으로 평가된다. 덧붙여 성과주의는 신경영 이전과 이후의 분위기가 완전히 달라졌다 고 한목소리로 얘기할 정도로 기업문화를 일신하는 데 크게 기여했다.

2008년 리먼브라더스 파산으로 촉발된 글로벌 금융위기의 한파는 지금까지도 전 사회에 영향을 미치고 있다. 과거 기업의 주주가치와 이윤추구를 정당화해왔던 논리가 무너지기 시작했다. 더하여 돈을 벌 어 사회적 문제해결을 지원하는 봉사를 넘어 기업의 모든 활동이 공 동체의 이익을 우선해야 한다는 주장이 설득력을 얻고 있다. 'Occupy Wall Street월가를 점령하라!'라는 구호는 바다를 넘어 전 세계적으로 새로 운 자본주의에 대한 구체적인 실행을 촉구하기도 했다.

새로운 자본주의와 기업의 역할에 대한 요구에서 면피하려고만 한 다면 악덕 기업이라는 주홍글씨를 달게 될 수도 있다. 기업은 존재 이 유에 대한 근본적인 답을 내놓아야 하며, 새로운 경영철학을 심도 있 게 살펴보아야 한다.

선견지명이 있는 기업들은 최근 인간과 인류를 강조하는 방향으로 경영이념에 변화를 주었다. 예를 들어, 삼성은 '인류사회에 공헌한다',

▬▬ 경영철학과 인사제도의 연계 사례(삼성그룹)

	창업 철학(1938~)	삼성정신(1984~)	신경영(1993~)
경영철학	● 사업보국 ● 인재제일 ● 합리추구	● 창조정신 ● 도덕정신 ● 제일주의 ● 완전주의 ● 공존공용	● 인재와 기술을 바탕으로 최고의 제품과 서비스를 창출해 인류사회에 이바지 ● 인재제일, 최고지향, 변화선도, 정도경영, 상생추구
	연공 기반의 능력주의 (1969~1987)	종업원 가족주의 (1987~1997)	핵심인재 중심 성과주의 (1997~)
인사 시스템	● 연공주의, 능력주의, 범용인재주의 ● 연공능력 기초 승진승격 관리 ● 정년제도 도입, 승진승격 분리, 직급단계의 확대	● 복지주의, 능력주의, 전문인재주의, 평생직장 ● 고용과 노사 안정, 전 사원 스페셜리스트화 ● 복리후생 확충, 평생직장 개념의 신인사제도	● 성과주의, 실력주의, 핵심인재주의, 평생직업 ● 성과보상의 명확화, 핵심인재 관리 ● 연봉제, 이익배분제, 직급단계 축소

자료: 이병하, 박우성(2008), 기업인사 시스템의 역사적 변화, 신태균(2010), 삼성의 인재양성 철학(재구성)

현대는 '새로운 미래를 창조함으로써 인류사회의 꿈을 실현한다'와 같은 철학적 화두를 경영이념에 반영했다.

앞으로 우리 기업들은 경영사학자들이 제시한 한국 기업의 글로벌 경영이념의 방향성을 살펴볼 필요가 있다.

첫째, 윤리경영을 가치이념으로 성문화해야 한다. 둘째, 사회적 책임주의 경영이념을 정착시키고 사회공헌 활동을 강화해야 한다. 셋째, 노사 공동체적 산업 평화주의 경영이념을 표명해야 한다. 넷째, 지속 가능한 경영의 천명과 준수가 필요하다. 다섯째, 환경보호를 실현할 수 있는 환경경영 비전과 이념을 달성해야 한다.

제5장 _ 저성장기 사람관리   311

최근 우리 기업에 불어닥친 반기업정서와 사회적 책임에 대한 요구, 그리고 글로벌 기업의 위상에 부합한 수준 높은 경영방식을 취하라고 요청하는 국제적인 기대에 부응하기 위한 다섯 가지 경영철학 명제는 여전히 유효하다. 앞으로 우리 기업들이 새로운 기업 사명과 철학을 정의해보고 더 높은 수준의 경영과 HR 정책을 개선해나가야 한다.

저성장 시대 인력계획과
적정 인력 수립

2008년 글로벌 경제위기의 직격탄을 맞았을 때 대다수 한국 기업들은 인력 구조조정에 나서기를 꺼렸다. 모 회장은 인터뷰를 통해 "기업이 어렵다고 사람을 내보내거나 뽑지 않으면 안 된다"라고 강조하곤 했다. IMF 경제위기 당시에 인력을 대폭 줄인 기업이 몰락하는가 하면, 인재를 유지했던 기업들이 위기 극복 후에 도약적 성장을 기록하기도 했다. 저성장기가 도래함에 따라 기업들의 대응과 선택이 어느때보다 중요해지고 있다.

"우리 회사는 인력을 보유해야 하는가? 일정 비율 감축해야 하는가?" 경기침체기 경영진의 질문에 대해 인사담당자들은 방향성과 그에 대한 명확한 근거를 제시해야 한다. 회사가 처한 상황과 추진해야 하는 사업전략이 바로 근거가 되어야 '전략적 인사관리'의 기반을 다질 수 있다.

산업 내 선도업체인지, 후발기업인지, 그리고 경기에 민감한 정도에
따라 기업전략이 달라질 수 있다(아래 그림 참고). "우리 회사가 경기변
동에 민감해 당장 어려움을 겪고 있으나, 성장 가능성이 큰 편이기에
인력을 감축해야 할지 고민이다"라는 경영진에게 구조조정을 권유할
수 없는 노릇이다. 예컨대 IT 산업을 선도하는 기업으로서 시장 지위
가 앞서 있다는 자신감이 있다면 경기침체기라도 조만간 호황을 맞을
것을 고려해 사자같이 공격적으로 성장 기반을 마련하는 데 투자할
것이다. 과거 국내 반도체 업체들이 글로벌 경기침체기에 대규모 투자
에 나서 일본과 서구 반도체 기업들을 꺾고 확고부동한 지배력을 확
보한 경우가 대표적이다.

사자형 기업들은 어려운 시기를 기회 삼아 '인재 확보'에 나서기도
한다. 평소에는 비싼 연봉을 치러야 영입할 수 있는 전문가들을 취업

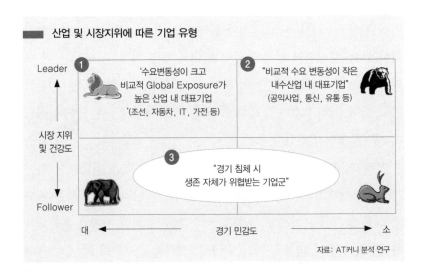

자료: AT커니 분석 연구

난에 입도선매할 수 있기 때문이다. 최근 글로벌 프리미엄 업체의 디자인 담당 임원을 영입한 H사의 사례를 살펴보면 위기를 프리미엄 제품으로 돌파하려는 전략을 읽을 수 있다.

2008년 1월 26일 '피의 월요일'이라 불리는 대규모 인력 구조조정 발표가 미국 국민이 보는 신문 헤드라인을 장식했다. 당시 캐터필러 2만여 명, 화이자 1만 9,000여 명, 필립스 6,000여 명, 제너럴모터스 2,000여 명 등 하루 만에 7만여 명 이상이 직장을 잃었다. 재무건전성을 위협하는 매출 하락으로 인해 시장 선도적 지위를 상실하고, 공장 폐쇄와 함께 군살만 덕지덕지 붙은 코끼리형 기업들로서는 생존을 위한 구조조정이 불가피했다. 당시 미국발 글로벌 경기침체의 영향으로 인해 토끼형 기업들인 국내 후발 중소기업들과 벤처기업들은 당장 살기 위해 인력 구조조정을 선택할 수밖에 없었다(316쪽 표 참고).

구조조정을 수행하는 과정에서는 갈등과 분쟁이 발생하기 마련인데, 이를 최소화하기 위한 노력이 필요하다. 구조조정이 불가피한 경우에는 '원칙'과 '신뢰'를 바탕으로 비상 대책을 마련하고 실행할 수밖에 없다.

노루페인트도 예외는 아니었다. 하지만 구조조정을 단행한 것치고 회사 분위기가 여느 기업과는 사뭇 달랐다.

"올해 임금 인상은 5%로 제한해야 합니다(노조위원장)"

"8% 정도는 해야 하지 않을까요?(회사 측)"

처지가 바뀐 듯한 이상한 대화가 노루페인트 임금협상 자리에서 오갔다. 1998년 IMF 위기 당시 300여 명의 직원이 자원해 회사를 떠났다. 2001년 회사는 경영정상화가 이루어지자 200여 명을 복직하는 것

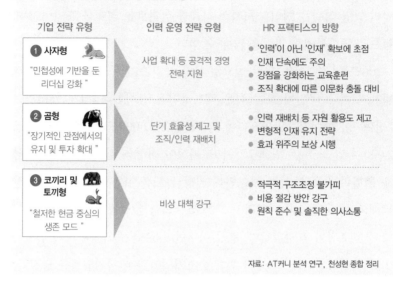

저성장기 대응 인력 운영 전략 유형

기업 전략 유형	인력 운영 전략 유형	HR 프랙티스의 방향
① 사자형 "민첩성에 기반을 둔 리더십 강화"	사업 확대 등 공격적 경영 전략 지원	● '인력'이 아닌 '인재' 확보에 초점 ● 인재 단속에도 주의 ● 강점을 강화하는 교육훈련 ● 조직 확대에 따른 이문화 충돌 대비
② 곰형 "장기적인 관점에서의 유지 및 투자 확대"	단기 효율성 제고 및 조직/인력 재배치	● 인력 재배치 등 자원 활용도 제고 ● 변형적 인재 유지 전략 ● 효과 위주의 보상 시행
③ 코끼리 및 토끼형 "철저한 현금 중심의 생존 모드"	비상 대책 강구	● 적극적 구조조정 불가피 ● 비용 절감 방안 강구 ● 원칙 준수 및 솔직한 의사소통

자료: AT커니 분석 연구, 천성현 종합 정리

으로 화답했다. 이렇게 쌓인 신뢰가 회사의 든든한 밑거름이 되었다.

경기침체기, 인력계획
어떻게 수립할 것인가?

경기침체가 10여 년 이상 이어지던 일본에서 소니와 후지쯔는 미국식 구조조정과 성과주의를 도입한 대표적인 기업으로 손꼽힌다. 소니는 2005년 하워드 스트링거Howard Stringer를 CEO로 영입하면서 사업부를 대대적으로 개편했고, 성과금 차등 지급 등을 적극 도입했다. 후지쯔 역시 직원 간 성과 차등 폭을 크게 넓혀 실적을 독려했고, 부실한 조직과 인력은 적극적으로 통폐합하거나 퇴출했다. 그러나 아쉽게도 실적 하락과 내부 갈등이라는 결과를 초래했다.

일본 내에서 저성장기에도 꾸준히 성장하는 몇 안 되는 기업으로 캐논, 교세라를 예로 들 수 있다. 이들 기업의 공통점은 바로 평생직장이라는 개념과 일본인의 성실한 조직문화를 버리지 않고도 실적에 몰입하는 직원들의 마인드를 만들어냈다는 점이다. 캐논은 대규모 퇴출보다는 임금 조정을 통해 인력을 보유하는 데 최선을 다했다. 물론 일부 불가피한 인력 재배치와 소규모 구조조정을 취하기도 했지만, 기본적으로 안정적인 인력 유지와 운영에 노력을 기울였다. 반면 직원의 성과평가를 명확히 하고, 이를 토대로 서구식 성과 차등 철학을 일본인 정서에 맞추어 도입했다. 이러한 노력으로 캐논은 업무에 몰입하는 일본인 특유의 주인정신과 성실성을 유지하면서도 실적을 끌어올렸다. 교세라의 창업자 이나모리 가즈오 역시 회장으로 있을 때 구조조정에 손대기보다는 개인과 부서의 실적을 매월 산정해 경쟁시킴으로써 성장을 독려했다.

앞으로 기업들은 어떤 인사전략으로 성과를 창출해야 할까? 경영위기에 직면했다면 사업부를 재편하고 정리해고, 인력 아웃소싱 등 구조적 변화를 통해 회사의 인력을 대폭 간소화하는 데 초점을 둘 것인가? 우리 기업들은 대규모 정리해고보다는 사업부를 재편하면서 인력을 현장으로 전진 배치해 우수 인력을 최대한 유지하는 방식을 취하고 있다.

예컨대 삼성전자의 경우 조립생산설비는 해외로 이전해 효율화하고, 전체 구성원 중 20~30%에 그치던 연구원 규모를 50% 이상 늘림으로써 인력 구조적 변화가 이루어졌다. 사업장 명칭을 '캠퍼스'라고 변경하게 된 데에는 이러한 기능과 인력의 변화도 한몫을 하고 있다. 또한 인력 구조조정은 대체로 사업부의 통폐합을 통해 매출 감소와 적자가 예상되는 부문을 연계된 사업부로 귀속하면서 인력 재배치를 도모하곤 한다. 미래 지향적인 사업을 확대하겠다는 사업전략과 인력 재편의 연계성이 높아지면 변화에 대한 구성원의 수용도가 높아진다는 면에서 합리적인 방식이라 할 수 있다.

인력 운영의 차선책으로 중장기 역량 제고를 위한 근로시간 단축, 임금 조정 등의 인력을 유지하려는 직접적인 노력과 낭비업무 제거를 통해 업무 효율성을 높이는 강도 높은 개선 활동을 전개하기도 한다. 경영위기로 당장 사업 유지의 위험이 가시화될 때에 정리해고나 통폐합 축소에 나서는 방책을 택할 수 있다(아래 그림 참고).

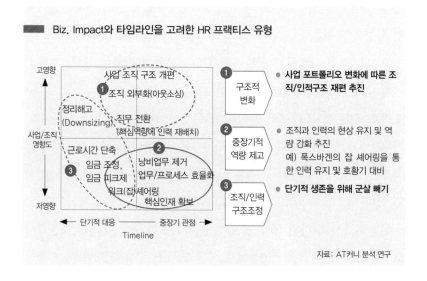

Biz. Impact와 타임라인을 고려한 HR 프랙티스 유형

① 구조적 변화 ● 사업 포트폴리오 변화에 따른 조직/인적구조 재편 추진

② 중장기적 역량 제고 ● 조직과 인력의 현상 유지 및 역량 강화 추진
예) 폭스바겐의 잡 셰어링을 통한 인력 유지 및 호황기 대비

③ 조직/인력 구조조정 ● 단기적 생존을 위해 군살 빼기

자료: AT커니 분석 연구

거시적 인력 규모 산정과
상향식 인원 조정

기업은 작은 조직에서 점차 성장하면서 부서를 늘려오는 인력 운영의 특성상 "인력 규모가 어느 정도 되어야 하는가?"라는 질문에 딱 잘라 답변하기가 여간 쉽지 않다. 직무 중심의 인사관리에 익숙한 미국 기업에서는 인력 산정 기법들이 개발됐지만, 한 사람에게 성격이 다른 여러 업무를 부여하는 관행과 문화가 남아 있는 일본이나 한국 기업들은 인력을 산정하기가 만만치 않다.

매년 매출 대비 적정한 인건비율을 유지하기 위해 일정한 인력 규모를 산정하고 유지하는 것이 기본적인 인력관리라 할 수 있다. 일반적으로 매출 대비 인건비율이 경쟁사보다 높아지지 않도록 하거나, 영업이익 목표를 달성하는 데 필요한 최소한의 인건비를 설정하고 적정 인력 규모를 조정하게 된다. 적정 인력 규모 설정을 위해 인당부가가치, 노동분배율 등 좀 더 고도의 재무적 지표를 개발해 인건비 목표를 설정하기도 한다.

개인의 직무를 세분화하고 각 업무에 드는 표준시간을 설정해 업무 빈도와 시간을 부서별, 사업부별로 총합함으로써 전사적으로 필요한 인력 규모를 산정하는 상향식Bottom-Up 인력 산정 방식을 생각해볼 수도 있다. 상향식 직무 산정 방식은 일견 매우 객관적이고 타당해 보이지만, 업무 표준시간을 결정하는 데 있어 논란의 여지가 많고, 조사와 분석에 많은 시간이 소요되어 실행하기에 쉽지 않은 방식이다. 사업의 대대적인 변화가 예견되거나, 인력 감축을 통해 생존을 도모해야 하는

거시적 산정 (Top–Down)	＋	미시적 산정 (Bottom–Up)

하향식 접근으로 전사를 대상으로 하는 적정 인원을 산정
- 거시적 적정 인원 산정을 위해서 부가 가치액(HCVA), 인건비, 노동분배율, 매출액 등 기준 적용
- 매출액과 인력 비중의 비교, 순이익(수익성) 등을 고려해 적정 인원을 산출

상향식 접근으로 단위 조직별 추정 업무량에 의한 적정 인력 규모를 산정
- 기능별 업무량 분석 (거시적 산정 방법 일부 적용)
- 직무 효율화 분석
- 직무 조정 분석
- 직급별 적정 업무 분석 (직무 가치 분석)

자료: AT커니 분석 연구

상황에 생각할 만한 마지막 방어수단이라 볼 수 있다(위 그림 참고).

인력계획 수립을 위한
현실적인 방안들

매년 인력 규모 산정을 통해 인력계획을 수립하고 의사결정 지침을 결정하기 위해 인사담당자들은 정교한 방법론과 함께 업무 요령을 고민할 수밖에 없다. 벤치마킹을 통해 인력 규모를 설정해보거나 직무 효율화를 가정해 인력 절감 요인을 파악해보기도 한다.

벤치마킹 방법론은 기능부서별 또는 사업부별로 유사한 업무 또는 사업을 수행하는 회사의 인원 규모와 비교해보는 방식이다. 정보만 공유된다면 실행하기도 쉽다. 예컨대 경영지원부서의 총원과 기능별 구성인력 규모를 경쟁사 또는 경영지원업무를 가장 잘한다고 소문난 선

진사와 비교해보는 것이다. 다만 기업마다 관리 수준이 다르고, 인적 역량의 차이가 있다 보니 명확한 의사결정 논거가 되기에는 한계가 있다.

직무 효율화 검토는 특정 업무에 대해 현 수준의 인력 규모와 업무 분담을 기준으로 이를 효율적으로 수행할 수 있는 업무개선 즉, 전산화, 자동화, 통폐합, 간소화 등 개선활동이 적용될 경우 효율화할 수 있는 인력 규모를 산정해 감축 규모를 결정하는 방식이다.

인력구조 개혁은
장기적 안목으로

이제 우리 기업들도 인력구조를 개혁해야만 한다. 독일의 경우 60대 이상 근로자가 인력의 20% 이상을 차지하고 있다. 유럽, 미국, 일본이 겪고 있는 고령화 문제는 우리 기업에도 먼 나라 얘기가 아니다. 전자, 화학, 건설, 조선, 철강, 자동차…… 현재 우리 기업이 영위하는 사업 중에 중국이나 동남아보다 절대적인 우위에 있는 사업은 그리 많지 않다. 사업 경쟁력이 뒤처지면 인력계획과 운영 방식의 변화는 불가피하다. 고학력 인력이 넘쳐나지만, 현장에서 필요한 인력은 중국과 동남아 출신이 메우는 부조화 현상도 고려해봐야 한다.

우리 기업들이 앞으로 당면할 문제를 고려해 필요한 인재를 미리 갖춤으로써 성과를 낼 수 있도록 인사전문가들의 선견지명이 더욱 절실한 시기다.

업무 몰입도를 높여
효율화를 추구하라

'초과근무 제로 운동', '가족사랑휴가제', '야간 PC 사용 금지'……

기업이 비효율적인 업무방식을 철폐하고자 각종 정책을 내세우고 있다. 한 회사는 밤에 회장이 회사에 전화를 걸었을 때, 직원이 응답하면 다음 날 직속 임원에게 불호령이 떨어진다고 한다.

그러나 기업, 정부, 사회 전반이 야근 줄이기에 앞장서는데도 일주일에 한 번 이상 야근한다고 답변한 직장인은 여전히 85%를 넘는다. 일이 많아 초과근무를 할 수밖에 없는 경우도 있겠지만, 본질적으로 조직 업무 문화가 갖는 비효율성으로 진행을 더디게 하는 요인도 있지 않을까. 근무시간에 대한 사회적 담론에 앞서 우리 기업의 업무를 비효율이라는 늪에 빠뜨리는 원인은 어디에 있는지 탐색해보고 창의적 대안을 생각해보고자 한다.

직원의 업무생산성이
기업에 얼마나 득이 될까?

글로벌 경영자 조사컨설팅기업인 CEB가 20여 년 가까이 기업
의 생산성을 연구해 2012년 발표한 자료에 따르면, 인적자본 생산성
(인당 매출)이 비용과 자본을 투입해 얻은 매출(원가 대비 매출, 투하자본
대비 매출)보다 상대적으로 높은 생산성 증가세를 보인다. 한편 경영자
의 60%는 인력을 추가로 투입하지 않더라도 매출이 증가하기를 기대
한다고 밝혔다. 인당 생산성을 높여 성과를 거두겠다는 기업의 의지를
엿볼 수 있는 대목이다.

업무 효율이 오르면 결국 현장에서의 업무시간이 단축된다. 인텔사
직원들의 경우, 노트북을 업무에 활용한 이후 생산성이 연간 100시간

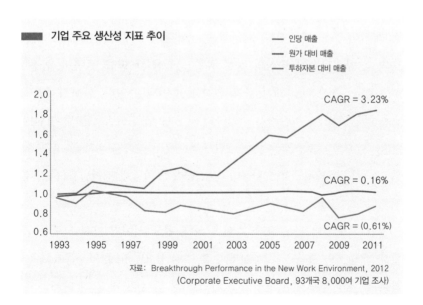

자료: Breakthrough Performance in the New Work Environment, 2012
(Corporate Executive Board, 93개국 8,000여 기업 조사)

정도 높아졌다고 한다. 일주일에 2시간 정도 업무 효율이 높아져 장비에 투자한 비용이 첫해에 회수될 정도였다. 업무의 비효율성을 제거하면 당장 이익으로 돌아오기 때문에 경영자로서 관심을 두지 않을 수 없다.

업무 효율을 높이는 세 가지 요건

정부와 기업은 그동안 업무 효율성을 높이기 위해 여러 가지 개선책을 시행해왔다. 예컨대 정부만 해도 2004년 행정자치부를 중심으로 '4대 일하는 방식 개선 전략'을 세웠다. 불필요한 일 버리기, 유연하고 탄력적인 조직문화의 창출, 참여와 수평적 협력, 업무 프로세스 개선이 주요 과제였다. 최근에는 스마트정부 구축을 위해 '공공정보의 공개', '수요자 중심의 정보 통합', '조직 간 협업 및 정보 공유', '시스템 구축'으로 과제가 한층 변화돼 추진되고 있다. 삼성경제연구소는 '공간관리', '시간관리', '일관리'의 3개 영역으로 구분해 혁신방안을 제시했다. 포스코는 스마트워크플레이스 구축을 위해 '소통과 협업', '지식공유활용', '창조활동', '속도 높이기'의 4개 영역별 혁신을 추진했다.

기업 현장에서 업무 효율 개선을 위해 필요한 여러 가지 노력을 종합해 개념적인 틀을 제시해보았다(옆 그림 참고). 첫째, 업무목표의 명확화와 함께 불필요한 낭비업무 버리기다. 둘째, 조직 간의 관계와 협

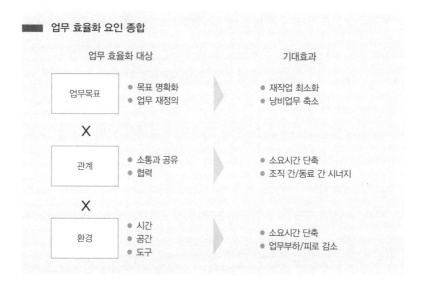

■■■ 업무 효율화 요인 종합

업무 효율화 대상		기대효과
업무목표	● 목표 명확화 ● 업무 재정의	● 재작업 최소화 ● 낭비업무 축소
X		
관계	● 소통과 공유 ● 협력	● 소요시간 단축 ● 조직 간/동료 간 시너지
X		
환경	● 시간 ● 공간 ● 도구	● 소요시간 단축 ● 업무부하/피로 감소

력의 활성화다. 예컨대 조직 간 장벽으로 인해 소통과 업무협조가 제대로 이뤄지지 않으면 시간만 흐르고 결정사항이 제대로 실행되지 않을 수 있다. 셋째, 업무시간, 공간, 도구 등 일하는 환경을 재정비하는 것이다.

방안 1 ● 업무목표를 명확히 하라

효율적으로 일하는 것보다 옳은 방법으로 일하는 것이 더욱 중요하다. 예를 들어, 생산성이 떨어지는 공정을 고집하기보다는 오히려 효율이 낮은 공정 자체를 제거하면 성과가 높아질 수 있다. 불요불급한 업무를 폐기하고, 중요한 일에 집중할 수 있도록 효과적인 문제해결 방식을 설정해 직원들에게 전달하고 교육할 필요가 있다.

미국 NASA는 우주 개발 초기 인공위성 발사와 우주인의 지구 밖

비행 등에서 소련보다 뒤처지게 된 원인을 연구했다. 연구를 담당한 케프너Kepner와 트레고Tregoe 박사는 문제를 명백히 밝혀 대안을 제시하는 능력에서 큰 격차를 보이고 있음을 확인했다. NASA는 그 후 대부분의 직책자를 대상으로 현재와 미래의 문제를 해결하는 사고방식과 업무방식을 보급했다. 그 결과 소련보다 앞서서 달에 사람을 보내는 혁신을 이뤘다.

제대로 된 업무 정의를 위해서는 불필요한 업무를 구분해 재정비할 필요가 있다. 맥킨지컨설팅사는 업무를 분석해 낭비업무를 발굴하고, 낭비업무와 필요낭비업무의 개선활동 실천을 제안했다(아래 그림 참고). 우선 2주 정도 현재 업무를 빠지지 않고 시스템에 입력한 후, 업무를 분류한 다음, 낭비업무 등 비효율적인 업무 목록을 간추려낸다.

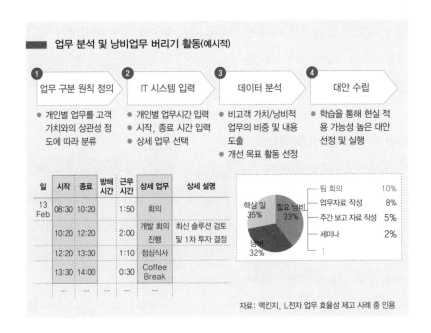

■■■ 업무 분석 및 낭비업무 버리기 활동(예시적)

① 업무 구분 원칙 정의	② IT 시스템 입력	③ 데이터 분석	④ 대안 수립
• 개인별 업무를 고객 가치와의 상관성 정도에 따라 분류	• 개인별 업무시간 입력 • 시작, 종료 시간 입력 • 상세 업무 선택	• 비고객 가치/낭비적 업무의 비중 및 내용 도출 • 개선 목표 활동 선정	• 학습을 통해 현실 적용 가능성 높은 대안 선정 및 실행

일	시작	종료	방해 시간	근무 시간	상세 업무	상세 설명
13 Feb	08:30	10:20		1:50	회의	
	10:20	12:20		2:00	개발 회의 진행	최신 솔루션 검토 및 1차 투자 결정
	12:20	13:30		1:10	점심식사	
	13:30	14:00		0:30	Coffee Break	
...	...	...		...	...	

핵심 일 35%　필요 낭비 33%　낭비 32%

팀 회의　10%
업무자료 작성　8%
주간 보고 자료 작성　5%
세미나　2%
∶

자료: 맥킨지, L전자 업무 효율성 제고 사례 중 인용

비효율 업무 목록에 대해 관련된 팀원들이 모두 모여 창의적인 개선책 마련에 골몰한다. 테일러리즘Taylorism을 연상시키는 정교한 동작 분석방식을 엿볼 수 있다. 몇몇 회사들이 이 틀을 도입했으나, 데이터 수집과정에 대한 불만과 업무 개선활동 시행 결과 추진사항의 차별화 정도가 높지 않아 지속하는 데 한계를 보이기도 했다. 혁신 마인드와 구성원의 업무 개선역량을 개발하는 효과를 거둘 수 있었다.

방안 2 ● 소통하고 협업하라

우리 기업의 업무방식이 비효율적이라는 응답이 80%에 달한다고 전하는 커리어넷의 직장인 조사 결과가 세간의 주목을 받기도 했다. 그 원인으로는 권위적인 조직 분위기(32.4%), 잦은 회의(25.2%), 습관적 야근(24.3%), 상사의 눈치(22.5%) 등 일하는 방식의 문제와 함께 관계적 요인이 상당하다는 지적이 손꼽히며 눈길을 끌었다.

글로벌 대기업을 중심으로 협업의 중요성에 대한 인식과 관심도가 높아지고 있다. CEB의 2012년 조사에 따르면, 협업의 필요성이 증가하고 있다는 응답이 70%에 달한다(328쪽 그래프 참고).

국가 간·기업 간 경쟁이 심화하다 보니 과거와 같이 하나의 기술을 적용해 개발한 제품으로는 고객에게 경쟁사보다 나은 제품이라고 설득하기 어렵다. P&G는 감자칩 프링글스에 기념문구를 인쇄해 차별화를 도모했다. 특수잉크 인쇄기술을 내부 연구소에서 개발하기 어렵다 보니 외부업체로부터 구매했다. 성과를 창출하기 위해 회사 안팎으로 다양한 협업이 강조되는 시대가 도래한 것이다.

마이크로소프트는 최근 조직을 수평적으로 개편하면서 엔지니어링,

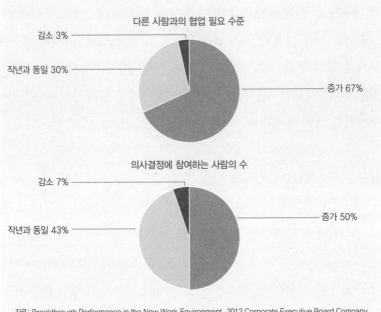

■ 협업 필요 수준 조사 결과

다른 사람과의 협업 필요 수준

감소 3%

작년과 동일 30%

증가 67%

의사결정에 참여하는 사람의 수

감소 7%

작년과 동일 43%

증가 50%

자료: Breakthrough Performance in the New Work Environment, 2012 Corporate Executive Board Company

마케팅, 재무 기능 등 여러 기능을 한 팀에 두도록 했다. 장비와 온라인, 클라우드 등 여러 서비스가 어우러져 하나의 제품과 서비스를 이루기 때문에 '협업'을 늘리는 것이 가장 긴급한 과제라고 생각한 것이다. "제품들을 섬처럼 떨어져 있는 것으로 보는 것이 아니라, 전체 관점에서 바라봐야 한다"라고 언급한 스티브 발머는 새로운 조직도를 '원 마이크로소프트'라고 명명했다.

세일스포스닷컴에는 '런치버튼Lunch Button'이라는 기계가 있다. 그날 관심사가 비슷한 직원을 골라주어 점심 식사를 함께하도록 짝을 지어준다. 픽사 본사 각 층 중앙에는 스티브 잡스가 만든 큰 화장실이 있다. 우연히 만나 얘기를 나눌 수 있게 한 것이다. 건물 내부에 벽을 세우지 않은 '오픈플랜Open Plan' 사무실도 늘어나고 있다. '우연한 만남'의 효과를 기대한 결과다. 또한 미국의 IT 기업 시트릭스는 9,000여 명의 직원 중 86%가 일주일에 한 번 이상 재택근무를 하고 있지만 여전히 '계획하지 않은 만남'과 협업의 효과를 고민하고 있다. 에너지 기업인 오파워는 모든 지사와 본사 건물에 글로벌 화상회의 시스템을 갖추기도 했다.

방안 3 ● 스마트한 환경을 조성하라

글로벌 건축컨설팅회사 겐슬러Gensler의 2013년도 조사에 따르면, 업무 집중도가 높은 기업이 그렇지 않은 기업보다 협업, 업무 성과가 월등히 높다. 협업 성과는 57%, 학습 효과성은 88%, 사회적 관계는 42%, 직무 만족도는 31%, 업무 성과는 14%가 높아졌다.

모바일 오피스를 중심으로 사무환경을 혁신한 한국IBM은 스마트워크 도입 후 사무공간의 40%와 시설 장비투자 100억 원 정도를 절감하고, 직원 생산성이 74% 향상됐다. 일본 최대 이동통신사업자 NTT도코모는 2008년 전 직원 재택근무 확대 이후, 업무 창조성은 71%, 가족과 의사소통하는 비율은 71% 향상돼 그 효과를 확인했다. 삼성경제연구소 조사 결과, 한국 직장인의 82%가 업무방식 선진화를 통해 업무 성과 향상을 기대하고 있다고 한다.

사무공간을 실용적으로 구성하려는 노력뿐만 아니라 시간관리를 유연하게 운영하는 회사도 늘고 있다. 하지만 여전히 유연근무제를 활용하는 기업 비율(330쪽 표 참고)은 높지 않아 개선이 필요하다. 특

유연근무제 활용기업 비율 및 국제비교

	한국	유럽	미국	일본	네덜란드
시간제	11.3%	69.0%	36.0%	—	39.1%
시차 출퇴근	12.7%	66.0%	81.0%	—	—
탄력적 근로시간	9.2%	—	—	52.8%	—
재택근무	3.0%	—	38.0%	11.5%	29.6%

자료: 신솔원, 고용노동부 사무관, '일하는 시간과 장소를 유연하게', 노동법률, 2017. 3 / 고용노동부, 일가정양립 실태조사, 2015(한국) / Euroluond, European Company Survey 2013(유럽) / 2014 OECD, 2012 네덜란드 통계청(네덜란드) / 2014 전미고용주조사(미국) / 일본 후생노동성, 2014 취업조건종합조사(일본)

히 남성보다 여성이 유연근무제를 활용하고자 하는 비율이 상대적으로 높았다.

일하는 방식,
변화에 성공하기 위한 비결

공간과 시간을 초월한 원격 업무 처리가 마냥 효과적이진 않다. 미국기업교육협회 ASTD(2013년)에 따르면, 비대면업무가 많을수록 혁신적인 행동은 93%, 신뢰감이 83%, 목표와 역할 명확성이 62%, 납기·고객만족성과는 50% 정도 하락 현상을 보인다고 한다. 긴급한 업무는 리더와의 대면보고를 통해 신속한 의사결정을 내리고 업무를 처리하는 편이 더 나을 수도 있다.

2013년 1월 야후 CEO 마리사 메이어Marissa Ann Mayer는 원격근무를 폐지했고, HP의 CEO 맥 휘트먼Meg Whitman도 대면근무 위주로 정책을 변경했다. 고객의 다양하고 복잡한 요구사항을 반영하기 위해 여러 분야의 전문가가 모여 기술을 융복합해 해결책을 제시해야 할 필요성이 커지고 있다. 융합기술과 다기능 문제해결을 위해 소통과 협업의 필요성이 확산됨에 따라 재택근무보다 본사 통합근무를 강화한 것이다.

업무 효율을 높이려던 시도가 난관에 부닥치고 성과를 내지 못하는 경우도 비일비재하다. 야근 없애기 운동이 경영진이 바뀌면서 유야무야되기도 하고, 공무원 재택근무 비율은 2%에도 채 미치지 못한다. 모바일 업무 시스템은 직원이 휴일에도 일하게 만들고, 사용하기 어려운 시스템이 오히려 효율을 가로막기도 한다.

근무시간을 성공적으로 단축하려면 한국경제연구원 등 관련 기관이 제시한 쟁점과 이해 당사자들의 입장을 살펴볼 필요가 있다.

첫째, 유연한 근무제도, 스마트하게 일하는 방식과 업무 시스템의 변화와 함께 구성원의 생산성 향상 노력과 현장의 설비 효율화가 수반되지 않으면 단축된 시간만큼 생산성의 하락이 우려된다. 둘째, 기업으로서는 근로시간을 획일적으로 단축하면 비용 부담이 급증할 수 있고, 조직 내부 갈등이 증폭될 우려도 있으므로 상황과 유형에 따라 단계적 도입을 요청하고 있다. 셋째, 직원으로서도 연장수당의 감소로 실질 소득감소와 함께 기업 비용 부담으로 인해 오히려 고용불안이 증가할 수도 있다고 걱정한다. 특히 중소기업의 경우에는 원가상승 압력으로 인해 사업이 존폐의 위기에 처하게 되었다. 이 때문에 노동계도 중소기업에 대한 지원방안 마련을 요구하고 있다.

우리 기업은 몬티 홀 딜레마Monty Hall Dilemma를 앞두고 있다. 이러한 현상은 미국의 TV 퀴즈쇼 'Let's Make a Deal거래를 합시다'에서 모든 퀴즈를 풀어낸 참여자가 마지막에 세 개의 문 중 하나를 선택하면 뒤에 자동차 경품과 염소가 기다리고 있는 선택 상황에서 유래했다. 우리 기업들은 다른 나라가 부러워할 정도로 빠르게 성장해왔으나, 효율적인 업무방식보다는 과도한 업무시간에 의존한다는 비판에 직면해 있다.

이제 몰입할 수 있는 환경을 만들어 질적 성장을 이룰 수 있을지, 아니면 비용만 주고 경쟁력은 상실해서 되려 황금오리의 배를 갈랐다는 후회를 하게 될지 모를 일이다. 앞선 기업의 경우를 보면 기업의 변화 움직임에 직원들이 참여할 때 시너지 효과를 거둘 수 있다는 점은 분명하다. 몬티 홀의 질문에 우리 모두 현명한 답변과 실천으로 화답할 수 있기를 기대해본다.

컬처 이노베이션 성공의 조건

'궁궐 앞 대로에 대변이 널려 있고……' 구한말 선교사가 '조선 견문록'에서 묘사한 한양의 모습이다. 쓰레기조차 제대로 관리하지 못하던 후진국이 1년 만에 재활용 분리수거 전 세계 1위 선진국으로 환골탈태했다면 믿어지는가? 1995년 1월 1일부터 실시된 쓰레기 종량제는 한국 시민문화의 격을 한 단계 끌어올렸고, 환경 선진국들이 배우고자 하는 환경문화로 자리 잡았다. 무엇이 이러한 문화 의식의 변화를 가져왔을까? 쓰레기봉투에 합리적인 가격을 붙여 판매했다는 데 주목할 수 있다. 쓰레기를 배출하는 주부들이 단돈 몇백 원짜리 봉투를 아끼고자 알뜰하게 행동한 덕분이다. 최근 한국 기업문화의 병폐에 대해 글로벌 컨설팅사의 비판과 언론의 캠페인이 폭주하고 있으나, 쉽사리 개선될 기미를 보이지 않는다. 쓰레기 종량제 도입을 교훈

삼아 기업문화 혁신 바람이 성공할 수 있는 일곱 가지 성공 요인을 제안한다.

성공 요인 1 ● 사업상 목적을 분명히 해라

GE는 기존의 린 식스 시그마Lean Six Sigma 원칙과 실리콘밸리 기업들의 린 스타트업Lean Startup 문화를 결합해 '패스트웍스'라는 새로운 업무방식을 도입했다. 이 전략은 2~3년 걸리던 제품 개발 기간을 11개월 이내로 단축해 시장 경쟁에서 이기고자 하는 사업상 목적에서 출발했다. 최근 삼성의 스타트업 컬처 혁신도 루프페이 인수와 삼성페이 출시를 통해 내부개발이 아닌 열린 혁신으로도 성공할 수 있다는 큰 교훈을 얻고, 경직된 내부지향적 사고를 깨뜨리고자 한 데서 기인한다. '왜 컬처 이노베이션을 해야 하는가'는 목적, 비전이 분명하지 않으면 구성원의 공감을 얻기 힘들다.

성공 요인 2 ● 스타트업 조직을 분리해라

구글은 검색사업을 영위하는 자사로부터 지주회사 알파벳을 분리해 스타트업 기술 개발과 상용화 사업에 자금을 대는 펀드 역할을 담당하게 하고 있다. 내부 스타트업의 독자적인 생존과 경쟁을 유도함으로써 구글 검색사업의 이익에 기대 스타트업 정신을 잃고 관료화하면 성공할 수 없다는 시그널을 보내는 것이다. GE도 퍼스트빌드FirstBuild라는 스타트업 펀드를 마련하고, 이를 통해 신사업을 후원하고 있다.

성공 요인 3 ● 작은 성공사례를 만들어라

대기업이 전사적 혁신을 추구한다고 해서 전 세계 직원이 모두 바뀌어야 한다는 식의 접근은 오히려 독이 될 수도 있다. GE도 GE 어플라이언스Appliance, 가전부터 '패스트웍스'를 도입해 신제품 베타버전을 출시하기 시작했다. 디자인, 연구개발, 소프트웨어 개발 등 스타트업 문화를 시작하기 좋은 부서부터 혁신에 성공시킨 후 이를 확산하는 것이 좋은 전략이 될 수 있다.

성공 요인 4 ● 성공에 대한 인정과 보상을 달리해라

안정된 기업의 직원들은 분업에 따라 맡은 일을 큰 탈 없이 수행하면 된다. 반면 스타트업 기업은 성공이 불투명한 새로운 일에 자신의 경력을 걸고 도전해야 한다. 잘못되면 문책을 당하고 좌천되거나 일자리를 잃을 수도 있다. 스타트업 정신을 강조하는 화웨이는 상장하지 않고 입사하면 일정 수준의 주식을 배분해 오너십을 갖게 할 뿐 아니라, 신제품 개발에 성공해 회사가 잘되고 주가가 오르면 한몫 챙길 수 있다는 기대감을 준다.

성공 요인 5 ● 한국 기업 공통의 권위주의 문화에서 벗어나라

한국 기업문화는 중국, 일본, 홍콩과 함께 유교문화에 해당해 서구 기업보다 위계적 권위주의에 젖어 들어 관료화되기 쉽다. 개인주의와 수평적 호칭에 익숙한 서구 기업들도 스타트업 컬처 확산에 공을 들인다. 서열과 위계가 배어 있는 한국 기업문화의 특성을 이해시키고 수평적 팀제, 협업체계, 신뢰 중심의 리더십 등을 지속해서 강조하는 노력을 서구 기업보다 더욱 강력하게 추진해야만 스타트업 컬처를 이식할 수 있다.

성공 요인 6 ● 업무 시스템과 환경을 개선해라

미국 스타트업 기업을 중심으로 사무실 칸막이를 없애고 직원 전체가 모여 일하는 사무실이 붐을 이루고 있다. 2015년 1월 샌프란시스코에 입주한 페이스북은 축구장 7개 크기의 2층 사무실에 2,800여 명이 모여 일한다. CEO인 마크 저커버그도 일반 직원들과 똑같은 책상에서 함께 일하다 보니 대화의 벽 자체가 존재하지 않는다. 전 직원 누구와도 만나서 대화하고 협업할 수 있는 거대한 사무실이 스타트업의 상징이 되고 있다.

클라우드를 활용한 모바일 오피스는 전 세계 어디에서도 사무실에서 일하는 것과 동일한 시스템을 제공한다. 이베이, 구글 등 실리콘밸리의 스타트업은 대부분 비슷한 사무실에서 일한다. 그러나 개인생활이 거의 없고, 다른 사람의 대화로 인해 업무 몰입도가 낮아지는 불편함도 만만치 않다. 대면해 지시하고 보고받는 데 익숙한 대기업 간부들이 모바일 결재만으로 보고서를 승인할지도 의문이다.

성공 요인 7 ● 직원의 스타트업 관련 역량과 스킬을 높여라

서구 기업의 경우 직원의 세대교체 바람이 거세다. 2000년대 중반부터 베이비붐 세대가 은퇴하고, 밀레니엄 세대가 기업의 전면에 나서면서 직원의 정보통신기술 활용능력이 높아지고, 로봇, 3D프린팅, 스마트팩토리 등 혁신적 기술로 무장한 직원들이 혁신을 주도하고 있다.

반면 우리 기업들은 '꼰대', '아재'라 불리는 기성세대가 여전히 산업인력의 주력을 차지하며 직장 분위기 혁신의 걸림돌처럼 취급받고 있다. OECD의 2013년 성인 ICT 활용능력 조사 결과를 보면, 특히 한국 직장인 30대 중반 이후의 경우 직업문제 해결능력이 OECD 평균에 뒤지는 것으로 나타났다. 4차 산업혁명 시대의 스타트업을 주도하기에는 역부족인 셈이다. 스타트업을 주도할 수 있는 역량과 기술의 개발과 육성이 시급하다.

IBM의 문화혁신 성공 요인을 보면, 직원의 참여(72%), 신뢰와 소통 (70%), 변화 주도세력(55%), 효과적인 교육훈련(38%), 평가지표의 개선(36%), 조직구조의 변화(33%), 금전·비금전적 보상(19%) 등이 있다. 무엇보다 경영진의 솔선수범과 지원(92%)이 1순위로 나타나 리더십의 변화가 컬처 이노베이션의 핵심임을 보여준다. 우리 기업들도 모처럼 구성원의 의식 수준이 도약할 기회를 맞이한 만큼 선진기업이 괄목상대할 만한 스타트업 혁신을 경영진을 중심으로 이뤄내길 기대해본다.

구조조정의 늪을
헤쳐 나온 기업의 지혜

"신뢰를 바탕으로 조직이 할 수 있는 목표를 정확하게 소통해 직원들이 스스로 움직이게 하는 것이 중요하다."

조직의 대가 스티븐 코비Stephen Covey 박사의 신뢰에 대한 어록은 저성장기에 기업이 난관에 봉착할수록 절실하게 다가온다. 한때 잘나가던 제품이 팔리지 않고, 기업 실적이 하락하게 되면, 성급하게 신제품을 출시하거나, 광고를 앞세워 고객을 붙잡기 마련이다. 그럴수록 신제품 출시는 실패하고, 고객이 이탈해 결국 감원이라는 칼을 빼 드는 악순환을 겪는다. 우리는 기업의 실패가 제품이나 시스템 문제이기 전에 임직원이 초심을 잃은 것이라는 사실을 간과하곤 한다.

구조조정의 늪에 빠진 기업들이 새로운 전략을 제대로 실행하려면 임직원의 사기를 북돋는 HR 혁신을 단행해야 한다.

천당에서 지옥으로
스타벅스의 실패

스타벅스만큼 언론의 찬사를 한몸에 받은 유통기업은 많지 않다. 스타벅스는 1971년 시애틀에서 작은 매장으로 출발해 세계적인 커피전문점으로 자리 잡았다. 2002년 5,800여 개였던 매장은 불과 5년 만에 1만 5,000여 개로 3배 가까이 성장했다. 2007년 말에는 무려 매출 94억 달러에 이르는 기업으로 성장했다.

달이 차면 기우는 법일까? 2007년 12월 스타벅스 주가는 하락의 늪에 빠져 헤어나지 못하고 구원투수를 기다리는 신세가 되고 만다. 창업주 하워드 슐츠Howard Schultz에 이어 CEO가 된 오린 스미스Orin Smith가 글로벌 매장 진출을 독려했고, 이후 외부에서 영입한 전문경영인 짐 도널드Jim Donald가 수익을 20% 이상 확대하기 위한 야심 찬 성장전략을 추진했다. 스타벅스의 실패를 단순히 성장통이라고만 진단하기 어려운 여건이었다. 더욱이 짐 도널드가 스타벅스 매장에서 틀어주던 음악을 CD로 제작해 판매하고, 영화산업에도 진출해 새로운 먹거리를 만들어냈기 때문에 기업이 성장할 것이라는 기대감이 가득하던 시기다.

창업주 하워드 슐츠는 고객이 더 이상 스타벅스 매장 문을 열었을 때 '스타벅스 경험Starbucks Experience'을 느낄 수 없음을 심각한 증상으로 받아들이고 대내외에 복귀를 선언했다. '에스프레소를 빨리 내려주는 거대한 커피추출기가 바리스타와 고객이 눈을 맞추고 스타벅스만의 커피를 건네주지 못하게 만들었다.', '갈아둔 원두를 사용하다 보니,

더는 매장 문을 열었을 때 원산지 고유의 커피 향이 풍기지 않는다'라는 것이 경영진이 내린 결론이었다.

제품과 설비, 사업전략은
직원의 혁신을 거들 뿐…

스타벅스 고유의 매장 분위기를 되살리기 위해 하워드 슐츠는 '파이크 플레이스 로스트Pike Place Roast'라는 새로운 원두커피를 출시하고, 매대를 차지하던 거대한 에스프레소 기계를 소형 '마스트레나'로 교체했다. 근본적으로 바리스타와 직원들의 서비스 정신이 변화해야 한다는 점도 놓치지 않았다.

먼저 북미의 모든 매장을 동시에 닫고 13만 명이 넘는 바리스타를 재교육했다. 2008년 2월 26일 미국 전역의 7,100개 매장의 영업을 중단하고 스타벅스 고유의 커피 내리는 방식을 철저하게 다시 교육한 것이다. 매장 영업 중단으로 인한 기회손실 비용만 600만 달러에 달했다. 경영진은 스타벅스만의 핵심가치를 되살리기 위해 어떠한 비용도 치를 준비가 되어 있었다. 월가 S&P의 마크 바샴Mark Basham 등 많은 애널리스트들이 스타벅스의 폐점 교육에 대해 '진심을 고객에게 알리고자 하는 목적'이라고 긍정적으로 평가했다.

둘째, 전 조직 구성원의 활성화를 위한 조직 개발 프로그램을 추진했다. 2008년 9월 카트리나 태풍의 피해를 보았던 뉴올리언스에 전 세계 매장 리더를 한자리에 모아 리더십 컨퍼런스를 개최했다. 며칠

스타벅스

"평범함의 덫"에 갇히다 지나친 성장추구로 **핵심가치 훼손**, 스타벅스만의 **차별화된 경험 사라짐**

"문제를 내 것으로 인식"

● 재기 다짐 리더십 컨퍼런스 뉴올리언스*에서 개최
　* 허리케인 카트리나 폐허
● 폐허에서 다시 일어나자 상징
● 리더들에게는 방관자가 아닌 참여자로 온 것임을 강조

One Spirit
결집·동참

핵심가치
복원

"본질에 집중"

● 스타벅스의 본질은 '차별화 된 경험'
● 2008년 2월 26일, 美 전역 7,100개 매장 영업 중단
● 스타벅스 고유의 커피 만드는 법 재교육
● 600만 달러 손실 감수

작년에 비해 고객 수가 줄어들었다는 것은 무슨 의미일까요? (중략)
우리가 목격한 것, 경험한 것, 배운 것에 대해 책임을 져야 한다는 것입니다.
– 2008년 뉴올리언스 리더십 컨퍼런스에서 CEO 하워드 슐츠의 연설 –

자료: 포스리 내부자료

동안 뉴올리언스 피해 주민의 주택 복구 봉사활동을 하면서, 추락한 스타벅스를 재건한다는 공감대를 형성하는 데 주력했다. 수많은 매장 리더들의 뉴올리언스 복구 의지는 그대로 자신들의 매장을 복구하려 는 열정으로 이어졌다.

셋째, 퇴직하는 직원과 일일이 면담을 나누었다. 600여 개 매장을 폐쇄함으로써 일어난 불가피한 감원이었지만, 상처받지 않고 떠날 수 있도록 개인의 처지를 들어주고, 필요한 보상과 수당을 충분히 지원하 는 데에 노력을 아끼지 않았다.

넷째, 매장 혁신활동을 서비스 개선으로 연결했다. 맥킨지컨설팅으 로부터 '린Lean' 혁신 방법을 도입하고, 현장 직원들 스스로 아이디어를

내 비용을 절감하거나 서비스를 개선할 수 있도록 여러 활동을 지원했다.

물론 앞서 말했듯 스타벅스는 새로운 사업전략을 통해 '파이크 플레이스 로스트'와 '스르베토'라는 신상품을 출시하고, 커피머신 '마스트레나'를 개발해 매장에 배치했다. 매장관리를 위한 소프트웨어 개발에도 노력을 기울인 셈이다. 그러나 '스타벅스 고유의 혼'을 되살리려는 직원의 노력을 거들 뿐, 새로운 사업전략을 앞세우지 않았다. 전 세계 매장 직원이 고객과 눈높이를 맞추고, 스타벅스다운 매장을 만들 수 있도록 사업전략을 개발해 실천하는 데에 초점을 둔 것이다.

스타벅스는 직원들과 하워드 슐츠가 힘을 합해 재건에 나선 지 1년이 지나지 않아 2009년 3분기 흑자로 돌아서더니, 2009년 말 107억 달러의 매출을 올리고 1억 5,000만 달러의 영업이익을 달성하며 재기에 성공했다.

공기업 문화에 젖어
파산한 JAL

JAL^{일본항공}은 '하늘의 일본'이라 불릴 정도로 일본 국민의 사랑을 받으며 승승장구하던 항공사였지만, 2010년 1월 일본 법원으로부터 파산 선고를 받았다. 법원조차 더는 기업으로서 사회에 기여하지 못하니 청산하는 게 이익이라는 판결을 내린 것이다. 1951년 국적기로 취항했던 JAL은 1987년 민영화했지만 공기업 문화를 버리지 못했

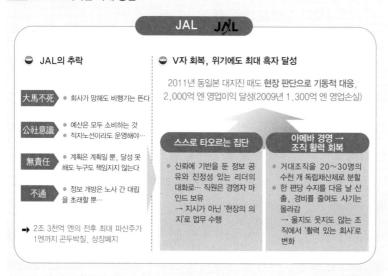

자료: 포스리 내부자료

다. 경영실적에 관계없이 퇴직자들에게 연금을 챙겨주기도 했고, 노
선을 결정할 때도 수익보다는 국가대표 항공사 품위에 걸맞게 결정해
야 한다는 의식이 지배적이었다. 설비를 투자하거나, 항공기를 수리
하기 위해 부품을 구입할 때도 대기업답게 전부 교체하는 것이 당연
하다고 생각했다. 고객의 편의보다도 매뉴얼을 따르면 별문제 없다는
인식이 팽배했고, 계열사 간에 협조하기보다는 간섭하지 않는 태도를
고수했고, 비효율적인 조직이 존재하더라도 큰 문제로 생각하지 않았
다. 그러한 고비용구조와 불필요한 노선 운영은 적자를 누적시켰고
결국 파산으로 이어졌다. 더 큰 문제는 'JAL은 무너지지 않는다'라는
막연한 신화였다.

새로운 JAL 기업철학 이식,
이나모리 가즈오의 도전

　JAL이 파산 선고를 받은 후, CEO로 임명된 '경영의 신' 이나모리 가즈오는 임직원의 의식 구조를 대대적으로 개선하기로 결심한다. 고령인데도 새로운 'JAL 기업철학'을 마련하는 데에 공을 들이고, 이를 임직원과 공유하기 위해 혼신의 힘을 다한다.

　첫째, 리더 교육에 우선 착수했다. 도산 이전에도 관리자 교육이 있기는 했으나, 조직관리와 경영일반 교육에 치중할 뿐, 기업가 정신을 이식하기에는 턱없이 모자랐다. 새롭게 도입된 리더 교육은 추상적인 자기개발형 교육이 아니라, 현장에서 업무를 판단하기 위해 필요한 경영철학과 업무 원칙을 교육하는 데 주력했다. '구체적인 목표를 정해라', '배려하는 마음으로 성실하라'와 같이 뻔해 보이지만, 실천하기 어려운 원칙을 주입했다.

　이나모리 회장은 한 달 만에 주 4회 총 17회의 임원 교육을 직접 주관했다. 무엇보다 뒷풀이 토론에 강사로 나서 질의응답을 통해 재기의 절실함을 호소했다. "이나모리 회장의 말이 머릿속을 떠나지 않는다. 어느 순간 눈이 번쩍 뜨이는 듯한 경험을 하게 되었다"라는 어느 임원의 소회처럼 간절한 경영철학 교육이 임직원의 마음을 움직이기 시작했다.

　둘째, 새로운 'JAL 기업이념과 경영철학'을 제정하고 공표했다. 제1부는 '전 직원의 물심양면 행복 추구', 제2부는 '고객에게 최고의 서비스 제공', '기업가치를 높이고 사회의 진보와 발전에 기여'로 구성된 경영철학은 전 직원에게 새로운 사명이 되었다.

새로운 경영철학을 확산하기 위해 전 직원은 연 4회의 필수 교육을 이수해야 한다. 경영철학 수첩을 배포하고, 부서별 공부모임을 만들어서 현장에서 토론하도록 했다.

셋째, 부문별 독립채산제를 도입했다. 공무원처럼 비용을 투입하고도 성과에 대해서는 민감하게 반응하지 않았던 회사를 움직이기 위해 부서별 비용과 수익을 일일이 기록하고 평가했다. 지원부문과 본사도 업무별로 비용을 계산해 여객운송과 화물운송 사업부에 청구하도록 했다.

사업부는 지원부문이 불필요한 비용을 청구하는 경우 재검토시켰다. 고객 가치를 창출하지 못하고, 수익과 연결되지 않는 일은 더는 JAL에서 볼 수 없게 되었다.

2011년 3월 동일본 대지진이 발생했을 때 가장 먼저 도착한 항공사는 바로 JAL이었다. 임시항공 운항을 증편하고 각 본부에서 직원을 차출해 전사적으로 대응했다. 전 국민이 JAL의 변화를 실감하는 기회가 되었고, 고객을 가장 우선하는 문화가 정착하는 계기가 되었다.

더불어 JAL은 불과 2년 만에 국제선의 40%, 국내선 30%를 구조조정하고, 4만 8,000명이던 인력을 3만 2,000명으로 감축했다. 인건비의 20%와 연금의 30%가 감소하면서 비용을 절감했고, 이는 이익 증가로 이어졌다. 2012년 3월 결산기에는 2,000억 엔이라는 사상 최고 영업이익을 기록했고, 2012년 9월에는 도쿄 증시에 재상장하는 등 재기에 성공했다.

앞서 살펴본 스타벅스와 JAL 외에도 구조조정의 늪을 슬기롭게 헤쳐 새로운 기업으로 거듭난 기업은 수없이 많다. 이들 기업이 새로운 전략을 실행하기에 가장 적합한 리더십을 배양하고 조직 분위기를 구축하기 위해 HR 혁신을 도모했다는 점을 우리 인사담당자들도 타산지석으로 삼길 기대해본다.

제6장

HR부서 디지털화

-

HR 경험 (Experience)

긱 이코노미와
디지털 HR

▮

하버드 비즈니스 리뷰의 2014년 9월 기사에 따르면, 미국 직장인 중 3분의 1이 부업을 가지고 있으며, 절반 이상(56%)은 미래에 직업을 여러 개 가질 것이라고 얘기한다. 미국에서 프리랜서로 일하는 사람은 2016년에 5,300만 명으로 전체 일자리의 34%나 차지한다. 그중 40%는 계약직, 27%는 투잡족*이며 그 비율은 계속 증가하는 추세다.

모바일을 활용한 스마트워크도 적극적으로 받아들인다. 글로벌 컨설팅사 PWC의 조사에 따르면, 밀레니얼 세대의 경우, 유연근무제를 병행하거나(38%), 유연근무제만을 선호(32%)하는 비율이 합쳐서 70%에 달한다. 사무실도 도심 빌딩(29%)보다는 각 지역 주거지 근처

---

* 두 개 이상의 일자리를 가진 사람

에 구축된 업무 전용 시설 스마트워크센터(21%), 재택근무(10%) 또는 필요에 따라 선택하는 근무지(20%)를 선호한다.

디지털 시대가 성큼 다가오면서 프리랜서를 활용하는 새로운 고용 형태와 유연하게 일하는 스마트워크 방식이 확산하고 있어 이를 고려한 기업의 인사관리에 대해 살펴본다.

우버라이제이션, 새로운 직업 세계의 태동

미래학의 대가 제러미 리프킨이 2000년에 《소유의 종말》이라는 명저를 통해 접속의 시대가 도래했음을 예견했을 때만 해도 집이나 차는 큰돈을 들여 사는 것이 당연했다. 《소유의 종말》이 출간된 지 10년도 되지 않아 2009년 미국에서 트래비스 칼라닉이 설립한 우버 Uber가 자동차를 사지 않아도 된다는 믿음을 주기 시작한다. 모바일 앱을 통해 일반인이 운전하는 자가용 차량과 승객을 연결해주는 우버 서비스가 큰 인기를 끈 것이다. 이후 몇 년 지나지 않아 우버는 전 세계 30여 개 도시에 진출하고, 기업가치만 600억 달러에 달하는 기업으로 성장했다. 바야흐로 '접속의 시대'가 현실이 됐다.

우버가 큰 성공을 이루자, 이른바 '공유경제 Sharing Economy' 또는 'O2O 서비스'가 폭증했다. 빈방을 빌려주는 에어비앤비는 여행 갈 때 꼭 검색해보는 서비스로 자리 잡았고, 주차, 아기 돌보미, 왕진 의사를 연결해주는 공유경제 서비스가 속속 등장했다. 설비를 빌려주

분야	공유 서비스(플랫폼)	대표기업	직업의 영향
숙박	개인의 주거 공간 또는 유휴 공간을 모바일을 통해 타인에게 대여	에어비앤비	숙소를 빌려주는 자영업자의 등장
주차	고객이 원하는 위치/시간에 주차요원이 대기해 주차대행서비스	럭스	주차대행 서비스 직업의 등장
아기 돌보기	모바일 기반, 보모 연결 서비스, 페이스북으로 보모 평가 공유	어반시터	파트타임 보육서비스 직업의 등장
법률	디지털 플랫폼을 활용해 적임 변호사를 저가로 연결	엑시엄	계약 변호사 등장
의료	왕진의사를 앱을 통해 예약해주는 서비스	힐 페이저	재택 의료서비스 직업군 등장

자료: 포스리 곽배성 종합

거나, 전문가 또는 일할 사람을 모바일 앱으로 연결해주는 기업들은 전 산업에서 나타나고 있어, 소위 '플랫폼 경제Platform Economy'가 대세가 되고 있다.

서비스업이 '우버화'됨에 따라 등장하게 된 새로운 직업들은 정해진 시간 동안 근무하는 전형적인 형태에서 벗어나, 일정 시간에만 일하는 유연한 근무 형태를 취하기 마련이다. 고객이 요구하는 시간에만 일하는 고용 형태를 미국에서는 '긱 이코노미Gigs Economy'라고 한다. 'Gigs'라는 말은 참여 또는 계약을 의미하는 engagement의 줄임말로 1920년대 미국 재즈업소에서 하루 즉흥연주를 위해 흑인 재즈 연주자를 채용하던 데에서 유래했다. 예컨대 어반시터UrbanSitter에 등록한 보모는 일하고 싶은 시간에만 약속해 아기를 돌보고, 남은 시간은 자기 생활을 즐기거나, 다른 일을 할 수 있다. 우버화 직업을 선호하는 이유를 살펴보면, 이러한 현상이 더욱 극명하게 나타난다. 우버 기사들이 업무를 선호하는 이유를 살펴보면, 1위 '일을 구하기 쉽다', 2위 '내가 원하는 시간에 일할 수 있다'라는 응답이 가장 많다. 심지어 4위 '다른 사람을 만나는 것을 좋아한다', 8위 '직장 상사가 없다' 등 그 이유도 다양해지고 있다.

우버화는 직장인들의 일하는 방식도 변모시키고 있다. 프리랜서를 기업에 소개해주는 업워크Upwork는 190개 이상의 전문가 풀을 확보하고 있다가, 기업이 업무에 따라 필요한 스킬을 가진 전문가를 검색하고 단기간 채용해 일할 수 있도록 도와주고 있다. 업워크에서는 주로 웹디자이너, 프로그래머, 소프트웨어 개발자 등 ICT 전문가들이 일을 구하고 있다. 최근에는 홍보 및 영업 광고 전문가, 콜센터 관리자, 재무회계 실무자, 비서까지 그 영역을 확장하고 있다. 기업은 모든 분야의 인력을 클릭 몇 번으로 손쉽게 구할 수 있게 되자 전문 분야에 정규직을 채용해야 한다는 고정관념에서 탈피하고 있다. 프리랜서를 소개하는 업체들은 한발 더 나아가 기업이 프리랜서에게 업무를 지시하고 산출물 파일을 주고받기 위한 메일과 프로젝트 관리 시스템을 플랫폼으로 제공하고 있다. 재택근무하는 프리랜서 직원들과 보안을 유지하면서 업무를 수행할 수 있으니 기업 기밀이 새어나갈 염려도 사라졌다.

앞으로도 미국 기업들은 프리랜서 업무를 늘려갈 것이다. 주문형 일자리를 가진 밀레니얼 세대(44%)와 신세대(32%)는 베이비붐 세대(19%)보다 4배 가까이 많다. 프리랜서를 대상으로 한 설문에서 앞으로도 계약직으로 일하고 싶다는 비율도 67%에 이른다. 저성장으로 정규직 일자리가 늘어나지 않고 디지털 시대에 재택근무와 모바일 업무 처리가 증가하는 한편, 자유로운 생활방식을 유지하면서 일하고 싶은 미래세대의 욕구에 프리랜서로 일하는 방식이 들어맞기 때문이다.

반면 과도한 우버화는 고용의 질을 떨어뜨린다. 일하는 시간이 주문에 의존하다 보니, 수입원 자체가 불안정해질 수 있다. 플랫폼 기업이 이익을 극대화하다 보면, 근로자의 서비스 임금을 충분하게 지급하지 않게 되고, 그만큼 중산층의 좋은 일자리가 줄어든다. 플랫폼을 활용해 일하다가 사고가 나면 보험처리에 애를 먹거나, 의료보험과 같은 사회보장제도의 혜택을 받기 어려울 수도 있다.

최근 미국의 프리랜서들은 노조를 결성해 자신의 권익을 보장하고, 불법적인 노동행위로부터 스스로를 보호하는 활동을 전개하고 있다. 북미 최대 프리랜서조합인 '프리랜서유니온'은 35만여 명의 가입자를 두고 건강보험과 퇴직보험에 대한 지원뿐만 아니라, 세금, 급여 미지급 등에 관한 법률 지원도 공유하고 있다.

4차 산업혁명 시대, 일하는 방식은 어떻게 달라질까

일하는 방식을 바꿔 업무 생산성을 높이려는 노력은 모든 기업의 숙원이다. 1980년대부터 서구 기업은 창의적이면서 일과 가정이 양립할 수 있는 업무방식을 정착시키기 위해 노력해왔다. 중국, 동남아 등 임금이 낮은 국가로 생산기지를 옮겨 근로시간을 확대하는 것만으로는 생산성을 높이는 데 한계가 있다는 사실을 깨달았기 때문이다. 한편 정보통신기술이 발달하면서 이메일과 메신저를 통해 정규 업무시간 이후에도 업무와 관련된 소통이 가능해지면서 원격근무나 재택근무가 조금씩 활성화된 측면도 간과할 수 없다. 특히 유럽 기업을 중심으로 여성의 사회 진출이 활성화되면서 육아를 병행할 수 있도록 유연근무를 배려해야 하는 사회적 책임이 탄력근무제, 시간선택제 등 일과 가정의 균형을 촉진해왔다.

4차 산업혁명이 목전에 다가옴에 따라 유연근무, 재택근무 등 유연하게 일하는 방식은 더욱 확산할 전망이다. 앞서 논의했던 프리랜서의 증가와 플랫폼 노동이 산업계 전반으로 확대되면, 정규직이 사무실에서 정해진 근로시간 내에 일하는 전통적인 방식은 점차 쇠퇴할 것

■■■ 4차 산업혁명과 일하는 방식의 변화

	과거에는		앞으로는
고용 형태	● 정규직 중심	➤	● 프리랜서, 플랫폼 노동 등 다양화
업무 관계	● 정대면	➤	● 대면 축소, 비대면 증가
시간	● 정규 근무	➤	● 유연근무
장소	● 사무실, 현장	➤	● 원격, 스마트워크센터, 재택 등
조직	● 내부 분업, 협업	➤	● 개방적 협업(Open Collaboration) ● 크라우드 워킹(가상 협업)

자료: 포스리 종합

이다. 예컨대 프리랜서로 일하는 디자이너는 정해진 기간 내에 계약한 디자인 도면을 이메일로 제출하면 되기 때문에 하루 중 업무시간을 언제 배정할지, 근무 장소를 어디로 할지 자신이 선택하면 된다. 이른바 시간과 장소를 가리지 않는 유비쿼터스Ubiqutous 방식으로 일하는 직장인이 늘어나는 것이다.

새로운 직업을 갖고 새롭게 일해야 하는 시대, 핵심은 '디지털 HR'

플랫폼 직업화와 유연근무를 정착시키려면 기업 인사부서의 디지털 인사관리 도입은 필수적이다. 그래서인지 최근 몇몇 기업은 채용, 교육, 평가보상, 조직관리에 디지털 기술을 적극적으로 활용하려는 움직임을 보인다.

최근 후지쯔시스템의 조사에 따르면, 디지털화해 성과를 거둘 수 있는 분야로 '인재의 영입과 유지'가 43.1%로 1위를 차지했다. '시장 변화에 대응(37.8%)', '고객 유지와 충성도 확보(37.3%)', '구성원의 생산성 향상(36.7%)' 등 다른 분야에 비교해 높은 점수를 얻고 있다. 인사자문기업 CEB의 2016년 설문 결과 HR 분석 전담 부서를 설립하겠다는 응답이 66%, HR 분석지표 설계 및 정보 분석을 시작했다는 기업이 89%를 차지했다. 또한 가까운 시일 내에 미래 HR 예측 분석을 도입하겠다는 기업이 49%, 핵심인재 파악에 정보를 활용하겠다는 기업이 58%로 나타났다. 이러한 추세라면 10년 이내에 기업 인재 분석은 상당히 고도화된 수준으로 발전할 것이 분명하다.

그러나 인사 분야는 다른 분야보다 디지털 기술을 도입하고 활용하는 데 보수적이다. 회사 내 인사 데이터를 기반으로 탤런트 어낼리틱스를 제대로 활용하고 있다는 기업은 불과 5%에 그친다. 인사 데이터의 예측 분석을 통해 인사상 의사결정을 하고 있다는 기업은 12%에 불과하다. 인사관리협회가 2016년 국내 인사담당자를 대상으로 한 설문조사 결과, '경영진이 요구하는 인사 데이터 분석 역량 수준(7.0점/10점 만점)'보다 '인사부서의 데이터 분석 역량(4.7점)'의 미흡함을 지적하고 있다. 더 나아가 기업 리더들의 역량도 디지털 인재관리의 중요

▰▰▰ 4차 산업혁명과 디지털 인사관리 사례

영역	정보기술 활용 사례
채용	● 서류 에세이 '텍스트 마이닝' 기법을 활용한 성과 예측-삼성, NEC ● 'SNS 텍스트 분석'을 통한 비윤리 행동(Derailment) 예측-구글
교육·육성	● 실습과정의 온라인 및 Virtual Reality 기술 적용한 '디지털 튜터' 기술 실습 교육 확산-digitaltutors.com ● MOOC(Massive Open Online Course 온라인공개수업) 통한 열린 교육, 평생학습 -Coursera
조직관리	● 소셜 네트워크 분석(SNA) 통한 이메일, SNS 커뮤니케이션 패턴 분석·고성과자, 리더십, 협력관계 등 조직성과 개선-MIT 집단지성센터, Condor ● 빅데이터 활용한 인맥, 조직문화 분석 활용-Volometrix 활용-퀄컴, 보잉, 시만텍 ● 기계학습(Machine Learning)을 통해 재능 있는 인재 탐색 및 부서 배치 활용 - Entelo, Gild, NEC
성과관리	● 연속적인 피드백 위한 사내전용 앱(PD@GE, Performance Development at GE) 도입-GE ● 비공식적 네트워크 분석을 통한 고성과자 특성 발굴-뱅크오브아메리카
보상	● 게임화(Gamification) 활용한 보상 효과 극대화-실리콘밸리 기업

한 성공 요인이라고 할 수 있다. OECD의 성인 정보통신기술^{ICT} 활용
능력 조사 결과를 보면, 한국 직장인 30대 중반 이후의 경우 직업문제
해결능력이 OECD 평균에 뒤지는 것으로 나타났다. 기업 내에서 구
성원의 역량과 성과평가 등 인사 데이터를 입력하고, 데이터 분석 결
과를 토대로 인사상 판단을 내리는 리더 계층의 관리 역량을 개선해
나가야 하는 과제도 우리 앞에 놓여 있는 셈이다.

　최근 IBM이 개발한 인공지능 시스템인 왓슨^{Watson}의 암 진단 정확
도가 96%에 이르며 전문의 수준을 앞섰다고 한다. 지금은 의사를 보
조하는 단계이지만, 진단 결과와 임상시험 데이터와 같은 의료 데이
터 이외에 환자의 행동과 언어, 심지어 SNS 패턴과 같은 비의료 데이
터를 75% 이상 활용해 진단을 내린다는 점이 놀랍기만 하다. 사람과
대화하는 인공지능의 쓰임새도 만만치 않다. 왓슨 '퍼스낼리티 인사이
트'는 SNS 게시물을 분석해 작성자의 성격을 분석해주기도 하고, 학
사행정시스템에 적용할 경우 학생의 교우관계, 진로 고민에 대해 조교
로서 적절한 상담과 조언을 해주기도 한다. 조만간 왓슨을 활용한 리
더 시스템이 부하직원의 업무 성과를 평가하고 능력 개발 방향을 조
언하며 가르쳐주게 될는지도 모를 일이다.

　이제 우리 기업 인사담당자들도 정보통신기술이 가져오는 고용과
노동의 변화를 예측하고, 새로운 플랫폼 직업의 시대에 부응해 디지털
인사관리를 어떻게 도입할지, 직원이 역량을 발휘하도록 도와주는 파
트너로서 어떤 역할을 할지 생각해볼 시점이 되었다.

핵심가치와 연계한
HR 시스템 설계

최근 마이크로소프트가 직원 간 업무비교평가시스템인 '스택랭킹 Stack Ranking' 제도를 폐지했다. 'Rank and Yank순위로 해고하기'로 불리는 강제순위평가는 '성과주의'를 대변하는 글로벌 표준 제도라 할 수 있다. 경영진들은 1부터 5에 이르는 점수로 순위를 매기다 보니 직원들이 동료 간 경쟁에 치우쳐, 협력은 나 몰라라 하게 되고, 결국 다른 업체와의 속도경쟁에서 뒤처지게 되었다고 진단했다. 대신 업무의 품질과 정성적인 요소를 서술하는 질적 평가를 자주 하겠다고 밝혔다.

성과 경쟁보다는 '협력'이라는 가치를 중시한 마이크로소프트의 행보는 핵심가치를 제도에 어떻게 담아내야 하는가를 보여주는 사례의 백미라 할 만하다.

기업문화의 대가 에드가 샤인Edgar H. Schein은 구성원으로서는 기존의 성공 관행을 버릴 때 겪게 될 두려움보다 새로운 가치를 통해 개인이 얻을 수 있는 이익이 클 때라야 비로소 새로운 가치와 문화를 체화하게 된다고 설명했다. 새로운 핵심가치를 확산하려면 구성원에게 영향을 주는 각종 인사정책을 개선할 필요가 있다. 인사담당자들은 항상 기업의 핵심가치를 인사 시스템에 반영함으로써 실행력을 높일 방법을 생각해보아야 한다.

채용부터 육성, 성과관리, 보상에 이르기까지 HR 시스템의 모든 것

핵심가치와 부합한 기업문화를 만들려면 경영방식, 즉 각종 제도의 원칙과 구체적인 운영방안 설계에 유의해야 한다. 우선 경영자의 리더십 스타일, 직원에 대한 평가, 인재 육성, 인재 처우, 노사관계와 관련된 원칙을 재정립해야 한다. 그뿐만 아니라, 조직 권한의 배분, 조직구조, 의사결정 과정, 심지어 사업전략의 추진, 이해관계자에 대한 관리, 지배구조, 기업과 정부의 관계 등 어떤 방식을 취할지를 핵심가치에 기초해 원칙을 정해야 한다. 핵심가치의 내재화와 행동 변화를 통한 성과 창출은 이에 따라 달라질 것이기 때문이다.

방안 1 ● 채용할 때 핵심가치 실천 경험을 확인하라
'인사가 만사다'라는 말은 그만큼 좋은 인재를 확보하는 것이 중요하다는 의미다. 채용단계에서 기업이 추구하는 가치관을 지닌 인재를 뽑는 것이야말로 가장 확실한 방안이다. 예컨대 채용 면접 질문을 통해 배려, 혁신, 책임감이라는 가치를 지닌 직원을 뽑기 위해서는 다음과 같은 질문을 하면 된다.

"일상생활 중에 다른 사람을 배려하려면 어떻게 행동해야 할까요?"

"당신이 혁신적인 아이디어를 내어 성공한 경험이 있다면 설명해주십시오."

"책임감을 무엇이라고 생각하십니까?"

미국 기업의 경우에는 핵심가치에 벗어난 응시자를 가려내기 위해 소셜리크루팅을 활용하기도 한다. 잡바이트Jobvite의 최근 조사에 따르면, 기업들이 모집 채널로 강화하는 방식 중 1위가 소셜네트워크(73%)였고, 이어 추천제Referrals(62%)였다. 응시자의 소셜네트워크 프로파일을 들여다본다는 응답 비율이 93%에 달하고, 자원봉사 활동(65%) 같은 긍정적인 면 이외에도 약물(83%), 총기 선호도(51%) 등 부정적인 면을 검증하는 데에도 활용한다.

행복한 일터로 손꼽히는 미국의 신발 온라인쇼핑몰 자포스Zappos는 직원들끼리 상의해 열 가지 핵심가치를 만들어냈다. 그중 3번은 'Create Fun and a Little Weirdness재미와 약간의 괴팍함을 추구하자'이다. 신입사원 채용과정에도 이러한 핵심가치가 적용되어, 지원자들은 간단한 미로나 낱말 퍼즐을 풀어야 구직신청서를 작성할 수 있다. 채용 인터뷰 질문 중에는 '당신의 주제가는 무엇인가?', '당신과 가장 비슷한 만화 캐릭터는 무엇인가?' 등과 같은 질문을 포함해 구직자의 긴장을 해소하는 한편 재미를 추구하는 사람을 뽑는 효과를 거두기도 한다. 자포스는 단순히 돈을 벌기 위한 구직자가 아니라 최고의 경력이나 천직을 위해 일을 구하는 인재를 채용하는 데 목표를 두고 있다.

방안 2 ● 인재 육성 프로그램을 전략, 핵심가치와 연계하라

경영자는 사업 성과를 내는 데 바람직한 직원들의 행동이 무엇인지 고민하고 이를 핵심가치로 정의할 필요가 있다. 사업전략과 핵심가치, 그리고 이를 뒷받침하는 역량을 육성할 수 있도록 각종 HR 제도를 연계해주어야 핵심가치가 실행될 수 있다.

글로벌 엔지니어링 회사인 ABB는 앞선 기술력으로 해외에 진출해 상당한 매출을 올리고 있다. 글로벌 사업전략을 염두에 두고 내세운 슬로건은 바로 'Think more Global, Act Local생각은 세계로, 행동은 현지화'이다. 글로벌화와 현지화가 가능한 인재를 육성하기 위해 지역법인 간에 '인력파견제도'를 실시하고 있다. 예를 들어, 캐나다 법인에서 필요한 인재를 한국, 중국 등 동북아 지역법인에서 찾아 1년간 현지에 OJT^{On the Job Training} 형태로 파견하는 식이다. 글로벌 내부 인재 선발 공고에는 누구라도 응시할 수 있어서 업무에 대한 경험을 쌓는 기회임과 동시에 다른 문화에 대한 이해와 존중감을 배울 수 있다. 신입사원 육성에서 '글로벌 트레이니 프로그램Global Trainee Program'은 ABB 본사에서 6개월, 제3국에서 6개월 근무하고, 최종 선발 국가에서 1년 정도 근무할 기회를 제공한다. 핵심가치를 통해 사업성과를 창출하려면, 기업의 전략과 연계해 핵심가치를 제시하고 이에 부합한 인재육성 프로그램을 시행해야 한다.

방안 3 ● 핵심가치를 평가 기준으로 삼아라

핵심가치를 중심으로 평가의 틀과 체계를 설계해야 한다. 기업이 추구하는 핵심성과지표는 대체로 핵심가치를 구성하는 단어와 연관성이 높은 편이다. 핵심가치를 창의적으로 바라보면 성과지표 체계를 쉽게 연결할 수도 있다. 구성원의 역량 평가 기준이 되는 단어들을 핵심가치와 연결하고, 코칭을 위한 피드백 작성 매뉴얼도 핵심가치를 중심으로 구성해 제공할 필요가 있다.

GE는 잭 웰치 회장이 "아무리 성과가 우수한 자라도 GE의 핵심가치를 수용하지 않으면 GE를 떠날 수밖에 없다"라고 선언한 이후 가치를 매우 중시해왔다. 당시에는 호기심Curious, 열정Passionate, 재치Resourceful, 책임Accountable, 팀워크Teamwork, 헌신Committed, 개방Open, 활력Energizing 의 여덟 가지 가치를 표방했다. 임원과 리더를 평가하는 데 있어 공정성을 기하기 위해 동료와 부하의 리더십 설문 평가 결과를 반영한다.

■■■ GE 리더십 서베이 문항 예시

Value	Behavioral Indicatiors	Always 1	Frequently 2	Sometimes 3	Infrequently 4	Rately 5	Not enough Information to rate 6	Comments Feedback
Energy /Speed mobilizes individuals and teams by embracing change	23. Pursues everything with energy, drive and the desire to reach closure.	□	□	□	□	□	□	
	24. Energises and engages others to excel in every aspects if their work.	□	□	□	□	□	□	
	25. Makes timely decisions when information is scarce or unavailable.	□	□	□	□	□	□	
	26. Reacts quickly to opportunities when they arise.	□	□	□	□	□	□	

이때 설문 문항에 핵심가치를 반영함으로써, GE에서는 핵심가치를 실행하는 리더가 결국 성공할 수 있다는 원칙을 제도화하고 있다(왼쪽 그림 참조).

마지막으로 임원과 리더의 최종 평가에 업적과 함께 가치를 실천한 정도를 상사가 종합 평가한다. 업적이 좋다 하더라도 가치실행력이 높지 않으면 보상과 승진에 불이익을 주거나, 퇴출당하기도 한다. 결과적으로 조직의 열정과 몰입도를 높이는 등 가치를 실행하는 데 임원과 리더들이 노력을 집중하게 되는 것이다.

방안 4 ● 핵심가치를 실천한 구성원에게 더 많이 보상하라

앞서 논의했던 GE는 평가 결과에 따라 업적과 가치실행력 모두 높은 Code 1부터 두 가지 모두 낮은 Code 4까지 나눈 다음 연봉 인상률 가중치를 0에서 2.0까지 차별화해 인정과 보상에 연계했다. 예컨대 가중치가 2.0이면 연봉 인상률이 다른 사람들의 두 배가 되는 셈이다. 핵심가치를 실천할수록 더 높은 보상을 받는다고 인식하게끔 보상 시스템을 운영한 것이다.

핵심가치를 인센티브 제도에 적용한 기업도 많다. 리바이스 스트라우스Levi Strauss는 팀워크나 신뢰와 같은 협업의 가치를 중시하며, 공장의 팀 단위 성과에 따라 '피스워크 인센티브Piecework Incentive'를 주었다. 이는 결과적으로 가족공동체와 같은 조직 분위기를 형성하는 데 큰 도움이 되었다.

주인의식을 키우기 위해 많은 기업이 우리사주제도를 도입한다. 회사의 성장과 개인의 성공을 연계해 심리적 오너십을 강화하는 데 큰 도움이 되기 때문이다. IBM은 기업솔루션 서비스를 강화하기 위해 PWC컨설팅을 인수한 후 컨설턴트들에게 IBM 주식을 나누어줬다. 인재 유출을 예방하는 한편 합병이 성공해 이익을 내면 주식 가치가 올라 자신에게도 이익이라는 오너십을 부여하는 효과를 기대한 것이다.

한편 핵심가치를 누릴 수 있는 기회를 제공해 보상할 수도 있다. IBM의 세 가지 신념은 개인 존중Respect for the Individual, 고객을 위한 최선의 가능성 제시The Best Possible Customer Service, 최고의 전문성 추구The Pursuit of Excellence다. IBM은 금전적 보상과 함께 세 번째 핵심가치인 '최고의 전문성'을 키울 수 있는 기회를 제공하는 각종 인정과 포상을 제공하고 있다. IBM의 전 세계 네트워크를 활용한 직무공모제, 경력 기회, 사내외 교육 참석 기회, 사업부장이나 법인장의 업무보좌로 리더십을 배울 수 있는 직책후보자 합동근무 기회 등을 주며 성장의 기회를 비금전 보상으로 제공한다.

방안 5 ● HR제도를 통해 문화를 혁신하라

저명한 조직학자 대니얼 에통가망겔Daniel Etounga-Manguelle은 제도를 통해 문화가 형성되는 과정을 "문화는 어머니요, 제도는 자식이다"라고 설명했다. 핵심가치를 실현하려면 조직구조, 리더십, 권한 배분, 인사 관리 등 제도의 혁신이 필요하다는 주장이다.

앞서 핵심가치를 채용, 육성, 평가, 보상과 연계해 내재화를 추진한 회사의 사례를 제시했다. 사람은 환경 변화에 따라 당장은 적응에 급급하지만, 어느 정도 여유를 갖게 되면 왜 이런 변화가 생겼고, 무엇을 해야 성공할 수 있는지 생각하기 마련이다. 핵심가치와 관련된 성공 경험을 많이 한 응시자가 채용되는 것을 보면 외부 사람들도 기업이 추구하는 가치를 잘 이해하게 된다. 더하여 팀장이 고객 가치를 높이기 위해 헌신한 결과 좋은 인사고과와 함께 연말 성과급을 많이 받았다는 소문이 나면 사람들은 고객 가치를 중시하게 될 것이다.

우리 기업 인사부서의
변천사와 과제

대서방, 권력기관, 사내 정보부, 사장님 비서, 총무부, 의전부서…….
직원들에게 인사부서의 이미지를 한마디로 말해보라고 하면 어김
없이 등장하는 단어들이다. 인사부서에 대한 구성원들의 인식이 부정
적이다 보니, '전략적 HR'은 그저 구호에 그치는 듯싶다. 그러나 경영
진은 전략과 연계된 HR을 사업의 핵심 성공 요인으로 꼽는 데 주저
하지 않는다. GE의 CHRO인 윌리엄 코나티William Conaty는 잭 웰치와
제프리 이멜트 모두가 최고의 지원자라 칭찬을 아끼지 않는 임원이다.
그는 CEO 승계과정을 준비해 성공적으로 이행했을 뿐만 아니라, 신
사업 추진, 구성원의 마인드 변화 등 회사의 경영전략에 가장 부합한
인사를 실행하는 전문가로 자리매김했다.

한 연구에 따르면, 사업 전략과 연계된 인재 전략을 명확히 제시하

고 있는 기업들이 사업 성과와 인사관리 측면에서 더 나은 결과를 내고 있다고 한다. 예컨대 전략과 연계해 인사 실행을 추진하는 기업의 경우 66%가 사업 성과가 더욱 높게 창출되고 있다고 답했다. 반면 전략과 무관하게 인사업무를 수행하는 기업의 경우, 현재 사업의 성과가 괜찮다고 생각하는 비율이 20%에 불과하다. 사업 전략의 실행력을 높이기 위한 HR의 역할이 무엇보다도 중요함을 실증하는 대목이다.

HR부서의 역할과 조직체계

일반 기업의 인사부서는 주로 채용, 복리후생, 교육, 급여 등을 관리하는 기능적인 임무를 수행한다. 《HR Champions》의 저자인 데이브 울리히David Ulrich는 HR부서를 본사 인사부에 국한하지 않고, 사업부 지원 부서와 리더들도 HR업무를 주도해야 한다는 관점을 제시한다(274표 참고). 행정 전문가의 역할은 기존에 수행하던 인사부서의 기능적 업무를 의미한다. 울리히는 인사 관료 역할보다는 직원의 대변자, 변화 주도자 역할과 더불어 전략적 파트너의 역할이 확대되어야 한다고 주장한다. 전략과 변화의 실행 면에서는 사업 방향과 실행 전략이 수립되고 나서 뒤늦게 실행안을 도출하기보다는 전략 수립과 함께 바로 HR 방향성이 정립되어야 한다. 일이 정해지고, 이를 가장 잘 수행할 조직 체계를 구축하듯이, HR부서의 조직 체계 역시 전략 방향성을 토대로 일관되게 구성할 필요가 있다.

핵심역할	성과물	주요 미션	현업/리더 협업 HR부서	
전략적 파트너	전략의 실행 지원	사업전략과 인사관리의 연계 수행: '조직 진단'	85%	15%
행정 전문가	효율적 업무 체계 구축	HR업무 프로세스 수행 및 개선 활동: '서비스 공유'	5% 95%	
직원 옹호자	직원의 몰입과 역량 향상 지원	직원 요구에 대한 지원 활동: '직원에 대한 자원 제공'	98%	2%
변화 주도자	조직 혁신 활동	사내 변화 지원: '변화 역량의 확보'	51%	49%

자료: HR Champion, 데이브 울리히

국내 기업 인사부문
조직의 변천사

우리 기업들은 일본 기업의 적산敵産을 인수해 산업 기반을 마련했고, 미군정 시절에 미군으로부터 행정 기법을 전수받은 사람들로 구성됐다. 이러한 배경으로 인해 국내 기업의 창업주들은 일본과 미국 행정 운영방식을 절충한 형태로 사업을 경영하게 된다. 인사관리도 예외는 아니었으며, 일본식 총무부 인사과 조직에 미국식 인사관리 업무 방식을 도입해 운영했다. 이후 노동 운동의 격변기를 거치면서 노무와 연수 업무가 확대되고, IMF 경제위기 전후로 혁신업무, 조직 개발 기능, 글로벌 HR업무의 중요성이 증대되면서 기능적 발전을 거듭해 오늘날에 이르렀다. HR 역할과 업무의 확대에 따라 HR부문 조직의 변

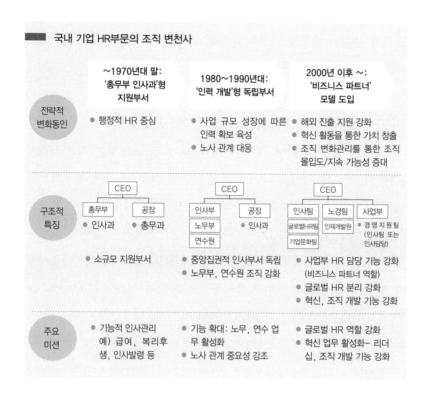

국내 기업 HR부문의 조직 변천사

	~1970년대 말: '총무부 인사과'형 지원부서	1980~1990년대: '인력 개발'형 독립부서	2000년 이후 ~: '비즈니스 파트너' 모델 도입

전략적
변화동인
	● 행정적 HR 중심	● 사업 규모 성장에 따른
		  인력 확보 육성
		● 노사 관계 대응
			● 해외 진출 지원 강화
			● 혁신 활동을 통한 가치 창출
			● 조직 변화관리를 통한 조직
			  몰입도/지속 가능성 증대

구조적 특징	CEO 총무부 / 공장 ● 인사과 / ● 총무과 ● 소규모 지원부서	CEO 인사부 / 공장 노무부 / ● 인사과 연수원 ● 중앙집권적 인사부서 독립 ● 노무부, 연수원 조직 강화	CEO 인사팀 / 노경팀 / 사업부 글로벌HR팀 / 인재개발원 / ● 경영 지원 팀 기업문화팀 / (인사팀 또는 인사담당) ● 사업부 HR 담당 기능 강화 (비즈니스 파트너 역할) ● 글로벌 HR 분리 강화 ● 혁신, 조직 개발 기능 강화

주요
미션
	● 기능적 인사관리
	  예) 급여, 복리후
	  생, 인사발령 등
		● 기능 확대: 노무, 연수 업
		  무 활성화
		● 노사 관계 중요성 강조
			● 글로벌 HR 역할 강화
			● 혁신 업무 활성화– 리더
			  십, 조직 개발 기능 강화

천사를 간략히 살펴본다.

기업 초기~1970년대 말 ● '총무부 인사과'형 지원부서

국내 기업 HR 기능은 주로 총무부서 산하의 인사과 또는 인사담당자에서 유래를 찾아볼 수 있다. 울리히의 모델에 따르면, 행정 전문가로서 인사부서의 역할이 비롯된 것이다. 주로 인사 발령, 급여, 복리후생 업무를 중심으로 행정 기능을 수행했다. 한편 인사부서는 초창기에 주로 총무부서 산하에 편제되어 '총무부', '비서', '의전' 부서라는 인

식이 형성됐다. 상황이 이렇다 보니, 고도성장으로 기업 규모가 급성
장하기 전에는 별도의 인사부로 독립적인 업무를 수행하지 못한 경우
도 많았다.

1980~1990년대 중반 ● '인력 개발 독립'형 기능 확대

고도성장기를 거치면서, 인력 확보와 육성의 중요성이 강조되면서
교육 기능이 확대됐다. 대기업을 중심으로 그룹 공채가 활성화되면
서 대규모 교육을 위한 연수원 기능도 강화했다. HRM^{Human Resource}
^{Management}과 별도로 HRD^{Human Resource Development}라는 개념이 도입된
것도 규모 성장을 뒷받침하기 위한 인력 확보가 관건이 된 때문이었
다. 한편 1980년대 중반부터 확산한 노동운동의 여파로 HR부서의 노
무 기능이 확대되고, 전진 배치가 이루어진다. 심한 노사분규를 경험
한 기업들은 '노무부', '노사협력과', '노경팀' 등 노무부서를 본사와 공
장 조직에 편제한다. 노사분규로 인해 기업이 도산 위기에 몰리다 보
니, 인사업무의 중요성이 주목받고 경영자 측근 부서로 위상을 갖추면
경영지원본부장 등 중요 직책에 재무가 아닌 인사담당 임원이 배치되
기도 했다. 노무업무를 위한 현장 관리 활동이 강화되다 보니 '인사부
서는 권력기관이다'라는 인식을 낳기도 했다. 인사부문에 대한 부정적
인 인식은 구성원들의 정서관리에 초점을 둔 기업문화 활동을 추진하
는 데 걸림돌로 작용하기도 한다.

2000년대~최근 ● '비즈니스 파트너'형 현장 HR 기능 도입

IMF 경제위기와 기업 구조조정기를 거치면서 인사부서는 기업의 어

려운 시기에 전략적 판단과 조직혁신을 추진할 수 있는 중요 부서로 자리매김하게 된다. 반면 우리 기업은 중국 기업의 성장과 선진기업 사이에서 넛 크래커가 될 위기를 겪게 된다. 이를 타개하기 위해 글로벌 신제품을 앞세워 글로벌 선두 기업으로 발전해야만 한다는 전략적 판단을 한다. 삼성의 '신경영', LG의 '일등 LG', 현대자동차의 '글로벌 Top 5', 포스코의 '글로벌 포스코웨이' 전략은 모두 이런 배경에서 나오게 된다. 인사부문 역시 사업의 변화를 뒷받침할 수 있는 전략적 혁신 활동과 해외 진출 지원을 위한 글로벌 HR 업무 강화에 초점을 두게 된다. 프로세스 혁신, 식스 시그마 등 각종 혁신 역량 교육을 위해 별도의 혁신조직을 두게 되고, 이를 인사부문 산하에서 추진하는 때도 빈번하다. 해외 진출을 통해 급성장한 기업들의 경우 인사부문을 개편해 글로벌 HR팀을 별도로 독립 편제하게 된다. 한편 우리 기업들이 성장해 '전략적 사업부체제Strategic Business Unit'로 조직 개편되면서 전사 지원부문 산하의 인사부문 외에도, 사업부 산하에 사업부장을 지원하기 위한 HR팀 또는 HR 담당자를 두는 경우가 일반화됐다. 이를 통해 사업부의 전략을 실행하기 위한 전략적 '비즈니스 파트너'로서 HR의 역할이 강조되고 있다.

HR부문 패러다임의 변화와
인사 조직의 변화

인사부서를 '권력기관'이라 부르는 배경에는 중앙집권적인 인사상 의사결정 조직 체제가 있다. 인사의 제반 기능 즉, 채용, 배치, 평가, 보상 등 주요 의사결정이 현장의 사업가 리더보다는 CEO 스태프인 인사부서에 의해 이루어지는 체계로 인식되고 있다.

최근 들어 선진기업의 인사 조직 체계를 도입하면서 현장 리더 중심의 의사결정을 강화하고 있다. LG의 경우, GE의 경영전략 수립 프로세스를 벤치마킹해, LG 고유의 경영회의체를 구성했다. 특히 HR과 관련된 의사결정 절차인 세션 C 체계를 고려해, HRSP Human Resource Succession Planning 미팅을 주기적으로 실행한다. 회장과 CEO, CEO와 사업본부장, 사업본부장과 사업부장 간에 사업전략을 중심으로 HR 정책 및 주요 인재에 대한 인사상 의사결정을 직접 내린다. GE의 잭 웰치는 세션 C를 통해 사업을 추진하는 데 있어 필요한 사람에 대해 주요 리더와 직접 논의함으로써, 전략과 분리되어 행정가로만 일하는

■■■■ HR부문 패러다임의 변화 방향

	지금까지	앞으로는
HR 요구 파악	● 현장 수요 대응 중심	● 전략 선도적 인력관리
HR 업무 수행	● 기능 행정적 업무 지원 ● 중앙집중식 HR 수행	● 사업부 리더십 중심 HR 의사결정 ● 컨설팅형 HR 지원 체계
HR 성과 모니터링	● HR 성과관리 미흡 ● 효율과 결과 중심의 평가 ● 간헐적 서베이	● HR 매트릭스 체계 구축 ● HR과정 모니터링 강화 ● 주기적인 HR 지수 조사 (예: Engagement 서베이)

HR부서를 사업에 끌어들일 수 있게 되었다고 말한다. 우리 기업 HR 담당자들이 전략과 연계된 HR을 어떻게 만들어갈지에 대해 곱씹어 볼 대목이다.

전략과 연계된 HR 의사결정의 체계를 운영하려면 HR 업무 프로세스의 근본적인 체질과 패러다임 변화가 필요하다. HR 요구 파악에서부터 업무 수행과정과 HR 성과 모니터링의 변화가 필요하다. 새로운 HR부문의 일하는 방식에 대해 간략히 살펴본다(왼쪽 표 참고).

일하는 방식 1 ● 전략적 HR 요구 진단

채용과정을 살펴보면, 현업 부서에 공문을 보내 필요 인력 규모를 요청하는 경우가 일반적이다. 현장의 의견을 고려하는 과정이 필요하나, 사전에 기업의 미래 사업 방향과 규모에 부합하는 인력 수요에 대해 전략적 판단과 예측이 이루어져야 한다. 인력관리에 있어 전략적 수요 예측이 부족한 상황에서 현장의 인력 수요만을 중시한다면, 결국 단견적인 충원에 그치게 된다. 미래 사업전략과 연계하여 장기적인 인력구조와 육성 기간을 고려한 수요 예측이 이루어져야 사업상 필요 인력의 수급이 가능하다. 과거 우리 기업 대부분이 신입사원을 장기간 뽑지 않아 기형적인 인력구조가 되거나, 중간 관리자를 경력직으로 대체해야 하는 상황에 직면했었다. 중장기 전략과 주기적인 사업계획 수립 과정에서 'HR세션'을 통해 전략적인 인력 수요에 대해 의사결정해두어야 할 것이다. 이외에도 스마트하게 일하는 방식의 변화를 추진하거나, 고령화에 따른 HR 요구의 변화, 신세대의 인사관리 방식의 차별화 등 정성적인 요구도 고려해야 할 것이다.

일하는 방식 2 ● HR 컨설팅 지원 체계 강화

"사업부장이 현장에서 인사상 의사결정을 하려면, 인사 DB, 채용 지원 체계 등 제대로 된 인사 업무 지원 체계가 갖춰져 있어야 한다"라는 볼멘소리가 현장에서 들려오곤 한다. 인사 부서가 현장에 대해 행정적인 업무 지원에 초점을 두다 보니, 당장 어떤 사람을 해외 사업장에 보내야 할지 의사결정해야 하는 사업부장 입장에서는 체계의 부족함을 호소하곤 한다. 선도기업들의 경우에는 급여, 복리후생, 모집, 평가센터 등 행정적인 업무는 사내 통합 SSC^{Shared Service Center} 또는 사외 아웃소싱을 통해 전문화해 효율화한다. 이를 통해 현장 리더들이 주요 직책 보임자 결정, 구성원의 인사 평가 조정 등 인사상 의사결정에 집중할 수 있도록 사업가 지원형 HR 업무체계를 구축하고 있다. 한편 선도기업의 전사 HR부서는 사업부 리더들이 HR 업무 수행에 어려움을 겪을 때 이를 진단하고 개선책을 제시하는 컨설팅형 체제로 변모하고 있다.

일하는 방식 3 ● HR 성과 모니터링 강화

현장 리더들이 조직과 인사관리상 장애 요인을 파악, 진단할 수 있도록, HR 매트릭스를 구축함으로써 현장 조직이 HR 개선책 도출에 초점을 둘 수 있도록 지원해야 한다. 우리 기업의 HR 성과관리는 인건비율, 교육이수율과 같은 HR부서의 평가 KPI 위주로 이루어진다. 결국, 인사부서 평가에 그친다. 반면 사업부와 현장 부서의 인사관리 수준이나, HR 측면의 문제점을 모니터링하기에는 여전히 부족하다. 핵심인재 확보, 미래 사업에 필요한 인력 구성이 타당한지, 조직 구성원의 사기와 지속적인 조직력은 탄탄한지 검증할 수 있는 HR 성과 모니터링 체계가 필요하다.

주기적인 서베이와 HR 지수 관리가 필요하다. 삼성, LG, 포스코 등은 '조직역량 서베이', '성과몰입도 조사' 등 다양한 형태로 그룹 차원의 HR 지수를 관리하며 각 부문의 인사 진단에 활용하고 있다. 이를 통해 조직상 문제가 예견되는 부서를 사전에 파악하고, 조치함으로써 각종 인사 리스크에 선제적으로 대응할 수 있다.

일하는 방식 4 ● 글로벌 HR의 확대

최근 들어 국내 기업의 해외 진출이 확산해 전 세계적으로 인적자원을 확보 육성하기 위한 글로벌 HR 수요가 증대하고 있다. 국내 못지 않게 국외법인에 대한 인사관리의 진단, 지원, 모니터링 활동이 강화되고 있다. 특히 한국 본사를 중심으로 인사제도 전반의 글로벌 관리체계 도입을 위한 제도 개선도 심심치 않게 추진되고 있다. 대기업 중심으로 글로벌 사업장에 통용되는 직급, 평가, 보상 체계의 개발과 운영이 이루어졌다. 이에 반해 여전히 해외 인력의 수급과 현지 채용인의 육성 및 현지화와 관련된 영역에서는 지속적인 개선이 필요하다.

인사부서의 새로운 역할과
미래상

지금까지 국내 인사부문 조직의 변천과 향후 패러다임, 그리고 역할 변화에 대해 살펴봤다. 전사와 사업부 현장의 사업 전략과 연계된 HR 업무 수행을 위해서는 행정적인 업무를 줄이고, 현장 리더를 위해 HR컨설팅 업무를 강화하는 방향으로 역할 변화가 필요하다. IBM의 경우, 글로벌 지역별로 통합된 HR SSC를 구축해 현장대응형 행정업무를 1/3로 효율화했다. 반면 현장 사업부 리더를 대상으로 한 HR 프로그램과 컨설팅성 업무는 두 배 이상 늘렸다. 그 결과 현지 사업 조직의 안정과 지속 가능성이 제고되는 성과를 거두었다.

우리 기업들은 글로벌화가 진전됨에 따라 국내 인재 시장의 변화에 대응하고 글로벌 현지 인재까지 관리해야 하는 상황에 직면해 있다. 고령화가 진행되는 국내에서는 노하우를 가진 베이비붐 세대가 은퇴함에 따라 이들의 빈자리로 인한 생산성 하락을 어떻게 메울 것인지 고민하고 있다. 성과주의의 부작용을 최소화하면서 구성원의 동기부여와 조직력 강화를 도모하려는 방안도 필요하다. 해외 현지에서는 본사의 노하우와 표준을 시급히 현지에 정착시키고, 현지 채용인 육성과 역량 이전을 통해 지속 가능성을 높여야 한다.

논의된 HR부문의 역할 변화를 고려하면, ① HR 행정업무의 SSC화와 아웃소싱, ② HR 컨설팅 및 조직 개발(기업문화) 부서의 운영, ③ 글로벌 HR부서 강화 등 HR부문의 조직 변화가 필요하다. 이를 위해서는 과감히 HR부문 조직의 변화를 추진해야 하겠지만, 한편으로는 행정 위주의 역량을 현장 컨설팅이 가능한 수준으로 끌어올려야 한다.

'HR', 알파고에게
길을 묻다

Y2K 공포로 인해 컴퓨터 시스템을 수정하느라 기업들이 야단법석을 피울 즈음에, 영화 〈마이너리티 리포트〉가 개봉했다. 이 영화는 범죄를 예방하는 사전 보호 시스템 '프리크라임Precrime'을 통해 범죄자를 미리 체포한 덕분에 범죄율이 제로인 미래 사회를 그린다. 주인공 톰 크루즈가 범죄자를 예측하기 위해 투명 모니터를 조작하는 장면이 인상적이지만, 오히려 자신이 범죄 예정자로 몰려 누명을 풀기 위해 악전고투한다는 우울한 내용이 펼쳐진다. 먼 미래라고 생각되었던 프리크라임 시스템이 불과 십여 년 만에 런던경찰청의 범죄예방 프로그램을 통해 구현됐다. 빅데이터를 활용해 조직범죄 데이터와 사회관계망 데이터 동향을 분석해 우범자를 사전에 찾아낸다는 것이다. 정보통신기술(ICT)이 사람을 평가하고 분석하는 빅브라더 사회가 현실로 다가

오고 있다.

인터넷, 스마트폰, 구글, 카카오톡, 페이스북……. 불과 20년 사이에 우리의 생활 방식을 완전히 뒤바꾸는 세기의 발명품들이 쏟아져 나왔다. 지구 반대편에 있는 제휴업체와 필요한 제품 요건에 대해 얘기를 나누고 납기를 정해 주문하면 바로 생산에 들어갈 수 있게 된 것도 정보통신기술 발전에 힘입은 바가 크다. 더하여 IoT, 로봇, 3D프린터 등을 결합해 제품 생산을 무인화하는 4차 산업혁명이 눈앞에 있다. 아디다스 중국 공장이 독일의 자동생산기지로 이전하는가 하면, 중국 제조업체들조차 로봇공장으로 변신한다고 한다. 이제 정보통신기술에 뒤처지는 기업은 멸종하게 된다는 '디지털 다윈주의Digital Darwinism'가 현실로 다가오고 있다. 인사담당자로서 디지털 시대에 인사관리는 어떤 방향으로 진화할 것인가 살펴볼 시점이다.

'알파고', 기업 인사관리에 접목

인사와 조직관리도 예외는 아니다. 불과 십여 년 전만 해도 전자결재와 온라인 러닝 시스템을 도입하면 앞선 기업으로 불렸다. 모바일 오피스는 해외 출장지에서도 스마트폰과 노트북을 이용해 사무실처럼 일할 수 있게 해주고, 집 앞의 스마트워크센터로 출근하면 클라우드 시스템에 접속해 회사 내 모든 문서를 살펴보고 보고서를 작성하도록 도와준다. 스마트워크가 언제, 어디서든 일할 수 있는 여건을 마련했다.

'알파고'가 이세돌과 대결해 인공지능의 가능성을 보여주면서, 인사조직의 미래도 새로운 전기를 맞이하고 있다. 일본전자업체 NEC는 입사서류를 분석해서 신입사원 후보자를 가려주는 텍스트 마이닝 인공지능 시스템을 도입해 채용의 타당도를 높이는 성과를 거두었다고 한다. 더 나아가 직원의 업무실적 자료를 분석해 평가등급을 매기는 데에도 활용하기로 했다. 구글은 신입사원 지원자의 SNS를 분석해 비윤리 행동을 예측하기도 한다. 퀄컴이나 보잉은 MIT 집단지성센터의 도움을 받아 구성원이 온라인에 접속하는 패턴과 인맥, 협력 관계를 분석해 조직을 잘 관리하는 리더를 구분하고, 관계가 좋은 구성원끼리 팀을 묶는 등 인사관리의 기초자료로 활용한다. 뱅크오브아메리카는 구성원의 비공식 네트워크를 검토해 협업 성과를 잘 내는 고성과자를 골라보는 실험도 진행했다. 심지어 몇몇 벤처기업은 머신러닝을 이용해 재능 있는 인재가 누구인지 파악해 부서 배치에 활용함으로써 성과를 거두었다고도 한다. 기업판 '마이너리티 리포트'가 이제 코앞에 닥친 현실이 되고 있다.

인사부서, 소통으로
'신뢰 리스크'를 극복하라

(HR은 어떻게 경영진과 구성원의 신뢰를 받을 수 있을까?)

2000년 초 글로벌 자동차 분야 백년기업인 포드사는 인사평가에 대한 직원의 소송으로 낭패를 봤다. 당시 경기 하강으로 인해 일시적 고용조정Lay off을 진행하면서, 연령이 높은 직원과 매니저를 우선 대상으로 선정했다. 상대적으로 연령이 낮은 직원보다 고연령 매니저를 일시 고용조정한 후 시황이 개선되면 우선 채용하는 관행에 따랐다. 당시 포드 외에 수많은 기업들이 긴축경영에 나서다 보니, 다른 회사로 전직할 만한 여건이 되지 못했다. 불만을 가진 직원들이 포드를 상대로 고용유지를 주장하는 소송전을 벌였고, 언론이 대서특필하면서 미국사회의 핫이슈가 됐다. 연령에 따른 차별도 문제였지만, 수년간 적합한 평가를 받다 강제상대평을 통해 갑자기 열위직원으로 평가받고 해고 통보를 받다 보니, 인사평가에 대한 불신이 소송에 참여한 직접적 계기가 됐다.

포드사의 인사평가에 대한 불신 사례처럼 인사부서는 직원의 평가와 처우, 근무환경 등 신상에 직접 영향을 주기 때문에 직원의 호응과 신뢰를 받기는 쉽지 않은 부서로 낙인찍히는 경우가 많다. 어떻게 해야 인사부서가 대내외 신뢰 리스크에 휘말리지 않고, 경영층과 직원들로부터 신뢰받는 부서가 될 수 있을까 하는 도전적 이슈를 이해관계자 별로 살펴본다.

인사부서는 평가에 대한 신뢰를 우선 중시해야

우선 인사부서에 대한 신뢰 점수 중 낙제점을 받는 단골은 바로 인사 평가 제도에 대한 불신이다. 임원, 직원 가리지 않고 사람은 자신에 대한 평가에 후한 점수를 주기 마련이다. 조직심리학 이론에 따르면 인사평가는 파레토 법칙(8대2 비율)이 제대로 적용된다. 자신이 업적을 잘 내었다고 평가하는 경우가 80% 이상 차지한다. 자존감을 유지하고자 하는 태도도 작용하지만, 자신이 업무 수행하는 과정에서 얼마나 어려운 난관을 겪었는지 잘 알고 있고, 자신의 업무가 상대적으로 타 직원에 비해 중요하다고 생각하기 때문이다.

대한상공회의소 대기업뿐만 아니라 중견·중소기업에 근무하는 직장인의 인사평가 인식을 조사한 바에 따르면, 직장인 75%가 '인사평가를 신뢰하지 않는다'고 응답했다. 구체적으로 '평가기준의 합리성(36.6%)', '평가과정의 투명성(38.6%)', '평가결과의 공정성(36.9%)'

등 전 분야에서 긍정 응답이 40점을 채우지 못했다. 인사평가 결과를 피드백하거나, 육성에 활용하며, 임금 인상과 경력개발에 활용하는 등 인사와 연계가 잘 이루어지지 않는다는 인식이 대세이다 보니, 이는 바로 인사부서에 대한 불신으로 이어진다. 더 나아가 수직적 불통 문화를 야기하는 주요 요인으로 지목하고, 인사부서가 평가 개혁에 나서야 할 시점이라는 충고도 잊지 않고 있다.

최근 마이크로소프트, 어도비 등 서구 기업들이 강제랭킹평가를 폐지하고 협업문화를 촉진하는 평가 개선에 나선 데에는 인사평가에 대한 불신이 글로벌 기업 모두의 고충이라는 반증이다. 구글 등 유연한 기업들은 사내 SNS를 평가에 활용하여 업무 결과에 대해 상사와 동료가 수시로 피드백하는 상시성과관리 시스템을 도입했다. 일본의 후지쯔사도 영업사원 간에 순위를 매기지 않고 목표달성 수준에 따라 등급을 평가하고 부서에 주어진 성과급 재원을 배분하는 방식을 통해 좋은 평가를 받고 있다. 상사의 주관과 개인 선호에 의해 평가 결과가 좌우된다는 인식이 바뀌지 않다 보니, 평가자의 평가 공정성과 역량을 검증하려는 소위 '평가^{Audit}'을 통해 평가 과정이 불공정한 관리자를 솎아 내거나, 직원의 평가결과조정 청구제도를 통해 불공정한 평가 결과를 구제받을 수 있도록 기회를 줘야 한다.

채용의 공정성은 인사부서가 외부로부터 신뢰를 받는지 여부를 결정짓곤 한다. 채용전문기관 사람인의 조사 결과, 구직자의 60%가 기업의 채용 공정성 신뢰도를 낮게 평가했다. 또한 공정성을 높이려면, '블라인드 채용 도입'(30.2%)과 '채용 심사기준 공개'(19.7%)가 필요하다는 의견이 많았다. 더 나아가 AI를 활용한 화상 면접 등 과학적 방법론을 개발하여 적용하면 응시자가 체감할 정도로 공정성이 높아지고 기업의 채용 비용도 절감되는 등 두 마리 토끼를 잡을 수 있다. 소셜 채용 기업 링크드인의 조사 결과, 채용 과정에 AI를 활용하면 비용 절감(67%)과 편견이나 오류를 줄이는 효과(43%)를 거둘 수 있다고 한다. 다만 이러한 방법론을 개발할 때는 우수한 인재를 선발하는 도구로서 타당성을 검증하기 위한 분석이 선행돼야 할 것이다. 우수 인재의 특성을 탐색하는 방식과 채점 기준이 화상면접에 내장되어야 공정성을 담보할 수 있기 때문이다.

무엇보다 평가자의 선입견과 편견을 어떻게 줄일 것이냐가 성과평가나 채용평가의 공정성 확보의 관건이다. 한국노동연구원의 인사평가에 대한 조사결과 '평가자의 주관적 오류 방지가 어려움(60%)'을 평가 과정의 장애요인으로 꼽았다. 채용과정에서 면접관의 태도와 분위기가 입사 결정에 영향을 준다는 응답이 90%에 달한다고 한다. 인사평가 시 평가자 교육, 채용 시 면접관에 대한 사전 교육을 통해 편견이 작용하지 않도록 하고, 평가과정을 객관적이고, 투명하게 운영할 수 있도록 구조화된 면접 및 평가 체계를 구축해야 평가 공정성 인식과 믿음이 강화될 것이다.

기업문화에 대한 불신을
해결해야

둘째, 기업문화에 대한 불신과 불만을 불식시키기 위해 인사부서의 노력이 필요한 시점이다. '18년 대한상공회의소와 맥킨지컨설팅 사가 한국 기업의 업무방식을 45점 수준으로 평가한 결과는 기업 전반에 경종을 울렸다. 야근 위주, 상명하복식 조직에 대한 불만은 기업문화가 경쟁력으로 이어진다는 인식(98%)에도 불구하고, 현재 기업문화가 계속될 경우 경쟁력이 정체되거나(36%) 서서히 악화할 것이다(43%)라는 부정적 전망을 낳고 있다. 직장인이 회사에 대해 불만을 갖거나 이직을 고민하게 만드는 요인으로 연봉 외에도 부정적인 기업문화 탓을 하는 경우가 상위권임을 생각해 볼 때, 인사부서는 기업문화에 대한 직원의 불신을 어떻게 해결할 것인지 끊임없이 고민해야 한다. 야근이 당연시되는 분위기, 휴가를 자유롭게 사용하지 못하거나, 눈치 보며 퇴근해야 하는 상황, 수직적인 분위기 속에서 일하게 되면 회사에 대한 불만이 증가할 뿐만 아니라, 업무에 몰입도 저하로 이어져 성과 창출과 사업 경쟁력이 하락한다.

조직문화는 CEO와 각 부서의 리더들이 함께 일구고 개선해야 하기 때문에, 인사부서는 리더의 동참을 끌어내기 위해 기업문화 지수를 조사하여 피드백하는 데에 그치지 않고, 부서별 문화개선 워크샵 등 리더와 직원이 함께 개선 아이디어를 찾고 해결하는 과정을 경험하도록 촉진자 역할을 해야 한다. 한편 조직문화를 파괴하고 갑질하는 상사들을 모니터링하여 리더십 코칭 기회도 주고, 스스로 개선하는 기회를 줄 필요도 있다. 특히 부정적인 부서는 인사부서가 직접 리더와 함께 개선 방안을 고민하고 실행을 도와주는 방식도 고려해야 한다. 새로운 인사 제도를 도입하거나 복리후생 제도를 개선할 때에는 '인사 공청회'를 열거나 젊은 직원들을 '영보드'에 참여하여 의견을 충분히 수렴하는 소통도 중요하다.

대내외 고용브랜드 가치를
제고하는 데에 관심을 기울여야

셋째, 사회구성원으로부터 신뢰받는 고용브랜드Employment Brand 제고 노력을 기울여야 한다. 고용브랜드는 직원뿐만 아니라 잠재적 구성원에게 해당 기업이 일하기 좋은 이미지와 신뢰를 주고 있는지 보여주는 지표이다. 특히 보수, 복리후생 등 처우 조건뿐만 아니라 미래 성장 비전, 기업문화, 일하는 방식, 근무환경 등 구직자가 선호하는 가치를 충족하고 있는지가 관건이다. 최근 대학생 취업 선호 기업에 전통적 제조업보다 정보통신 기업과 엔터테인먼트사 등 창의성을 발휘할 만한 기업들이 상위에 포진하는 현상을 보면, 인사부서가 보다 차별화된 고용브랜드를 구축하여 우수인재 확보에 나서야 하겠다.

글로벌 PR 회사 웨버샌드윅Weber Shandwick사의 고용브랜드의 신뢰 격차The Employer Brand Credibility Gap 조사 결과 '소속 기업평판이 실제 근무 경험이 일치하는가?'라는 질문에, 한국 참여자 중 10%만이 일치한다고 응답했고, 20%는 강한 부정, 70%는 부분적으로 동의한다는 데 그쳤다. 따라서 구직자들은 기업 이미지와 함께 근무 경험이 다른 경우가 많다 보니, 실제 기업문화, 리더십과 근무 환경이 어떠한지 확인하기 위한 노력을 기울이기 마련이다.

최근 SNS를 통한 소통이 확산됨에 따라 글래스도어닷컴, 잡플래닛 등 온라인 채용기업에 올라온 기업평판과 근무환경에 대한 구직자의 평가가 영향력을 더해가고 있다. 미국의 온라인채용 기업 글래스도어닷컴은 구직자가 현재 근무하고 있는 기업에 대해 (1) 친구에게 추천하는지 여부, (2) 미래 성장 전망, (3) CEO 신뢰 등을 별점 5개로 평가하고, 근무환경의 장점과 단점을 기록하게 한다. 현직 직원의 별점 평가와 장단점을 구직자가 살펴보고 이력서를 제출하기 때문에 당연히 좋은 평가를 받는 기업들에 우수한 인재가 몰리게 된다. 인사부서 특히 채용 담당자는 이들 온라인 구직평가 사이트의 고용브랜드에 대한 평판을 주의 깊게 살펴보고 필요한 개선 조치를 할 필요가 있다.

또한 SNS를 통한 기업 직원들의 대외 소통 활동이 확산됨에 따라, 근무하고 있는 기업에 대하여 긍정적인 소식을 전달하기도 하지만, 부정적인 근무환경, 구성원들 간의 갈등, 조직 분위기가 악화될 경우 그 내용을 적극적으로 외부에 확산하는 이른바 '직원 행동주의자 Employee Activist'의 활동이 증가하고 있다. 위버샌드웍사가 15개국 2,300여 직원들의 온라인 SNS 행동을 설문조사한 결과, 직원 다섯 명 중 한 명은 (16%, 아시아태평양지역 20% 정도) 회사에 대해 비판 또는 부정적인 정보를 SNS를 통해 외부에 알리는 직원 행동주의자 태도를 보인다고 한다. 직원들 중 적극적으로 근무환경이나 기업문화에 대해 비판하는 직원들이 확산하지 않도록 사전에 불만 요인을 조사하고, 심각한 불만 사항은 개선할 뿐만 아니라, 직원 공청회, 영보드 등 의견 수렴 채널을 활용하여 개선 제안을 충분히 경청하고, 제도 개선하기 전에 구성원의 반응을 살펴보는 기회를 가지는 등 적극적 소통 활동 강화가 필요하다.

투자자의 신뢰와 인사 평판도
관심을 가져야

　넷째, 투자자의 인사 이슈 제기에 적극 대응해야 한다. 인사부서는 주주 등 투자자와 직접적인 관계를 형성하기보다는 IR, 홍보 부서를 통해 주주의견을 청취하곤 한다. 기관투자자를 포함한 주주는 이사회와 경영진에게 직접 경영을 위임하고 임원 인사와 인사조직 관리는 경영진의 책임경영 사항으로 간주한다. 최근 기업의 사회적 책임에 대한 관심이 높아지고, 새로운 밀레니얼 세대일수록 기업이 재무 이익뿐만 아니라 환경, 안전, 인권 등 사회적 기여도 중요하다고 인식한다. 미세먼지 논쟁이 강화됨에 따라 생산공정의 환경과 안전에 대한 사회의 눈높이는 유래없이 높아졌다. 국내외 투자자들도 환경이나 안전, 인권 문제를 일으킨 기업에 대한 투자금을 회수하는 이른바 '사회적 책임투자(ESG투자)' 방식이 일반화했다.

　나이키의 아동 근로자 착취에 대한 이슈 제기와 비난은 인권 리스크의 대표적 사례이다. 나이키 축구공을 꿰매는 소년의 사진이 대서특필되어 불매운동으로 이어지곤 했다. 나이키는 '사회적 책임 부서'를 만들고, 대내외 사회적 이슈가 발생할 만한 공급업체를 점검하여 아동 근로자의 인권을 개선하는 데에 노력을 기울였다. 그리고 오히려 사회적 책임 수준이 높은 대표적 기업으로 재탄생했다.

　직원들의 사회적 책임 인식도 달라지고 있으며, 좀 더 사회 공헌 활동에 적극적으로 참여하도록 교육하고 인식개선 노력을 기울여야 한다. 공공부문 컨설팅사 포바도사Povaddo의 조사에 따르면 '기업은 사회문제와 이슈 해결에 적극적 역할을 해야 한다'와 '재무적 이익을 통해 사회 일자리 창출에 기여하면 된다'는 주장에 대해 밀레니얼 세대는 64%가 사회적 가치를, 베이비부머는 53%로 세대 간 차이를 보였다. 앞으로 기업도 안전과 환경 사고 예방 활동에 그치지 않고, 기업의 사활을 바꿀 수도 있는 관건이 되었다는 점과 재무적 성과와 더불어 사회적 가치 창출도 중요함을 직원들에게 교육해야 한다. 나아가 각종 내부 관행을 개선하고, 안전, 환경 이슈 개선 활동을 활성화하는 데에 참여하고, 업무의 일환으로 여기도록 인식을 전환할 필요가 있다.

GE의 잭웰치 전 회장은 노엘티치Noel Tichy 미시간대 교수와 함께 리더를 길러내기 위한 크로톤빌 연수원을 짓고 각종 교육 프로그램과 평가 방식을 만들어 실행하였다. 유명한 20/70/10 Rule을 인사평가 철학으로 정립하고 매년 하위 10% 직원에 대해 회사를 떠나 새로운 직장에 도전하도록 했던 것도 티치 교수의 인사원칙 제안을 받아들인 결과였다. 티치 교수는 GE 전성기에 사업장을 주름잡던 리더를 길러내고, 업무 개선 활동을 통해 성과를 창출하는 데 공헌했다. 잭웰치 회장의 티치 교수에 대한 믿음은 그의 경영 활동에 고스란히 반영되었다. 인사부서는 경영자의 경영 활동과 성과창출에 기여하는 과정을 통해 신뢰를 받을 수 있다. 마치 삼국지의 유비가 제갈공명을 등용하듯, 우리 기업 인사담당자들이 경영자의 신뢰와 함께 회사 경영의 한 축을 담당하는 참모로서 기여하길 기대해본다.

참고문헌

1장

근로자추세지수 보고서, 마이크로소프트, 2024. 5

미국 노동부 통계국, 2022. 2

미국 노동부 통계국, 2022. 4

Broadwerry et al., Wikimedia commons, 2011

Buffer.com, State of Remote Report, 2019

Bureau of Labor Statistics, 2024. 2

Career Driven Learning Survey, GetApp, 2023

Employee Experience 2024 Trends Global Survey, Qualitrics, 2023. 10

GitLab, 2023

Global Workforce Hops and Fears Survey, CEO Global Survey, PwC, 2024. 6

Mentorcliq, 2024. 2

Researchers' calculations using data from the Current Population Survey, 미국 경제조
사국 연구보고서, 2023

Self Check Survey, meQuilibrium, 2023. 3

The future of work after COVID-19, 맥킨지글로벌연구소, 2021

The importance of mentoring in the workplace, The Human Edge, 2022. 8

The Ultimate Guide to Improve Employee Experience, Invgate, 2023. 2

What workers want 2024 Survey, New Possible, 2024. 1

World Economic Forum, 2023. 1

2장

공정전환 플레이북, 사회적가치연구원, 2023. 12

글로벌 선도기업들은 ESG성과를 경영진 보상에 어떻게 반영하고 있는가, 포스코경영
연구원 내부 자료 GIH, 2024. 5

미국 직장인 안전문화 서베이, Duraplas, 2024. 1

미국과 EU의 ESG 규제 강화 및 통상 의제화 현황, 법무법인 지평, 2023 인텔, ESG
초일류 기업이 된 비결, 포스코경영연구원 GIH, 2024. 6

탄소중립 시대의 일자리, 공정 전환과 그린칼라 인력의 등장, 딜로이트인싸이트,
2022. 12

Bringing ESG Accountability to Global Supply Chains, BCG, 2023. 10

How HR can bridge the sustainability gap and boost employee engagement, Gartner,
2023. 9

Investor Activism Campaigns FT 2023 Overview, S&P Global Market intelligence

McKinsey Individual Purpose Survey, 2020. 8

Safety Performance Report, 국제광물금속협회, 2023. 8

S&P Global Market Intelligence, Investor Activism Campaigns FY 2023 Overview,
S&P Global, 2024

3장

교육통계서비스, 뉴스1, 2024. 1

일본은행 자료, 2024. 1

일본 후생노동성 자료, 2024. 1

한겨레, 통계청, 2024. 2

Rich Hein, 비난 받는 야후의 재택근무 철회… "옳은 결정일 수도", CIO Korea, 2013.
3

맥킨지컨설팅, 한국기업의 근본적 혁신을 위한 제언, 대한상공회의소, 2018.5

안병민, 조직문화가 경쟁력이다, 포춘코리아, 2019. 1. 29

이전호, 직장인 81% "직장 내 개인주의 증가해"… 오히려 장점, 노컷뉴스, 2017. 5. 24

손덕호, 도요타 사장과 부사장이 자료없이 원탁에서 회의, 조선비즈, 2018. 1. 13

조성일, 주52시간 근무제도, 일하는 방식 패러다임 변화를 위한 촉진제, POSRI 이슈

리포트, 포스코경영연구원, 2019. 4

중앙일보, '캠페인'에만 빠진 기업문화...총체적 변화전략 필요, 2018. 6. 27

최영아, 재택근무, 폐지했더니 4년뒤 생산성 두배로?, 아시아경제, 2017. 7. 27

최병권, 글로벌 혁신기업의 일하는 방식 7, LGERI리포트, LG경제연구원, 2012. 6

헤럴드경제, 자율좌석·공유좌석 사무환경 혁신… 아직은 불편한 직장인들, 2019. 5. 3

헤럴드경제, 해외 사례로 본 기업 문화 혁신… 경영진 결단·직원 참여가 관건, 2019. 4. 17

강순희, '정년연장의 일본 사례', 경기대학교, 2014.

고용노동부, '2016~2026 중장기 인력수급전망 및 시사점', 2017. 12

고용노동부, '호봉제, 연봉제, 성과배분제 도입 현황', 2017

김상범, '한화그룹, 직급체계 개편… 매니저 대신 과장 컴백', 2015. 3. 12

김용근, '왜곡된 유교문화 기업 혁신의 발목을 잡다', 포스코경영연구원, 2016. 5. 13

김재원, '제조업 근로자 근로의식 실태조사', 대한상공회의소, 2004. 12

김주영, 조진환, '제조업 인력 고령화와 정년 연장', 산업연구원, 2012. 12

김진우, '일본 회사는 제발와달라 대학생 취직 당연 10년전과 상전벽해', 2018. 1. 10

김찬희, 양민철, '갑질 심각한 사회, 나는 을이다 85%', 국민일보, 2015. 1. 27

동경해상리스크컨설테이션, '후생노동성위탁사업, 직장의 파워하라스먼트에 관한 실태조사보고서', 서유정, '국내 업종별 직장 괴롭힘 실태', KRIVET Issue Brief, 직업능력개발원, 2015. 6.

문화체육관광부, 한국인의 의식 가치관보고서, 한국리서치, 2016

박경하, '고령인력에 대한 인식과 고용과의 관계', 직업능력개발연구, 2011. 12

박주완, '고령 근로자의 조직문화와 직무에 대한 인식', 2011, 가을

벤처타임즈, 'PSI컨설팅, 협업에 대한 설문조사 실시', 2014. 7

삼성경제연구소, '성과주의 보상제도 도입에 따른 문제점', 2008. 4

서유정, '남녀 근로자 모두를 위협하는 직장 성희롱 실태', KRIVET Issue Brief, 직업능력개발원, 2017. 5

이부형, '일본 고령자 일자리 창출 사례와 시사점', VIP리포트, 현대경제연구원, 2016. 6

이은아, '선진국 진입 가로막는 우리 마음속 10적', 매일경제, 2016. 3. 22

이호연, 'KT 직급제 부활, 연봉체계 개편', 아이티투데이, 2014. 6. 17

잡코리아, '기업 채용공고 신입사원만 뽑아요 상반기 56% 늘어', 연합뉴스, 2017. 7. 10

잡코리아, '이직 직장인 10명 중 7명 퇴사한 전 직장으로 돌아가고 싶다', 2017. 11. 17

잡코리아, '직장인 10명 중 9명 직장 내 세대차 겪었다', 2017. 8. 21

정욱, '일본 대학생 열에 아홉은 졸업전 취업', 매일경제, 2018. 1. 8

중앙일보, '엑셀도 못해, 월급도둑 2030에게 꼰대 취급받는 86세대', 2015. 12. 12

천성현, '사람을 바라보는 틀을 깨라, 직장인 가치관 변화 대응법', 포스코경영연구원,
    2014. 6

천영민 외, '주요 업종별 채용 트렌드 변화 연구', 한국고용정보원, 2016. 12. 30

최강식, 김민준, '고령자 고용과 임금체계', 직업능력개발원, 2011. 12

최주은, '건설업계, 정년연장 임금피크제 대비 차부장 직급 늘린다', 뉴스핌, 2016. 1. 22

캠퍼스잡앤조이, '신입 채용에 경력자 지원 늘어 기업 47.5% 경력 반영해 우대', 한국
    경제, 2017. 9. 27

퍼시스 R&D센터 사무환경연구팀, '우리가 협업하는 방식과 오피스', 퍼시스

하나금융투자, '한미일 세대분석', 2015

한국경영자총협회, '2015년 신입사원 채용실태 조사 결과', 2015. 5

한국고용정보원, 대졸청년층 취업가능성 지수개발 기초연구, 2008. 12

한동수, '재계 직급체계 변경 바람… 실효성은 의문', 뉴스웍스, 2016. 3. 23

A Blog About Leadership & Management Advice, 'The 3 Questions Every Manager
    Struggles with Making Career Development Plans',

Catherine, Mattice, 'White Pater: The Cost of Your Workplace Bully', CivilityPartners,

CEB, '2016년 HR은 어떤 모습일까?', CEB(Corporate Executive Board), 2016

CEB, Corporate Executive Board(https://www.cebglobal.com/)

David Wilkins, 'Emerging Leaders: Build Versus Buy', Oracle, 2012. 6

Evan, Sinar, 'Perspective: Are Millennials Ready to Lead?' Gomagazine, DDI
    Assessment Technology Group, 2016. 10. 11

Gary Namie, '2014 WBI US Workplace Bullying Survey', Workplace Bullying
    Institute, 2014

http://www.worldvaluessurvey.org/wvs.jsp

Jennifer Scharamm, 'SHRM Workplace Forecast', SHRM, 2013. 5.

Joel Stein, 'Millennials: The Me Me Me Generation', Time, 2013. 5. 20

Korn Ferry Hay Group(https://www.kornferry.com/)

Laci Loew, 'Stage of Leadership Development 2015: The Time to Act is Now', DDI & Brandon Hall Group, 2015. 8

Mingwei Wang, Researchgate, 2023. 12

Roberto Foa, 'The Economic Rationale for Social Cohesion-The Cross-Country Evidence', Harvard University.

'How to Accelerate Leadership Development', Human Capital Institute

'What's Next for HR in 2016?': 11 Trends from HR Leaders', Corporate Exeutive Board, 2015

The Global Economy, 2024

4장

2017년 신입사원 채용실태 조사, 경영자총협회, 2017. 6. 19

글로벌 기업 HR, 한국인사관리협회, 2013. 11

대기업 상반기 채용계획 조사, 한국경제연구원, 2019.3.13

삼성 공채 폐지론 채용 시장 판도 바꾸나, 서울신문, 2017. 2. 9

혁신의 스피드를 올려라 실행·제품·개방 "스타트업 DNA" 장착하는 대기업들, GIH 이슈리포트, 포스코경영연구원, 2018. 5. 4

한미일독 기업의 채용시스템 비교와 시사점, 대한상공회의소, 2013. 5

Global Recruiting Trends 2017, LinkedIn Talent Solution

Global Recruiting Trends 2018: The 4 Ideas Changing How You Hire, LinkedIn, 2018. 1. 10

https://www.hirevue.com/ (하이어뷰컨설팅사)

https://www.hofstede-insights.com/country-comparison/south-korea/(홉스테드 문화차원 연구소)

http://www.worldvaluessurvey.org/wvs.jsp (세계가치관조사기구)

고용노동부, 미래창조부, 행정자치부, '2015 스마트워크 이용현황 실태조사', 2016. 2

김세움, '기술진보에 따른 고용대체 고위험군 일자리 비중 분석', 월간노동리뷰, 한국 노동연구원, 2016. 7

백인수, '데이터 시대: 데이터 분석의 중요성', IT & Future Strategy, 한국정보화진흥 원, 2013. 11.11

조성일, '변화와 혁신의 시기, 절대평가가 부상하고 있다', GIH 이슈리포트, 포스코경 영연구원, 2016. 10

천성현, '글로벌 기업의 디지털 인재 확보 전략', GIH 이슈리포트, 포스코경영연구원, 2017. 1

최계영, '4차 산업혁명 시대의 변화상과 정책 시사점', 정보통신정책연구원, 2016. 4

최계영, '4차 산업혁명 시대의 변화상과 정책 시사점', 정보통신정책연구원, 2016. 4

'4차 산업혁명과 직업 세계 변화' 인식 조사', 한국고용정보원, 2016. 10

'데이터는 왜 중요한가?', BSA The Software Alliance, 2015

'일본 청년들, 취업이 너무 잘돼도 괴롭다는데', 경향신문, 2015. 7. 23

'장래인구추계: 2015~2065년', 통계청, 2016. 12. 8

'주요 선진국의 제4차 산업혁명 정책 동향', 정보통신기술진흥센터, 2016. 4

'주요 선진국의 제4차 산업혁명 정책 동향', 정보통신기술진흥센터, 2016. 4

Alexander Forsyth, 'Watson Analytics Use Case for HR: Retaining Valuable employees', IBM Blog

Alvarez Luis etc, 'The Global Information Technology Report 2015', World Economic Forum, INSEAD, 2015

Brad Brown, Kumar Kanagasabai, Prashant Pant, and Gonçalo Serpa Pinto, Capturing value from your customer data, McKinsey Analytics, March 2017

FinancesOnline, 맥킨지글로벌연구소

Future of Jobs Report, World Economic Forum, 2023

GE Digital Technology Leadership Development Blog.

Gehrke, Lars, 'Industry 4.0: A Discussion of Qualifications and Skills in the Factory of the Future, A german and American Perspective', VDI, ASME, 2015. 4

ESG 성과 좋은 기업, 미래 인재들의 '워너비(Wannabe) 기업' 된다, 포스코경영연구원 GIH, 2024. 6., SK하이닉스, 지속가능경영보고서, 2023

Good Tim, 'High Performance Delivered', Accenture Strategy, 2016

International Telecommunication Union, 'ICT Development Index', 2015-2016.

International Federation of Robotics, Statista, 2024. 5

Kapil Jekishan, 'Think Beyond LinkedIn: Insights on Social Recruiting', 2014.4. 11

Komm Asmus, 'Ahead of the curve: The future of performance management',
  McKinsey Quartely, 2016. 5

Marc Winterhoff, 'Digital Factoryies, The Renaissance of the U.S. automotive
  industry', Roland Berger. 2016. 2

Matthew Guest, 'Building your digital DNA; Lessons from digital leaders', Deloitte,
  2014

Michel Porter, 'How Smart, Connected Products Are Transforming Companies',
  Harvard Business Review, 2015. 10

Michel Porter, 'How Smart, Connected Products Are Transforming Companies',
  Harvard Business Review, 2015. 10

PSB, 'Dell & Intel Future Workforce Study Global Report', 2016. 7

Saar Bitner, 'LEARN FROM THE PROS: JEFF BEZOS AND DATA-DRIVEN
  MANAGEMENT', The Datacenter Management Journal, 2015. 4. 20

Statista & Gartner via VentureBeat, 2022. 3

Techspot & Beautiful.ai, 2024. 3

TAG, 'Performance Measurement on Automotive Assembly Line', 'Building a More
  Connected Manufacturing Enterprise'

Thor Olavsrud, '데이터 주도형 기업들이 성공한다. 그들의 공통점은?' CIO Korea,
  2013. 3

WSJ, In 'People Analytics,' You're Not a Human, You're a Data Point, '15.2.16

YourERC, '2016 ERC Performance Management Survey', 2016. 8

'HR Trend', SHRM, 2001-2015

'Recruitment Trends are Changing , When will you?', Rightrecruiters.com, 2016. 6. 13

'The Evolution of Talent Acquisition', Bersin Deloitte, 2013

5장

경영사학

기업가정신과 벤처연구

김성수, 2008, 건국 60년 한국기업의 경영이념 변화와 미래 방향, 한국기업경영학회 춘계학술대회

김영래, 2005, 한국기업의 생성과 발전, 경영사학

김용근, 2013, 일터 세대갈등, 차이 인정하면 풀린다, 포스코경영연구소

김종년, 이성섭, 이정호, 정태수, 2005, 한국기업 성장 50년의 재조명, 삼성경제연구소

대한상공회의소, 2013, 100대 기업이 원하는 인재상 보고서

대한상공회의소, 선진국 사례로 본 유연근무제 확산방안 연구, 2013. 5

동아일보, 2011. 5. 9일자, 국내기업들 경영철학, 핵심가치 살펴보니

배종석, 2013, 인적 '가치창출'과 '인간가치' 창출: 경영의 철학적 기반, 경영학연구

변양규, 김선우, '근로시간 단축에 관한 쟁점과 성공을 위한 선결과제', 2013. 6, KERI Brief, 한국경제연구원

신유근, 2001, 기업문화와 경제제도의 연계모형 – 한국형 경영방식의 개발을 위한 논거, 경영논집

신태균, 2010, 삼성의 인재양성 철학, 삼성인력개발원

안세연, 조동성, 2011, 창업 이념의 강인 효과와 기업의 장기 생존에 대한 탐색적 고찰,

이병하, 박우성, 2008, 기업인사 시스템의 역사적 변화와 시사점: 삼성전자 사례를 중심으로,

이병하, 조현국, '한국기업의 워크스마트 실천방안', SERI연구보고서, 2012. 3, 삼성경제연구소

이은혜, '기업의 Smart Work 추진전략', 2010, GTS IBM Korea

잡코리아 좋은일연구소, '직장인 10명 중 9명 오늘도 야근', 2013. 5

잡코리아, '야근실태조사, 직장인 35% 거의 매일 야근', 2004. 10

조동성, 이지환, 1992, 한국재벌의 기업승계유형이 다각화전략에 미친 영향, 경영학연구

조선일보, 2013. 1. 16일자, 100년 이상의 역사를 가진 세계의 장수 기업

천성현, 2006, 기업문화의 서구화 트렌드 문화충돌을 극복하라, LG경제연구원

커리어넷, '직장인 80%, 업무방식 비효율적', 2013. 3

포스코, '소통과 협업의 플랫폼-일하는 방식의 혁신', 2013

행정안전부, '스마트 정부 추진계획', 2011

행정자치부, '일하는 방식 개선 실천 전략', 2004

Baldrige National Quality Program, Criteria for Performance Excellence

Corporate Executive Board, Breakthrough Performance in the new work environment, 2012

Donna Dennis, 'Effective Leadership in Vitrual Workforce', 2013. 2,T&D Journal, ASTD

Gensler, 2013 US Workplace Survey Key finding, 2013

Jan West, 5 Factors that affect your employee's productivity, 2014, National Business Research Institute

6장

곽배성, '우버화(Uberization), 혁신의 기회인가 판도라의 상자인가', GIH이슈리포트, 포스코경영연구원, 2017. 3

김명중, '일본 정부의 일하는 방식 개혁과 기업사례', 국제노동브리프, 한국노동연구원, 2016. 9

'2015 스마트워크 이용현황 실태조사', 고용노동부, 미래창조과학부, 행정자치부, 2016. 2

'AI 인사과장 탄생' 인공지능이 신입사원 뽑고 직원평가도 한다', 연합뉴스, 2016. 8. 25

'AI왓슨 암진단 정확도 96%... 아직 인간 대체는 어려워', 연합뉴스, 2016. 5. 26

'인공지능과 IBM 왓슨 활용 사례', 전자신문, 2016. 8. 21

'Fujitsu Technology and Service Vision 2016', FUJITSU, 2016. 4

'Millennials at work, Reshaping the workplace', PwC, 2011

CloudPeeps Team, 'The Top 10 Freelance Trends of 2016', 2016. 8

https://www.freelancersunion.org/

https://www.upwork.com/

Justin Fox, 'Breaking Down the Freelance Economy', Harvard, Business Review, 2014. 9

HR 메가트렌드
– 하이브리드 워크플레이스

초판 1쇄 인쇄   2024년 12월 15일

지은이   천성현

펴낸이   신민식
펴낸곳   가디언
출판등록   제2010-000113호

주 소   서울시 마포구 토정로 222 한국출판콘텐츠센터 419호
전 화   02-332-4103
팩 스   02-332-4111
이메일   gadian7@naver.com

ISBN 979-11-6778-134-5 03320